TEXTES DE LA RENAISSANCE
sous la direction de Mireille Huchon
163
*Série « L'Éducation des femmes à la Renaissance et à l'âge classique »*
dirigée par Colette Winn
14

# Les Odes spirituelles

Anne Picardet

# Les Odes spirituelles

## Sur l'air des chansons de ce temps (1623)

Édition critique par Colette Winn

PARIS
ÉDITIONS CLASSIQUES GARNIER
2010

ISBN : 978-2-8124-0080-3

Colette Winn est professeur de langue et de littérature françaises à Washington University in Saint Louis (États-Unis). Elle se spécialise dans l'édition des écrits féminins du XVI^e^ et du XVII^e^ siècle.

# LISTE DES ABRÉVIATIONS UTILISÉES

| | |
|---|---|
| Ac. | Actes des apôtres |
| Ap. | Apocalypse de Jean |
| Ba. | Baruch |
| Cant. | Cantique des Cantiques |
| Chron. | Chroniques |
| Cor. | Corinthiens |
| Dan. | Daniel |
| Deut. | Deutéronome |
| Ecq. | Ecclésiastique |
| Éph. | Éphésiens |
| Ex. | Exode |
| Éz. | Ézéchiel |
| Gen. | Genèse |
| Hébr. | Hébreux |
| Is. | Isaïe |
| Jb | Job |
| Jc. | Jacques |
| Jér. | Jérémie |
| Jn | Jean |
| Lam. | Lamentations |
| Lc | Luc |
| Lév. | Lévitique |
| Mc | Marc |
| Mt. | Matthieu |
| Nb. | Nombres |
| Pe | Pierre |

| | |
|---|---|
| Phil. | Philippiens |
| Protév. Jc. | Protévangile de Jacques |
| Prov. | Proverbes |
| Ps. | Psaumes |
| Rom. | Romains |
| Sag. | Livre de la Sagesse |
| Sam. | Samuel |
| Tb. | Tobie |
| Tim. | Timothée |
| Tt. | Tite |
| Zach. | Zacharie |

# INTRODUCTION

Anne Picardet n'a laissé d'autre trace qu'un mince recueil d'odes spirituelles sur l'air des chansons populaires du temps. L'édition de 1619 contient plusieurs poèmes qui demeurent à ce jour pratiquement les seuls témoins de son existence. Philibert Riballier, puis Fortunée B. Briquet[a] lui consacrent une brève notice dans leurs dictionnaires mais c'est le Révérend E. Dumesnil[b] qui, à la fin du dix-neuvième siècle, tire son nom de l'oubli. Toutefois, il s'intéresse davantage à la famille Molière d'Oyé d'où est issu François Forget, sieur de Molière et d'Essertines, le mari d'Anne Picardet, qu'à notre poétesse. Les archives gardent sur son compte un silence obstiné, à l'exception d'un contrat de mariage devant un certain Obeyr, notaire à Lyon, où l'on apprend qu'elle appartient à une noble et riche famille bourguignonne[c], et de quelques actes notariés provenant du protocole de Maître Joannin, notaire à Saint-Christophe-en-Brionnais[d], qui nous révèlent la date où Anne Picardet se retrouve veuve ainsi que diverses transactions qu'elle fit à cette époque de sa vie. De sa vie avant et après son

---

a P. Riballier et C.-C. Cosson de la Cressonière, *De l'éducation physique et morale des femme*, Paris, 1779, p. 411 ; F. B. Briquet, *Dictionnaire historique, littéraire et bibliographique des Françaises et des étrangères naturalisées en France,* 1804, Paris, 1997, 840.3. Un siècle plus tard, dans ses *Poètes chrétiens du XVI*e *siècle* (Paris, 1908, p. 113-117), H. La Maynardière donne une brève notice et trois poèmes de l'édition de 1619 : « Chanson », sur l'air *Ce penser dont amour nourrit* ; « A la glorieuse Royne des Cieux pour demander les estraines », sur l'air *J'aymeray toujours ma Philis* et « A l'honneur de mon Ange gardien », sur l'air *Pourquoi le Ciel à mon malheur.*

b Révérend E. Dumesnil, *François de Molière seigneur d'Essertines, Anne Picardet sa femme et leur famille d'après les documents authentiques,* Charolles, 1888.

c Ses armoiries étaient : d'azur à la croix d'argent.

d Voir Dumesnil, *op. cit.*, p. 29 et 38.

mariage, de l'éducation qu'elle a reçue ou encore de sa personnalité, nous ne savons rien d'autre que ce qu'elle a daigné révéler dans ses poésies.

## UNE DAME DÉVOTE DU TEMPS JADIS...

Anne ou Marie-Anne Picardet (morte après 1632) est la fille de Jehanne (née Brun) et de Gaspard Picardet[a] qui fut conseiller-secrétaire du roi, amodiateur et facteur de la maison de Biron, seigneur de Mirebeau et comte de Charny, puis contrôleur et audiencier en la chancellerie du Parlement de Dijon. Son frère, Hugues Picardet[b] (1560-1641), seigneur de Belleveure près de Mirebeau (1588), conseiller et procureur du roi au Parlement de Bourgogne, puis procureur général du roi (1601), obtint, en mai 1591, des lettres de noblesse en récompense de sa fidélité au roi Henri IV et des services rendus[c]. Le 31 mai 1599, Anne Picardet s'unit à François de Molière, II[e] de ce nom, *escuyer* et seigneur de Chantoiseau demeurant à la Clette (La Clayette)[d]. On ignore

a Archives départementales de Saône et Loire, B 1338. Voir Dumesnil, *ibid.*, p. 39 ; H. Beaune et J. d'Arbaumont, *La noblesse aux États de Bourgogne, de 1350 à 1789*, Dijon, 1864, p. 19.

b Archives municipales, Dijon, B 226, f. 229.

c Ces lettres de noblesse « furent registrées au Parlement séant à Flavigny, le 21 novembre 1591, et à la Chambre des Comptes, le 27 septembre 1595 » (Dumesnil, *op. cit.*, p. 39). Voir aussi Beaune et d'Arbaumont, *op. cit.*, p. 19-21 et 264-265 ; et M. Wilkinson, « A Provincial Assembly during the League », *Transactions of the Royal Historical Society*, 3e série, vol. 9, 1915, p. 65-76. Hugues Picardet épousa la fille de Thomas de Bersibey, procureur général au Parlement de Paris, et remplaça son beau-père dans cette charge. Leur fille unique, Marie Picardet, fut mariée à Jacques-Auguste de Thou, baron de Meslai, procureur és requêtes du Parlement de Paris, ambassadeur en Hollande et auteur d'ouvrages d'érudition. Hugues Picardet a laissé plusieurs recueils de plaidoyers et de remontrances faites en la cour du Parlement.

d Arch. départ., B 1338, f. VII[xx]-IX (Dumesnil, *op. cit.*, p. 39).

tout des circonstances qui lui valurent un anoblissement[a]. Claude de Semur, de Sancenier et de Tremont, capitaine des gardes du duc de Maine et gentilhomme ordinaire du roi, à qui François Molière avait confié l'éducation de son fils, y fut sans doute pour quelque chose. François II de Molière compta parmi les fidèles d'Henri IV mais sans doute ce fervent catholique se lassa-t-il des hésitations du futur roi de France à abjurer le protestantisme. Une lettre, antérieure à 1599, de François II de Molière à son protecteur, Anne de Lévis, duc de Ventadour, comte de Vauvert et pair de France[b], nous éclaire sur ses désillusions après le siège de Paris par Henri de Navarre et la décision qu'il prit de fuir les magnificences et les galanteries de la cour pour jouir des plaisirs des champs à Essertines dans son pays de Brionnais[c].

> Dans le repos dont je commence à jouïr, je n'esloigne gueres mes pensées des objects qui s'offrent à mes yeux, que pour vostre sujet, & ne vay point chercher dans le desordre de la Cour, ce que je puis trouver dans l'innocence de ma solitude. Vous seul me pouvez divertir du plaisir que je prends à voir nos innocens promenoirs, où si la beauté ne paroist pas avec tant d'esclat qu'aux Tuilleries, au moins ne l'y trouve-t'on pas avec tant d'artifice. (p. 274-275)

Et l'auteur de poursuivre : « Icy nous voyons les femmes telles que nature les a faictes : Leurs visages sont aussi peu deguisez que leurs actions. La pudeur les accompagne jusques dans le lict, & si elles se laissent quelquefois gaigner aux persuasions de leurs Amans, l'innocence qui le leur faict faire, les garentit aussi de la honte qu'elles en pourroient recevoir » (p. 275). C'est à ce moment-là que François a dû faire la connaissance d'Anne Picardet.

---

a Ses armes étaient : d'argent au cœur de gueules traversé d'une flèche de même.

b « A feu Monsieur le comte de Vauvert », *Lettres de feu M. de Molière*, in Nicolas Faret, *Recueil de lettres nouvelles : dédié à monseigneur le cardinal de Richelieu*, Paris, chez Toussaict Du Bray, 1627, p. 273-283.

c Sur ces départs volontaires ou contraints de la cour et les discours désabusés auxquels ils donnent lieu, voir B. Beugnot, *Le discours de la retraite au XVII^e^ siècle*, Paris, 1996, p. 129-163. Sur l'attrait de la vie simple voir la lettre « A Monsieur d'Auby », in *Lettres de feu M. de Molière*, p. 284-291.

Plusieurs poèmes parus uniquement en 1619 dont un sonnet acrostiche, un « Sonnet funebre sur la mort de son mary » et une « Epitaphe sur le tombeau de François Molière mon mary » nous renseignent sur l'union d'Anne et de François. Anne dit son affection pour cet homme « en constance admirable, / Malgré tous accidens, tousjours à luy semblable, / Sage, judicieux, plein d'une vive foy » (1619, n° 21, v. 7-9). Outre cette ferveur religieuse, elle semble avoir partagé avec son époux un amour des belles lettres. François II de Molière a laissé en effet plusieurs ouvrages qui furent publiés posthumément par son fils, dont plusieurs romans (*La Semaine amoureuse*[a], *La Polyxène*[b]), une traduction en français du *Menosprecio de corte y alabanza de aldea* d'Antonio de Guevara (Valladolid, 1539) sous le titre du *Mespris de la Cour* (Paris, chez Toussaict Du Bray, 1621) et des lettres[c], dont certaines ont paru dans le recueil déjà cité de l'académicien Nicolas Faret et dans *Le Secretaire à la mode* par Puget de La Serre[d].

De l'union d'Anne et de François nacquirent deux enfants, dont une fille, Anne-Marie[e], et un fils, François-Hugues (1587-1637),

a *La Semaine amoureuse de François de Moliere Sr d'Essertines, ou par les amours d'Alcide, et d'Hermize, sont représentez les divers changements de la fortune. Journée première*, Paris, chez Toussainct Du Bray, 1620.

b Roman à succès s'il en fut un. On connaît en effet plusieurs éditions de *La Polyxène de Molière*, dont la première en 1624 (*La Polyxène*, Paris, chez Toussainct Du Bray) ; trois en 1632 (*La Polyxène*, Paris, chez Toussainct Du Bray ; *La Suite et conclusion de la Polyxene, du Sr de Moliere, derniere partie* [avec une épître de F. Pomeray], Paris, chez Toussainct Du Bray ; *La Polyxène de Molière. Troisieme edition reveüe, corrigée et augmentée par l'autheur avant sa mort*, Paris, chez Toussaict Du Bray) ; puis en 1634 (*La vraye suite des advantures de la Polyxène, du feu sieur de Molière, suivie et concluë sur ses mémoires* [par C. Sorel, sieur de Souvigny], Paris, chez Antoine de Sommaville) ; en 1635 (*La Polyxène*, Paris, chez Antoine de Sommaville) ; et en 1644 (*La Polyxène*, Paris, chez Antoine de Sommaville et Augustin Courbé).

c *Lettres*, Paris, C. Preud'homme, 1639.

d « Lettre à Thyrsis pour la consoler de la prison et fortifier son esprit contre l'appréhension de la mort », in *Le Secrétaire à la mode, par le sieur de La Serre, augmenté d'une instruction d'escrire des lettres, cy-devant non imprimée, plus d'un recueil de lettres morales des plus beaux esprits de ce temps, et des compliments de la langue françois*, Amsterdam, J. Janssen, 1655.

e Le 20 juillet 1625, elle épousa, devant le notaire royal Polette, Ponthus Mathieu, écuyer, seigneur de Chevigny, fils de Robert Mathieu et de Catherine de Reugny du Tremblay (Dumesnil, *op. cit.*, p. 61).

qui devint comédien[a], une profession condamnée en ce temps par l'Église catholique[b]. Madame le Grand, à qui les *Odes spirituelles* sont dédicacées, eut, elle aussi un fils qui embrassa la carrière de comédien. Henri le Grand, sieur de Belleville, commissaire de l'artillerie de France, connu dans les milieux lettrés sous le nom de Belleville et de Turlupin, jouit en son temps d'une certaine renommée. C'est peut-être même sous son influence que François-Hugues, qui était son ami, se consacra à son tour à cette profession. Dans tous les cas, on peut comprendre le besoin qu'éprouva la toute dévote Anne Picardet de publier ses poèmes chrétiens pour l'honneur du nom et comme témoignage de sa foi.

Les circonstances de la mort de François II de Molière[c] restent obscures et sa date incertaine. Contrairement à la date de 1623 proposée avant lui, Dumesnil donne celle du 27 décembre 1612, s'appuyant sur un asservissage ou abénévis devant Étienne Polette, notaire à Saint-Christophe-en-Brionnais[d], consenti par « demoiselle Anne Picardet, veuve de noble François Molière, vivant sieur des Sertines tant en privé nom qu'en celui de ses enfants ». Les actes notariés de 1618[e] confirment qu'à cette date Anne Picardet était veuve. Dans l'« Epitaphe en Dialogue, d'un Passant avec la Mort » (1619, n° 21), Anne évoque cette mort brutale[f] qui la laisse avec l'entière responsabilité d'éduquer leurs deux enfants : « Deux

a Surnommé le « Tragique », il aurait fait jouer dès 1620 la tragédie de *Polyxène* qui fut par la suite très souvent présentée à la Cour (A. de Léris, *Dictionnaire portatif historique et littéraire des théâtres*, Genève, 1970, p. 637).

b Sur la position de l'Église à l'égard du théâtre, voir J. Dubu, « L'Église catholique et la condamnation du théâtre en France au XVIIe siècle », *Quaderni Francesi*, n° 1, Naples, 1970, p. 319-349.

c Les épreuves évoquées dans la lettre au comte de Vauvert seraient-elles liées à cette mort : « Je ne vous considere pas comme le protecteur de mon innocence, & le seul asile où mes afflictions ont treuvé du support, lors que la malice de mes ennemis avoit conspiré ma ruine » (éd. cit., p. 281).

d Mss. Potignon de Montmegin et Dumesnil, *op. cit.*, p. 28, n. 5.

e Actes des 25 mars, 16 novembre, 2 décembre 1618 (Dumesnil, *ibid.*, p. 29).

f Voir aussi « Sonnet funebre de M.A.P. sur la mort de son mary », 1619, n° 6, v. 9-10 : « Las ! tu me l'as surprins, l'emportant de ce lieu, / Sans me donner moyen d'en avoir un adieu. »

petits rejettons de leur pure alliance, / La font icy rester par la haute ordonnance : / Afin de les dresser pour le culte divin :» (n°21, v. 25-27). Un acte notarié atteste que la tutelle de leurs enfants lui fut effectivement confiée[a].

Parmi les poèmes sur les douleurs du veuvage placés en fin de volume dans l'édition de 1619 figure également un «Sonnet du Mariage» qui aurait pu être inspiré par le discours dissuasif de quelque directeur de conscience cherchant à décourager la veuve de convoler à de secondes noces. Le mariage y est décrit comme une sorte d'enfer sur terre rempli d'obstacles et d'empêchements pour l'âme qui aspire au salut :

> Mon Dieu, combien de fleaux, que de dures espines,
> Que de fers acerez, que de pesantes croix,
> Se treuvent, ô Hymen, sous tes cruelles loix ?
> Las ! qu'amers sont tes fruicts, et dures tes racines. (n° 8, v. 1-4)

Par opposition à cet état particulièrement périlleux pour le salut, ô combien désirable est le «glorieux celibat» qui permet de jouir de la paix retrouvée :

> O saincts Religieux, helas ! combien j'envie
> La paix, et la douceur de vostre heureuse vie,
> Glorieux celibat, seul regret de mon cœur : (1619, n° 8, v. 9-11)

Dans la «Consolation à soy-mesme, sur le decés de M. S. mary» qui clôt l'édition de 1619, Anne implore l'aide du Seigneur pour trouver la force de faire le don absolu qui exige le détachement des affections humaines :

> Donnez-moy, ô mon Tout, une force invicible ?
> Las ! attachez mon cœur, et tous ses mouvements
> Dans le havre sacré de vos biens permanents ;
> Et qu'à tout autre object il soit inaccessible. (n°22, v. 9-12)

---

a Dans l'asservissage évoqué plus haut, il est dit qu'elle est tutrice de ses enfants (Dumesnil, *op. cit.*, p. 28-29).

Le ton de la prière et le motif du repentir développé dans ce poème rappelle la « Priere aux Saincts » par laquelle s'ouvre le recueil. Outre la teneur de ces deux pièces, la fonction d'encadrement qui leur est attribuée dans l'édition de 1619 nous porte à croire qu'Anne Picardet prit la plume pour remplir et consoler son veuvage mais aussi qu'elle vit dans cet état l'occasion de se rapprocher de Dieu[a].

## LA DÉDICACE À MADAME LEGRAND : LES *ODES SPIRITUELLES* COMME TRANSPOSITIONS PIEUSES DE LA LYRIQUE PROFANE

La dédicace à Madame le Grand sert à légitimer l'utilisation qu'Anne Picardet fait des chansons profanes pour dire sa foi. Le genre du *contrafactum*[b] n'est pas nouveau à l'époque où elle écrit.

a Les vers suivants tirés du sonnet n° 1 dans l'édition de 1619 et du poème n° 43 ajouté dans l'édition de 1623, semblent confirmer cette opinion : « Je vous cherche, Seigneur, *en cette solitude*, / Où pour vous obeyr j'ay tout plaisir quitté ; / Et immolant mon estre à vostre volonté, / Je donne à vostre honneur mon plus fervant estude. / Je cherche à m'advancer par frequente habitude / Au sentier de vos loix. (n° 1, v. 1-6) / Vous, *mon divin Espoux, seul support de mon triste veuvage*, / Qui tousjours avez eu tout mon cœur, et ses vœux en ostage ; / Approchez mon beau jour, m'esloignant à mes nuicts, / Et prenez pour jamais, fonds, arbres, fleurs, et fruicts » (n° 43, v. 25-28 ; nous soulignons).

b Pour décrire cette pratique, on parle en général de *contrafacture*. Adrienne F. Block utilise le mot *parodie*, Federico Ghisi parle de *travestissement spirituel*. *Sur* ces questions de terminologie voir A. F. Block, *The Early French Parody Noël*, 2 vol., Ann Arbor, Michigan, 1983, vol. 1, p. 5 et 151, n. 28 ; F. Ghisi, « L'"aria di maggio" et le travestissement spirituel de la poésie musicale profane en Italie », in *Musique et poésie au XVI^e siècle*, Paris, 1954, p. 265-273 ; R. Falck, « Parody and Contrafactum : A Terminological Clarification », *Musical Quarterly*, 65, n° 1, 1979, p. 1-21 et B. W. Wardropper, « The Religious Conversion of Profane Poetry », in *Studies in the Continental Background of Renaissance English Literature*, éd. D. B. J. Randall *et al.*, Durham, NC, 1977, p. 203-221. Sur les origines de la chanson pieuse en langue vulgaire, voir A. Gastoué, *Le cantique populaire en France*, Lyon, 1924 ; et P. Bec, « Lyrique profane et paraphrase pieuse dans la poésie médiévale (XII^e-XIII^e s.) », in *Jean Misrahi Memorial Volume. Studies in Medieval Literature*, éd. H. R. Runte *et al.*, Columbia, SC, 1977, p. 229-246.

Il est né au commencement du treizième siècle, mais sa grande période de floraison se situe entre les années 1450 et 1625[a]. Gautier de Coinci, un moine bénédictin de Soissons, est généralement reconnu comme le représentant le plus illustre et peut-être même l'initiateur du genre avec ses *Chansons à la Vierge*[b]. À la *canso* amoureuse et aux autres genres souvent convertis en chansons pieuses comme le serventois, la pastourelle et la chanson de toile[c], viennent s'ajouter, au quinzième siècle, les noëls et, dès le commencement du seizième siècle, la chanson spirituelle protestante[d], l'un et l'autre basés, en grande mesure, sur des airs populaires. La contrafacture remporta un succès considérable en milieu réformé, où elle constitua très rapidement l'un des véhicules les plus efficaces des idées nouvelles. Pour lutter contre ces chants religieux de l'Église réformée et surtout contre les psaumes marotiques qui connaissaient une véritable consécration, les catholiques répliquèrent par des recueils d'air de leur propre cru. Les Pères Jésuites qui prirent une part active dans le renouveau catholique de la seconde moitié du seizième siècle, virent dans la chanson spirituelle le moyen de promouvoir leur enseignement doctrinal. C'est le Père Michel Coyssard qui, le premier, en France, de la Compagnie de Jésus, ait donné un recueil de chants spirituels[e]. L'année 1592, où paraît sa *Paraphrase des hymnes et cantiques spirituels pour chanter avec la Doctrine Chrétienne*, demeure une date

---

a Wardropper, *ibid.*, p. 209 et 214-215.

b Placées en tête des *Miracles de Notre Dame*, neuf de ces trente et une chansons sont des imitations pieuses de chansons profanes. Voir Alfred Jeanroy, « Imitations pieuses de chansons profanes », *Romania*, 18, 1889, p. 477.

c Wardropper, art. cité, p. 209. Pour des exemples, voir Jeanroy, *ibid.*, p. 477-486.

d Voir Wardropper, *ibid.*, p. 212-213 : « In France it was the Huguenots who first thought of making the ribald *vaudeville* songs godly. The *vaudeville* is itself a new song set to an old air. As a genre, it became dignified and respectable largely because the Protestants based their *chansons spirituelles* on it ».

e Sur ce personnage et sur l'intérêt manifesté par les Jésuites pour le chant religieux en langue vulgaire, voir G. Pau, « De l'usage de la chanson spirituelle par les Jésuites au temps de la Contre-Réforme », in *La chanson à la Renaissance*, études réunies et présentées par J.-M. Vaccaro, Tours, 1981, p. 15-35.

importante dans l'histoire de la chanson spirituelle française. Cet ouvrage connut en effet plusieurs éditions remaniées et augmentées jusqu'en 1608. Pourtant, en dépit de ces succès, les cantiques jésuites rencontrèrent des difficultés. Certains blâmèrent cette initiative, sans doute en raison de la crainte que leur inspirait le retentissement des chansons spirituelles introduites par les hérétiques. Lors de la publication, en 1600, de ses *Hymnes Sacrez et Odes spirituelles pour chanter devant et après la leçon du catéchisme*, le Père Coyssard fut mis en cause lui-même ainsi que les prêtres de la Doctrine Chrétienne d'Avignon qui se servaient de ses compositions dans l'exercice de leur apostolat. Il répondit par un plaidoyer, *Traicté du Profit que toute personne tire de chanter en la Doctrine Chrétienne et ailleurs, les hymnes et chansons spirituelles en vulgaire*, dans lequel il invoquait toutes sortes d'arguments pour légitimer l'usage du chant : l'antiquité du chant religieux, l'utilité du chant comme instrument mnémotechnique et comme arme contre le chant lascif et les hérétiques à la fois, la puissance curative de la musique sacrée, etc. Figurent aussi dans ce recueil plusieurs pièces justificatives dont une lettre de François Bordini, évêque de Cavaillon, qui en complet accord avec le cardinal Aquaviva, légat du pape, et l'archevêque d'Avignon, Jean-Marie Taurugi, approuve l'usage des odes et chansons spirituelles, « d'autant que nous n'y avons peu remarquer aucune erreur ainsi que tout est conforme à la vérité de la Foy et tradition de l'Eglise Catholique, Apostolique et Romaine[a] ».

L'approbation de deux docteurs de théologie bien connus à Lyon figure également dans le recueil d'Anne Picardet, là où il est d'usage de trouver le privilège du roi[b]. Dans la première, Jean

a Ce traité se trouve à la suite des *Hymnes Sacrez et Odes spirituelles*, Lyon, chez Jean Pillehotte, 1608, p. 57. Cité par G. Pau, art. cité, p. 26.

b En réalité, les ouvrages religieux échappaient pratiquement au contrôle gouvernemental puisque l'approbation préalable devait être délivrée par deux docteurs de la Faculté de théologie. Voir *Histoire de l'édition française*, sous la dir. de R. Chartier et H.-J. Martin, Paris, 1989, p. 462-463.

Chavanon, docteur en théologie de l'ordre des Frères Prêcheurs, déclare n'avoir rien trouvé à la lecture de cet ouvrage « qui ne soit conforme à la Religion Catholique » (1623, p. 168). Dans la seconde, datée du même jour (le 5 septembre 1618), le vicaire général Meschatin-la-Faye dit s'accorder à cette opinion et donne à son tour son autorisation pour l'impression de l'ouvrage. En outre, bien que ses odes spirituelles soient destinées essentiellement à un usage privé[a], Anne Picardet éprouve le besoin d'en justifier la publication, ce qui est hautement révélateur du climat culturel et spirituel de l'époque. Après avoir invoqué tous les arguments dont se servent alors les femmes qui publient (la décision de publier à la requête instante des amis, l'écriture comme honnête passe-temps, la dédicace à une dame de statut élevé pour pouvoir se montrer en public)[b], elle remarque que la voix a été généreusement octroyée par Dieu à l'homme pour être appliquée aux choses spirituelles plutôt qu'aux profanes. Au chrétien échoit le devoir de se servir de ses talents (le chant, la musique) pour chanter les louanges de son Dieu. La chanson destinée à exprimer la joie, à récréer l'esprit, à toucher le cœur, s'est souvent servie d'images licencieuses, mais elle peut aussi bien être consacrée à exprimer des considérations pieuses, ainsi que les joies, les espérances et les tristesses du saint amour. C'est ce qu'elle se propose de faire dans son recueil d'odes spirituelles :

> La pieté, qui accompagne vos mœurs, & l'odeur des bons exemples, que vostre vertu rend à toute la France, me portent à vous offrir les Odes Spirituelles, que l'on m'a persuadé de mettre en lumiere, à fin que l'air des chansons prophanes, estant appliqué aux spirituelles, Dieu ne soit plus offensé par les voix et organes que sa divine bonté nous a donnez

a Sur ce courant de chansons pieuses destinées à un usage privé, voir D. S. Packer, « Collections of Chaste Chansons for the Devout Home (1613-1633) », *Acta Musicologica*, vol. 61, fasc. 2, May-August 1989, p. 175-216.

b Sur les stratégies propres aux préfaces féminines de ce temps. Voir F. Rigolot, « La préface à la Renaissance : un discours asexué », CAIEF, 42, 1990, p. 121-135 ; A. R. Larsen, « "Un honneste passetems" : Strategies of Legitimation in French Renaissance Women's Prefaces », *Esprit Créateur*, 30, n° 4, 1990, p. 11-22.

> pour le louër & benir. [...] Et si un tel bien peut resulter de ce dessein, je ne regretteray ny le temps que j'ay quelquesfois employé à la poësie, ny l'asseurance que je donne à ma plume, escrivant et mettant ce peu d'ouvrage au jour, sous les auspices de vostre Grandeur. (1623, p. 3-4)

Aucune musique ne figure dans le recueil, mais l'air sur lequel l'ode doit se chanter (le timbre) est indiqué en tête de chaque pièce. Ces timbres proviennent tous d'airs de cour en faveur à l'époque[a]. Seuls deux ou trois timbres servent de modèle à plus d'un *contrafactum.* L'Appendice II apporte des précisions sur les sources de ces airs, leurs compositeurs et leurs formes.

Dans sa forme, la chanson pieuse imite la chanson profane (laïque, courtoise), dont elle emprunte la charpente métrique, c'est-à-dire les rimes et la musique. Par exemple, dans l'ode « De l'amour divin » sur l'air *Mon ame est si fort blessée*, les rimes et la structure métrique ABAB avec les rimes féminines qui alternent avec les masculines, sont gardées intactes. Il suffit alors qu'un ou deux vers soient conservés dans la première strophe et que le reste de la strophe soit suffisamment ressemblant pour que le texte d'origine soit facilement reconnu[b].

[Timbre profane]
Lors que mon amour s'en flame
Elle me va distillant
Un glaçon dedans mon ame
Qui me brusle en me gellant.

[Ode spirituelle]
Quand ce sainct amour *m'enflame*
Il va tousjours *distillant*
*Un glaçon dedans mon ame,*
*Qui me brûle en me gelant.*

---

a Sur le développement de l'air de cour, voir K. J. Levy, « Vaudeville, vers mesurés et airs de cour » et A. Verchaly, « Poésie et air de cour en France jusqu'en 1620 », in *Musique et poésie au XVIe siècle, op. cit.*, p. 192-199 et et 211-223.

b Voir aussi « A la glorieuse Royne des Cieux » (1623, n° 24) sur l'air *Ne vous offensez point belle ame*, où seule la première strophe conserve une partie du texte d'origine avec les rimes et la structure métrique.

Dans le poème n°3 sur l'air *O ! beaux yeux qui sçavez si, etc*[a]., non seulement les rimes et la structure métrique sont reprises avec l'alternance des rimes masculines et féminines, mais aussi le texte d'origine est en partie conservé, tout au moins dans certaines strophes :

[Timbre profane]
O beaux yeux je ne voy ny ne vy que par vous
Je suis un corps sans ame absent de vostre veüe
Mais des que je vous voy si riant et si doux
Amour pour m'animer en ame se transmue.

[Ode spirituelle]
Doux JESUS, *je ne voy, ny ne vis que par vous ;*
*Je suis un corps sans ame, absent*ant *vostre veüe ;*
*Mais* lors que mon esprit vous contemple *si dous,*
L'espoir *pour m'animer, en ame se transmuë.*

Pourtant, dans la grande majorité des cas, le procédé d'imitation se limite à la pure reprise de la forme. Lorsqu'il n'existe aucune relation textuelle entre le modèle et son *contrafactum,* il semblerait que ce soit la popularité de l'air qui en ait motivé le choix[b]. L'ode intitulée « De l'immaculée Conception de la Vierge » n'a conservé du timbre profane (*Aussi tost qu'une belle ame*) que le schéma métrique avec ses rimes et sa musique : des huitains de sept syllabes, ABABCDCD, ou encore deux quatrains aux rimes croisées, dans lesquels les rimes féminines (A et C) sont alternées avec les rimes masculines (B et D).

a Musique de J. Bertaut et J. Planson, reproduit dans l'*Anthologie de la chanson parisienne au XVI^e^ siècle,* réunie par F. Lesure, Monaco, 1953, p. 124-125.

b Voir aussi « La Vierge à son cher Fils, l'ayant retreuvé » sur l'air *Or que la nuit & le silence* (schéma métrique AABCBC).

LE TEXTE

## Les éditions

Les *Odes spirituelles,* le seul ouvrage d'Anne Picardet qui soit parvenu jusqu'à nous, ont paru à deux reprises : en 1619, à Paris, chez Sébastien Huré[a] et, en 1623, à Lyon, par la veuve Claude Morillon. On ignore tout de la date à laquelle ces poèmes ont été composés et du rôle qu'Anne Picardet a pu jouer dans l'ordonnance de ces deux recueils. L'édition de 1619 comprend 64 poèmes qui forment un tout cohérent tant par les thèmes pieux qui en font l'objet (la vie de Jésus-Christ et de la Vierge Marie, le culte des Saints, les grandes fêtes liturgiques) que par le genre qui y est pratiqué : la chanson spirituelle transposée de la *canso* amoureuse. Toutefois, les vingt-deux poèmes qui suivent dont dix-huit sonnets, deux quatrains, des stances de sizains et l'épitaphe de François de Molière constituent un groupe hétérogène qu'il est difficile de situer. Les sonnets pénitentiels n° 2, 4, 5 et 10 et les sonnets n° 9 et 11 en hommage à la Vierge Marie s'apparentent aux poèmes qui précèdent. Les autres, par contre, s'en démarquent nettement par les sujets abordés et le ton tantôt personnel, tantôt engagé, voire militant. Les sonnets n° 1, 3, 6-8, 10 et 21-22 traitent des douleurs du veuvage et de la « conversion » d'Anne Picardet, tandis que les poèmes n° 12-20, au service de la cause catholique menacée, chantent les louanges de saint Ignace et fustigent les détracteurs des « mignons de Jesus » (n° 19, v. 4).

a Marié à Denise Corbon, Sébastien Huré (1613-1650) eut un fils, Sébastien Huré, deuxième du nom, et fut reçu libraire dans la communauté de Paris le 8 février 1646, puis imprimeur ordinaire du roi (1662-1667). Voir G. Lepreux, *Gallia Typographica,* 4 t., Paris, 1912, t. 2, p. 272-274. La date de 1618 sur l'édition lyonnaise par la Vefve Claude Morillon, Libraire et Imprimeur de M. la Duchesse de Montpensier, dont un exemplaire est conservé à la bibliothèque municipale de Versailles sous la cote Pératé C60, Fonds patrimoniaux, est celle de l'achever d'imprimer.

Ce manque de cohésion avec l'ensemble porte à croire que ces 22 pièces ont été rajoutées postérieurement, sans souci d'une quelconque unité, peut-être par l'imprimeur qui pensait donner de la sorte une plus grande authenticité à cette voix féminine. Il est néanmoins curieux de constater que dans l'édition révisée et considérablement augmentée de 1623, tous ces poèmes ont été retranchés comme si on avait cherché à supprimer toute trace de subjectivité dans le recueil. Anne Picardet est encore en vie comme l'atteste l'acte du 2 septembre 1632 concernant un pré, dit le Pré Pragnon, acquis de Jean de La Croix, journalier à Oyé[a]. Aurait-elle choisi, de son propre chef, d'omettre ces poèmes ? En 1619, elle déplorait la perte de son époux. En même temps, elle invoquait le Seigneur de lui donner la force de se détacher des affections mondaines pour faire le don absolu. Quatre ans plus tard, non seulement les poèmes sur le veuvage n'ont plus la même actualité mais aussi la dévote dame a franchi une nouvelle étape dans sa vie spirituelle.

L'édition de 1623 est toute imprégnée de l'esprit du milieu dévot dans lequel elle vit le jour. Elle comprend 104 chansons, dont les chansons parues en 1619, à l'exception des chansons 31 et 32 (« Sur le De profundis » et « Au doux JÉSUS »), auxquelles a été ajouté un nombre considérable de poèmes sur les Saints martyrs, les Pères de l'Église, la Compagnie de Jésus et diverses congrégations féminines. Ces divers ajouts nous renseignent sur les fréquentations d'Anne Picardet dans ces années-là et sur ses préoccupations toutes spirituelles. Faut-il s'étonner dès lors qu'elle rejette la gloire passagère que pourraient lui apporter quelques sonnets bien tournés au profit de l'ode, forme plus appropriée à ses pensées pieuses ?

---

a Autre indice du fait qu'elle est encore en vie, l'hommage que lui rend, en 1630, Claude-Gaspard Bachet, sieur de Méziriac (1581-1638), l'un des quarante fondateurs de l'Académie française, dans sa traduction française du *Traité de la Tribulation* de Buonsignore Hieronimo Cacciaguerra.

## Le courant spirituel des années 1580-1630

Les *Odes spirituelles* s'inscrivent dans le courant spirituel des années 1580-1630, où l'on voit se constituer, du côté catholique, un milieu dévot qui cherche à promouvoir parmi ses membres une vie intense de prières, d'assistance aux offices, de lectures pieuses et de méditations dans le but d'atteindre au perfectionnement spirituel[a]. La réforme épiscopale et cléricale[b] qui marque le renouveau catholique va de pair avec la reprise en mains du peuple chrétien[c] qui se fait par trois voies principales : la catéchèse[d] pour instruire les fidèles ignorants, la prédication[e] pour les amener au repentir et la promotion des dévotions christologiques et des cultes d'intercession[f] pour recentrer leur piété.

---

a Sur la constitution de ce milieu dévot voir A. Croix et J. Quéniart, *Histoire culturelle de la France*, sous la dir. de J.-P. Rioux et J.-F. Sirinelli, t. 2, *De la Renaissance à l'aube des Lumières*, Paris, 1997, p. 169 *sq.*

b Voir É. Labrousse et R. Sauzet, « La réforme pastorale : le clergé séculier et les réguliers », in *Histoire de la France religieuse*, sous la dir. de J. Le Goff et R. Rémond, Paris, 1998, t. 2, *Du christianisme flamboyant à l'aube des Lumières*, p. 369-416 ; F. Lebrun, *Être chrétien en France sous l'Ancien Régime*, Paris, 1996, p. 39-50 et P. Broutin, *La réforme pastorale en France au XVII^e^ siècle*, t. 1, Paris, 1956, p. 1-19.

c Voir É. Labrousse et R. Sauzet, *ibid.*, p. 417-443 ; P. Broutin, *ibid.*, p. 20-25.

d Les catéchismes de Pierre Canisius (*Catechismus minimus, Catechismus minor, Summa doctrinae christianae* [1555-1557]) qui popularisent la notion de catéchèse progressive et ceux de Robert Bellarmin, dont l'un pour les adolescents, l'autre pour les enfants (*Catechismus ou Breve declaration de la doctrine chretienne* et *Ample declaration de la doctrine chretienne* [1597]), sont très rapidement adoptés par de nombreux chrétiens. Sur la catéchisation de la société française, voir Lebrun, *op. cit.*, p. 115-127 et G. Audisio, *Les Français d'hier*, 2 t., Paris, 1996, t. 2, *Des croyants*, p. 184 *sq.* Sur Bellarmin (1542-1621), figure emblématique du catholicisme tridentin, auteur des *Disputes sur les controverses de la foi chretienne contre les heretiques de ce temps*, voir G. Bedouelle, *La réforme du catholicisme*, Paris, 2002, p. 120-125.

e Sur l'importance accordée à la pastorale, voir L. Chatellier, *Le catholicisme en France*, Paris, 1995, t. 1, *Le XVI^e^ siècle*, p. 160-180.

f Sur les cultes mis en honneur par la réforme catholique, culte au Christ, à la Vierge et aux Saints, voir R. Sauzet, « Présence rénovée du catholicisme (1520-1670) », in *Histoire des catholiques en France*, sous la dir. de F. Lebrun, Toulouse, 1980, p. 129-135.

Ce milieu dévot se nourrit de la lecture de la Bible[a], de la littérature patristique, de *l'Imitatio Christi*[b], des recueils hagiographiques comme la *Légende dorée*[c] qui suscite un regain d'intérêt chez les catholiques en ce temps et tout spécialement des ouvrages de spiritualité venus d'Espagne[d]. Parmi les sources espagnoles qui se propagent à cette époque dans les milieux dévots grâce aux multiples traductions en français[e] et qui ont de toute évidence influencé Anne Picardet, il faut signaler Ignace de Loyola (1491-1556) dont le nom est abondamment cité dans le recueil et Thérèse d'Avila (1515-1582) à qui deux poèmes sont consacrés.

Anne Picardet rend hommage à saint Ignace et à l'ordre des Jésuites[f], de tous les ordres religieux, celui qui contribua le plus

---

a Répandre la connaissance de la Bible parmi les fidèles satisfaisait au désir tridentin. Une connaissance, il s'entend, soigneusement guidée par l'Église et donc qui ne risquait pas de les conduire à l'hérésie. Pour les catholiques, en effet, la Bible demeure un livre de clercs. On craint que mal lue, elle ne devienne source de désordres. Sur la position des autorités catholiques face à la Bible, voir Ph. Denis, « La Bible et l'action pastorale », in *Le temps des Réformes et la Bible*, sous la dir. de G. Bedouelle et B. Roussel, Paris, 1989, p. 515-544 et tout spécialement « Les Jésuites et la Bible », p. 541-544.

b Attribué à l'Allemand Thomas a Kempis (1379-1471), cet ouvrage fut l'un des plus diffusés après la Bible. Il avait été à la base de la *Devotio moderna* et continuait d'exercer une grande influence auprès des Carmes espagnols et auprès d'Ignace de Loyola. Sur la question de l'identité de l'auteur et sur l'influence qu'exerça cet ouvrage au cours des siècles, voir B. McNeil, *De l'Imitation de Jésus-Christ*, trad. de l'anglais par E. Utudjian Saint-André, Paris, 2002.

c Les catholiques affirment l'importance du culte des Saints en réaction à l'iconoclasme des protestants. *La légende dorée* de Jacques de Voragine connut dès avant 1500 plus de 70 éditions, tant en latin qu'en plusieurs langues vulgaires. Au dix-septième siècle, on ne lisait plus J. de Voragine, mais Monbritius, Surius, Ribadeneira où l'on pouvait retrouver les mêmes textes.

d Sur la spiritualité espagnole et tout spécialement Louis de Grenade, Jean de La Croix et Thérèse d'Avila, voir L. Cognet, *De la dévotion moderne à la spiritualité française*, Paris, 1958, p. 23-44. Sur la tradition dévote et les sources mentionnées ici, voir aussi T. Cave, *Devotional Poetry in France*, Cambridge, 1969, p. 1-25.

e À partir de 1615 avec le mariage d'Anne d'Autriche à Louis XIII, l'étude de la langue espagnole se répandit et un grand nombre de ces ouvrages purent être lus dans le texte original (Labrousse et Sauzet, *op. cit.*, p. 342).

f On rapprochera du sonnet n°15 le poème n°49 dans l'édition de 1623. Sur la Compagnie de Jésus, voir H. Fouqueray, *Histoire de la Compagnie de Jésus en France*

à la réforme catholique. Dans le sonnet n° 17 de l'édition de 1619, elle célèbre le moment décisif que fut dans l'histoire du catholicisme français l'arrivée sur la scène religieuse du fondateur de la Compagnie de Jésus. Pour Anne Picardet, Ignace reste avant tout un héros de la foi. Elle rappelle à maintes reprises la lutte sans répit qu'il mena avec sa « troupe choisie » (n° 15, v. 1)[a] pour le salut des âmes et la plus haute gloire de Dieu, alors que la France était sous le joug de Luther, l'« aisné » de « l'ennemy juré du salut des humains » (1619, n° 17, v. 2 et 6). L'évocation des faits glorieux débouche en général sur la polémique anti-protestante. Ce militantisme catholique, sans avoir complètement disparu, s'est nettement atténué dans l'édition de 1623. Tout au moins, certaines omissions et révisions donnent cette impression. Par exemple, le sonnet 19 sur la mort du roi Henri IV et l'accusation de complicité de régicide portée contre les Jésuites n'a pas été reproduit. L'ode n° 49 a été allégée de plusieurs strophes concernant la persécution des Jésuites. En outre, bien que les années 1620-1629 soient des années difficiles, de troubles civils, de guerres (notamment les guerres de M. de Rohan, du nom de Henri de Rohan, le principal chef du parti protestant)[b], l'édition de 1623 ne comporte qu'un seul poème (n° 100) « sur les troubles de France 1622 », où il est fait mention d'une « paix[c] », peut-être le traité de Montpellier qui mettait fin à la première guerre. En somme, il semble qu'en 1623 l'attention

---

*des origines à la suppression*, Paris, 1922, surtout t. 3, *Époque du progrès* ; A. Guillermou, *Saint Ignace de Loyola et la Compagnie de Jésus*, Paris, 1960 ; Cognet, *op. cit.*, p. 65-72 ; R. Taveneaux, *Le catholicisme dans la France classique*, Paris, 1994, p. 72-78.

a L'ordre des Jésuites se heurta à l'opposition conjointe du Parlement, de l'université et de la monarchie gallicane.

b En effet, à la suite de l'affaire du Béarn (1617-1620) – Louis XIII avait remplacé le conseil du Béarn par un parlement où ne siégeaient que des catholiques –, un mouvement de résistance au nom de la cause réformée se mit en place. Il fut à l'origine des guerres de M. de Rohan qui avaient pour enjeu le pouvoir politique des protestants basé principalement sur les assemblées politiques et les places fortes.

c « O chere paix, / Vien desormais, / Chassant les astres meurtrissans [...] » (v. 23-25).

d'Anne Picardet se détourne des événements politico-religieux pour se concentrer sur le cheminement spirituel. C'est là qu'on voit le rôle qu'Ignace a pu jouer pour les catholiques de ce temps. Pour les arracher à la hantise du péché, que l'Église avait elle-même suscitée (le Concile de Trente préconisait la confession auriculaire, obligatoire et détaillée des péchés et la nécessité de l'attrition pour la pénitence[a]), il rappelait la place de l'amour dans le repentir, la Passion du Christ et les bénéfices de la Rédemption[b]. Pour leur redonner confiance dans les capacités de l'homme à participer à son propre salut[c], il leur proposait avec ses *Exercices spirituels*, guide de méditations systématiques, une méthode claire et rassurante permettant de faire son salut dans le siècle. Pour raviver la pitié individuelle, il réintroduisait la pratique émotionnelle de la *devotio moderna* telle que la concevait saint Bernard. Les motifs contritionnistes revalorisés par Ignace trouvent leur place dans les *Odes spirituelles* aux côtés de la méditation sur l'enfer et le jugement dernier. En outre, un poème est dédié à Bernard de Clairvaux précisément pour la place que tient dans sa mystique la méditation de la Passion : « O divin sainct Bernard / … / Qui embausmes le corps de ton unique Amant, / Portant sa Passion continuellement » (n° 39, v. 2, 5-6). Enfin, les *Exercices spirituels,* apparemment bien connus d'Anne Picardet, alimentent la méditation et lui servent de structure.

---

a Voir K. Erdei, « Méditation et culpabilisation : une spiritualité du péché », in *La méditation en prose à la Renaissance,* Paris, 1990, p. 17-27.

b À ce sujet, K. Erdei explique : « [L]es souffrances libératrices du Christ diminuent les propres péchés du méditant. La Passion sublime le péché. Le repentir ne signifie ainsi qu'une préparation, une étape sur le chemin vers Dieu. La méditation de la vie et de la passion du Rédempteur rend l'union avec le "Verbe incarné" possible » (*ibid.*, p. 26-27). Sur le débat à l'époque entre *contritio* et *attritio*, voir J. Delumeau, *L'aveu et le pardon*, Paris, 1990, p. 57-70.

c Dans ce courant d'optimisme quant aux possibilités d'action de l'homme s'inscrit aussi l'*Introduction à la vie dévote* de François de Sales. C'est le premier livre spirituel explicitement destiné aux laïcs qui cherchent à vivre chrétiennement dans leur profession et leur état.

La connaissance des œuvres de sainte Thérèse de Jésus (1515-1582)[a] eut une importance considérable pour les cercles dévots au lendemain de la Ligue[b] et pour Anne Picardet tout spécialement. Bien qu'ils ne nous renseignent pas sur le contenu spécifique des ouvrages mentionnés dans leur titre, les poèmes n°47 et 48 montrent bien l'intérêt qu'Anne Picardet porte à la mystique thérésienne. Le premier de ces poèmes sur le livre de *La Vie de la Mere Terese de Jesus* (1602) par le R. P. Francisco de Ribera[c] s'attache au personnage d'exception que fut sainte Thérèse. Anne Picardet commence par rappeler les faveurs que Dieu lui octroya comme à Moïse et à Abraham, puis elle exhorte les « esprits incrédules » (v. 1-3) à l'humilité : « Humiliez donc vostre foy ». Le poème suivant sur le *Livre de la mesme Saincte, des demeures, ou chateau de l'ame*[d] montre à quel point elle s'est imprégnée de la lecture des ouvrages de sainte Thérèse. *Le Chateau de l'Ame,* généralement considéré comme le chef-d'œuvre de Thérèse de Jésus, retrace les sept degrés de la prière par laquelle l'âme parviendra à l'union

---

a Thérèse fut béatifiée le 12 mars 1622 par le Pape Grégoire XV.

b Au dix-septième siècle, on ne compte pas moins de 67 éditions de la traduction française des œuvres de sainte Thérèse. La diffusion de ces ouvrages eut un impact notable sur les cercles dévots, notamment sur l'élite fervente qui, dès 1597, se réunissait dans l'hôtel parisien de Mme Acarie. Les efforts de ce cercle dévot qui s'attachait à l'implantation en France des filles de sainte Thérèse, furent couronnés de succès : plus d'une soixantaine de carmels furent érigés en France entre 1604 et 1668 (Labrousse, *op. cit.*, p. 346 *sq.*).

c Confesseur de sainte Thérèse et l'un de ses premiers biographes. Établi en France avec sa famille dès avant 1562, Francisco de Ribera (1514-1561) fit paraître en 1590 *La Vida de la Madre Teresa de Jésus* (Salamanca, P. Lasso) et fut l'introducteur en France de l'ordre des Carmélites. La traduction française de son ouvrage (*La Vie de la Mere Terese de Jesus,* Paris, chez la veufve Guillaume de la Nouë, 1602), par Jean de Bretigny de Quintanadoine et G. de Chevre, joua un rôle essentiel dans l'introduction en France de la spiritualité thérésienne.

d Sainte Thérèse aurait commencé à écrire *Le Chateau de l'Ame* à la demande de Notre-Seigneur. La rédaction de cet ouvrage fut poursuivie à la prière de son supérieur et guide spirituel, le Révérend Père Jérôme Gratien de la Mère de Dieu, et de son confesseur à Tolède, le Docteur Vélasquez. Sur cet ouvrage, on lira avec profit la belle étude de M. de Certeau, « La fiction de l'âme, Fondement des "Demeures" (Thérèse d'Avila) », in *La fable mystique,* Paris, 1982, p. 257-273.

mystique. Sainte Thérèse y rappelle l'amour que Dieu porte à sa créature, les hautes grâces qu'il lui octroie et le grand profit qui en résulte. En guise d'encouragement, elle donne au lecteur quantité de recommandations en termes simples et accessibles et indique les moyens pour persévérer jusqu'aux derniers degrés. La même espérance confiante, le même esprit combatif (« Courage donc, ô belles Ames » ; « Non, non, ne craignez point la peine », v. 10 et 13) anime le poème n° 48 jusqu'à la dernière strophe où la méditante voyant que ses forces ne peuvent pas venir d'elle même s'humilie et se réfugie dans l'oraison. À ceux qui seront parvenus aux septièmes demeures elle demande d'intercéder en sa faveur auprès de Dieu :

> Helas ! je vous requiers de grace,
> Quand vous verrez Dieu face à face,
> Dans son supréme cabinet ;
> Faictes une ardente priere
> D'une faveur particuliere,
> Pour la pauvre Anne Picardet. (v. 31-36)

L'humilité[a] est essentielle pour avancer en dévotion. Thérèse le rappelle à maintes reprises dans ses œuvres. Ainsi au chapitre 8 de sa *Vie*[b], elle raconte comment, se sentant indigne de son Seigneur, elle cherche en vain un remède à son tourment : « Je faisais des diligences actives pour le trouver, mais je ne comprenais pas, sans doute, que tous nos efforts servent de peu, tant que nous ne bannissons pas toute confiance en nous-mêmes pour nous reposer entièrement en Dieu » (p. 87).

---

a Voir *Vie écrite par elle-même*, in *Œuvres complètes*, trad. du R. P. Grégoire de Saint Joseph, Paris, 1949, ch. 13, p. 124 ; ch. 23, p. 238, etc.

b Thérèse avait entrepris en 1562 sur l'ordre du P. Ibagnès une première rédaction de sa *Vie*, qu'elle compléta en 1563 sur l'ordre du P. Garcia de Toledo. Seule la seconde rédaction nous est parvenue. Le manuscrit de cette autobiographie, après avoir été soumis au Tribunal de l'Inquisition et après être passé dans les mains des plus grands théologiens du temps, fut approuvé en 1591 au palais de l'Escurial.

L'influence de sainte Thérèse transparaît, dans une moindre mesure, au niveau du langage et de l'imagerie. Outre la façon de s'adresser à Dieu (« sa Majesté », « Bonté infinie », etc.), à la Vierge (« Princesse des Anges ») et aux saints (« le glorieux saint Joseph ») qui rappelle sainte Thérèse mais qui n'est pas unique à elle[a], le motif de l'extase[b] a inspiré à Anne Picardet plusieurs images frappantes de flèches et de feu sans pourtant jamais aboutir aux envolées mystiques si singulières à la sainte : « La douleur d'un funeste dard, / En mille parts mon cœur entame » (n° 5, v. 3-4) ; « Blessez ce pauvre cœur d'une playe incurable » (n° 3, v. 14) ; « Reduisez-la [= mon ame] en feux / Dans vostre flame » (n° 4, v. 35-36). Parmi celles-ci, la figure extatique de l'exercitante en oraison, suspendue entre la vie et la mort, frappe tout particulièrement :

> A l'ombrage d'un Aubespin,
> Traversée de mille pointes,
> Despuis le soir jusqu'au matin,
> A deux genoux, et les maintes jointes,
> Deux ruisseaux de larmes aux yeux,
> J'eslance ces vers dans les Cieux :
> Mon Dieu, entendez mes clameurs,
> Secourez-moy, ou je me meurs. (n° 18, v. 1-8)

C'est toutefois dans le domaine spirituel que l'influence de sainte Thérèse se fait plus fortement sentir : dans une certaine manière d'exprimer l'appel de Dieu, de décrire les épreuves et les victoires qui marquent l'ascension vers le Seigneur avec les

---

a Il est difficile de dire avec certitude ce qui lui appartient en propre dans l'arsenal commun à la plupart des écrivains religieux. Certaines de ces expressions ainsi que le motif de l'extase se retrouvent chez Ignace dont sainte Thérèse s'inspire et chez Jean de La Croix qui, lui, s'inspire très probablement de sainte Thérèse.

b L'art glorifie les dons surnaturels, les extases et visions qui sont pour les fidèles de ce temps comme le sceau même de la sainteté. Les visions de sainte Thérèse ont fait l'objet de nombreux tableaux parmi lesquels la représentation de la seconde vision de la sainte, celle de la transverbération (*La transfigurazione di santa Teresa*) par Le Bernin, demeure aujourd'hui la plus célèbre. Voir É. Mâle, *L'art religieux après le Concile de Trente*, Paris, 1932, p. 151-201.

références au démon et à l'enfer[a], de rappeler les faveurs que Dieu prodigue à sa créature[b], d'évoquer les peines intérieures, les sécheresses spirituelles en particulier. Anne Picardet porte son attention sur les épisodes de la Passion, insistant de la sorte sur l'humanité du Christ, à la manière de Thérèse et d'Ignace dont la sainte se nourrit également[c]. Enfin, à lire le poème n° 37 en hommage à saint Joseph qui est invoqué comme médiateur et avocat, on ne peut s'empêcher de penser à la dévotion que Thérèse elle-même portait à ce saint. En 1562, elle lui consacra son premier couvent, celui d'Avila, et voulut que sur ses dix-sept fondations douze fussent mises sous sa protection[d].

## LES *ODES SPIRITUELLES* ET LES *EXERCICES SPIRITUELS*

Si la découverte de sainte Thérèse fut pour Anne Picardet hautement révélatrice, tout aussi importante fut pour elle dans sa recherche du perfectionnement spirituel la lecture de saint Ignace[e]. Au premier coup d'œil on peut voir que les poèmes de

---

a Bien qu'elles ne soient jamais aussi visuelles que chez sainte Thérèse, voir *Vie, op. cit.*, ch. 31-32.

b Sur l'infinie bonté du Seigneur et les faveurs dont il comble sa créature, voir *Vie, ibid.*, ch. 6 et 7 ; 8, p. 82 ; 9, p. 91. Sur la résistance aux faveurs divines, voir ch. 8, p. 81.

c Sur les rapports que sainte Thérèse entretint avec la Compagnie de Jésus, voir *Vie, ibid.*, ch. 23-24.

d Sur la fondation du couvent de saint Joseph à Avila, voir *Vie, ibid.*, ch. 32, 33 et 35. Sur ce saint, voir aussi *Vie*, ch. 6, p. 58 *sq.* ; ch. 8, p. 82, etc. Sur la place que tient saint Joseph dans l'art post-tridentin voir É. Mâle, *op. cit.*, p. 309-315.

e Sur la parenté de la littérature pénitentielle de la fin du seizième siècle avec les nouveaux modes de dévotion exposés par Ignace dans ses *Exercices spirituels* et par Louis de Grenade dans son *Traitté de L'Oraison et Méditation,* voir M. Jeanneret, *Poésie et tradition biblique au XVIe siècle*, Paris, 1969, p. 435 *sq.*

l'édition de 1623 ont été ordonnés suivant les grandes étapes de l'itinéraire de conversion tracé par Ignace de Loyola dans ses *Exercices spirituels*. Un premier groupe de poèmes (n° 1-23) s'articule autour du thème suggéré pour la première méditation, à savoir l'examen de conscience et la confession générale de la vie passée. À ce groupe s'associent les poèmes n° 95 à 99, 103 et 104 qui, curieusement, ont été placés à la fin du recueil alors qu'ils traitent également de la nécessité de se confesser, des peines infernales qui guettent les méchants et, par opposition, des biens du paradis réservés aux justes. L'organisation des poèmes suivants, bien que ceux-ci ne soient pas groupés sous des rubriques spécifiques, rappelle l'enchaînement systématique des méditations selon la technique élaborée par le grand maître espagnol. On peut aisément y reconnaître la suite des méditations proposées pour les deuxième, troisième et quatrième semaines dans le but de chercher et trouver la volonté de Dieu : méditation de la vie de la Vierge (poèmes n° 24-31) ; contemplation de la vie du Christ, Nativité (poèmes n° 54-62, 100 et 101), enfance et épisodes marquants (poèmes n° 64-78), Passion et Résurrection (poèmes n° 79-94). Enfin un groupe assez important placé entre les poèmes sur la Vierge et ceux sur la Nativité (poèmes n° 32-53), auquel doivent être rajoutés les poèmes n° 63 et 102, s'adresse aux saints (on sait la dévotion que leur témoignaient les Jésuites), aux Pères de l'Église et aux Pères de l'Ordre.

### Les poèmes pénitentiels

1623 : n° 1-23, 95-99, 103-104
1619 : n° 1, 2, 4, 5 10 et 14

Les *Odes spirituelles* s'ouvrent par la prière préparatoire dans laquelle, conformément aux prescriptions d'Ignace, l'exercitante implore le Seigneur de lui donner la grâce que toutes ses activités tendent au culte divin (v. 1-12 ; 49-54 ; 67-72). L'adresse au Père bon et indulgent dirige la réflexion sur la véritable nature de l'homme (v. 13-36 ; 39-48 ; 55-59) et débouche sur un acte d'adoration et d'actions de grâce (v. 61-66). Supplication, examen de conscience, louange constituent autant d'étapes vers la communion avec Dieu qui seront revisitées, pas forcément dans cet ordre, dans le groupe de poèmes pénitentiels.

Supplication et colloque familier avec Dieu

Un seul poème, le premier, porte le titre de prière mais il en est beaucoup d'autres contenant une prière qui peut être placée à la fin du poème ou qui s'intègre, sans discontinuité, à la réflexion. Dans les moments d'angoisses, de doutes, d'aridité spirituelle, il arrive à l'exercitante d'entrer en contact avec Dieu dans la seule intention de communiquer avec celui qui est le fondement de son être et la raison de ses espérances (voir poèmes n° 1, 6, 10 et 18). La prière, à la différence du simple entretien, contient une demande précise : en général, l'exercitante s'adresse à Dieu pour le prier de lui accorder la force de résister aux tentations (n° 1), pour lui demander d'augmenter son obéissance qui est si insuffisante (n° 18 et 21) ou de faire croître son petit amour (n° 3, 9, 10, 12), pour implorer son pardon (n° 1 et 5), pour le remercier de la grâce qu'il lui a octroyée ou lui demander de renouveler ses faveurs (n° 6 et 9). Le fait d'implorer l'aide de Dieu ou celle de ses saints pour qu'ils intercèdent en sa faveur montre combien l'exercitante est consciente de sa dépendance à l'égard du Tout[a]. En somme, qu'il comporte une demande précise ou pas, l'entretien familier

a Dans la seconde semaine, Ignace exhorte le retraitant à faire le sacrifice de son amour-propre pour pouvoir faire le choix décisif, qu'il nomme l'élection. Il s'agit là du premier degré d'humilité. Le deuxième qu'il appelle « humilité d'indifférence » consiste à ne pas rechercher l'honneur plus que l'opprobre et le troisième à choisir la pauvreté plutôt que les honneurs et les humiliations avec le Christ pauvre et humilié. Voir A. Guillermou, *Saint Ignace de Loyola et la Compagnie de Jésus, op. cit.*, p. 91-92. Sur la place qu'occupa l'humilité dans ses enseignements et dans sa vie, voir le P. X. de Franciosi, *L'esprit de Saint Ignace*, Paris, 1948, p. 68-86.

est une des façons de chercher Dieu. Pour Anne Picardet, c'est aussi et surtout une arme dans le combat pour le perfectionnement spirituel.

L'examen de conscience

*LA « CONVERSION » INTÉRIEURE*

Les *Odes spirituelles* retracent les différentes étapes de l'ascension vers Dieu depuis la « conversion », dont les circonstances sont évoquées dans les strophes 7 et 8 de la Prière aux Saincts :

> Mon cœur donc abysmé dans cet obscur cahos,
> Ne trouvoit desja plus de paix, ny de repos,
> Quand un Ange divin, pourtraict de vos merveilles,
> Par sa puissante voix, penetrant tous mes sens,
> Fit, que je goute, voy, touche, odore, et entens,
> De vous, mon Createur, les bontez nompareilles.
> Cet Ange estoit en terre, et conversoit aux Cieux :
> Il portoit le pardon en ses celestes yeux :
> Sa vie nous estoit miroir de penitence :
> Son esprit aymantin tira le mien de fer
> Du monde empoisonné, et des portes d'enfer,
> Le sacrant, mon Sauveur, à vostre obeïssance. (n° 1, v. 39-48)

En lisant ces strophes, c'est à un passage similaire de la *Vie* de sainte Thérèse qu'on pense en premier. Au chapitre 3 de son autobiographie, celle-ci raconte en effet comment une conversation avec une religieuse (Marie de Bricefio) réveilla ses bons désirs et par quels moyens Dieu commença à l'éclairer :

> Je commençai donc à goûter l'excellente et sainte conversation de cette religieuse. Je me plaisais à l'entendre parler si bien de Dieu, [...]
> Elle se mit donc à me raconter comment elle avait résolu de se faire religieuse à la seule lecture de ces paroles de L'Évangile : Il y a beaucoup d'appelés et peu d'élus. Elle me parlait de la récompense que le Seigneur réserve à ceux qui méprisent tous les biens d'ici-bas par amour pour lui. Une si sainte compagnie ne tarda pas à faire disparaître les habitudes que j'avais contractées dans la mauvaise. Le désir des biens éternels se réveilla dans mon âme, [...] (p. 29)

On pourrait penser que l'« Ange divin » évoqué par Anne Picardet dans la *Priere aux Saincts* désigne son directeur de conscience[a], l'un de ces prêtres renommés pour ses mœurs irréprochables, sa piété exemplaire, son zèle à remplir ses obligations pastorales comme on en voit à l'époque à la suite de la réforme du clergé[b]. (On sait le double rôle d'exemple et de guide que ces hommes d'église ont pu jouer à l'égard des fidèles qui leur avaient été confiés.) Toutefois, un sonnet inclus uniquement dans l'édition de 1619 nous apprend qu'un sermon fut à l'origine de la conversion[c] :

*Sur sa conversion en une predication*

Aussi-tost que ta voix eut touché mon oreille,
M'appellant des enfers à ce jour radieux :
Mon esprit engourdy se dessila les yeux,
Contemplant, estonné, ceste saincte merveille.

Le pouvoir attribué aux sermons, celui de réjouir mais aussi de troubler (« estonné »), remet en mémoire un passage de la *Vie* de sainte Thérèse sur le sujet : « D'un côté, les sermons étaient une joie pour moi : de l'autre, ils étaient aussi un tourment. J'y

a Saint François de Sales à qui Anne Picardet rend hommage dans le poème n° 53, juge indispensable la direction spirituelle à celles qui veulent se perfectionner en piété. C'est le premier conseil qu'il donne à Philotée : « Voulez-vous à bon escient vous acheminer à la dévotion ? Cherchez quelqu'un de bien qui vous guide et conduise » (*Introduction à la vie dévote*, I, ch. IX, in *Œuvres*, éd. A. Ravier, Paris, 1969, p. 38). L'Église attache une très grande importance à cette tâche. Voir J. de Viguerie, « La femme et la religion en France, en milieu catholique, au XVIIe siècle », in *La femme à l'époque moderne*, Paris, 1985, p. 29-44 ; et L. Timmermans, *L'accès des femmes à la culture*, Paris, 1993, p. 468-482.

b Un Charles Borromée, dans la seconde moitié du seizième siècle, un Bérulle, un Vincent de Paul, un Olier, dans la première moitié du dix-septième siècle, s'imposent au clergé français comme le modèle du bon prêtre conformément à l'idéal tridentin. Voir Lebrun, « Le temps des bons prêtres », *op. cit.*, p. 99-114.

c Saint François de Sales exhorte ses lectrices à aller souvent au sermon (*Introduction*, II, ch. XVII). Sur le sermon comme moyen d'enseignement oral à côté de la direction, sur l'engouement des femmes pour les sermons, surtout dans la seconde moitié du dix-septième siècle, voir Timmermans, *op. cit.*, p. 482-487. Sur les rapprochements à faire entre la poésie pénitentielle de la fin du seizième siècle et la technique du sermon, voir Cave, *op. cit.*, p. 164-183.

reconnaissais, en effet, que je n'étais pas sous beaucoup de rapports ce que je devais être» (p. 87). Anne Picardet évoque ici et dans la *Prière* citée plus haut l'image de la pénitente sauvée de justesse de l'enfer par la puissante voix du prédicateur qui frappe les sens charnels (l'ouïe) afin que s'ouvrent les yeux de l'esprit, une image à la fois rassurante et on ne peut plus troublante dans le sens qu'elle laisse entrevoir la possibilité de salut mais rappelle en même temps la nécessité de la pénitence et tous les motifs attritionistes qui s'y rattachent : la mort prochaine, le jugement divin, l'enfer[a]. C'est d'ailleurs à ce même motif de la *timor Domini* que recourent les poèmes n° 95, 96 et 97.

Dans le premier de ces poèmes adressé par Anne Picardet à son «cher fils» qui, rappelons-le, avait embrassé la profession de comédien jugée dangereuse pour le salut, c'est la pensée de l'approche de la mort qui ravive la crainte du «jour de terreur» (v. 5). Le sentiment de la nécessité de se préparer pour le «supreme arrest» (v. 13) pousse la pénitente à demander l'intervention des intercesseurs célestes (la Vierge, les anges, les saints, etc.) qui peuvent encore prier pour elle mais qui ne le pourront plus, une fois la vie terminée, car ils deviendront alors les exécuteurs du Juge suprême. Le «grand jour tout remply d'alarmes» (v. 1) fait également l'objet du poème n° 96 adressé à Madame de la Benissons-Dieu. Anne Picardet ne se contente plus d'évoquer «l'insupportable destresse» des hommes à l'idée du jugement prochain (v. 17). À l'instar des prédicateurs du temps, elle passe en revue les phénomènes effrayants qui précéderont l'apparition du Juge : les bêtes féroces qui sortent de leurs tanières en hurlant (v. 21-24), la mer en furie (v. 25-28), la terre qui s'ébranle en de violents tremblements (v. 27-28), le soleil et la lune qui s'abîment dans la mer (v. 35-40), sans oublier les trompettes qui annoncent

a Le discours sur la mort et l'enfer est au centre de la pastorale post-tridentine. Le recours à l'image et l'appel aux sens font partie des tactiques employées par l'Église catholique pour éveiller la nécessaire frayeur et tenir en main un monde de pécheurs. Jean Delumeau parle à juste titre d'une «pastorale de la peur». Voir *Le péché et la peur*, Paris, 1983, p. 369 *sq*.

le jugement universel (v. 41-47). Suite à la vision apocalyptique vient une description de la rencontre avec le Grand justicier, dont est souligné l'aspect redoutable : le lecteur est invité à voir un « Dieu aux yeux de lynx[a] » (« son œil luysant », v. 53) qui se dresse, impitoyable, « en son lict de Justice » (v. 49). Le jour tant redouté est présenté comme un jour de lumière, où l'homme ne peut plus rien cacher : les vilénies dissimulées sont révélées au grand jour, les impuretés secrètes dévoilées devant tous. L'exposition de la terrible vérité aboutit à la réparation publique. Le bon grain est alors séparé de l'ivraie comme on le voit dans le poème suivant (v. 29-30). Pour avoir bravé la loi de Dieu, les « ingrats et rebelles » sont accablés de honte avant d'être précipités dans le brasier ardent (n° 96, v. 88-96). Les élus, quant à eux, sont vengés des outrages qu'ils ont subis et sont couronnés de gloire. Dans le poème n° 98, le jugement dernier vient mettre fin au monde à l'envers, c'est-à-dire aux injustices sociales et les valeurs d'éternité viennent se substituer aux valeurs mondaines, qui se résument ici à l'ambition, la source de toutes les discordes :

> Là plus nulle rouë,
> D'inégalité :
> Tout bon-heur s'y clouë
> A l'infinité.
> Là nulle discorde,
> Ny ambition,
> Là chascun s'accorde
> De sa mansion. (v. 17-24)

Le poème n° 97 commence comme une leçon couramment enseignée aux fidèles de ce temps. Anne Picardet y rappelle que la bonté divine a des limites, que le pécheur ne saurait se dérober à la colère du Tout-Puissant, avant de décrire les manifestations de la justice du Dieu offensé :

a L'expression est de Jean-Pierre Camus, Sermon pour le 5e dimanche après la Pentecôte, in *Homélies dominicales*, Rouen, J. Osmont, 1624, p. 262 (citée par J. Delumeau, *Le péché et la peur, op. cit.*, p. 447).

Mais les temps de douceur passez,
Voycy la supreme Justice,
Qui les a tous bouleversez
Dans l'horreur d'un juste supplice : (v. 25-28)

L'évocation des peines d'outre-tombe occupe la majeure partie du poème. Deux strophes percutantes s'attachent à décrire les tourments corporels – la faim, la soif, le froid et surtout le chaud, à savoir le feu[a] qui pénètre, dévore et fait souffrir les âmes malheureuses au dessus de toutes les autres tribulations –, tandis que deux autres se penchent sur les supplices spirituels : les pleurs et grincements de dents, «les reproches et mocqueries» que devront essuyer à leur tour les méchants et les remords cuisants qui sont associés à la hideuse compagnie des «insatiables furies» (v. 68-70), et qui se matérialisent, pour faire davantage impression, dans l'image macabre[b] des «vers toujours remordants» (v. 69). De tous ces tourments, pourtant, le pire pour les damnés, c'est de se voir à jamais privés «de la belle vision de Dieu» (v. 66) et de cet heureux séjour dont ils connaissent à présent tout le prix et la valeur.

Si les peines infernales sont bien présentes ici, ni l'entrée des élus au Paradis ni les récompenses qui leur sont accordées ne sont oubliées. Plusieurs poèmes (n° 14, 22, 98 et 99) ainsi que de nombreux passages éparpillés ici et là dans le recueil évoquent, en souvenir du verset 21 de l'Apocalypse, les splendeurs de la cité céleste et la béatitude éternelle que Dieu donne aux siens. Le poème n° 98, qu'Anne Picardet destine à son fils, insiste tout spécialement sur les perspectives consolantes offertes aux élus.

---

a Sur l'imaginaire du feu et sa place dans le discours ecclésiastique voir Delumeau, *Le péché et la peur, ibid.*, p. 436-439.

b À la différence des poètes baroques, les images macabres sont peu fréquentes dans les poésies d'Anne Picardet. Sur le macabre dans la poésie baroque voir J. Rousset, *La littérature de l'âge baroque en France*, Paris, 1963, ch. 4 ; O. de Mourgues, *Metaphysical, Baroque and Précieux Poetry*, Oxford, 1953, p. 88-93. Sur la recherche d'images concrètes susceptibles de faire impression, voir Jeanneret, *Poésie et tradition biblique, op. cit.*, p. 441 *sq.*

S'adressant à celui dont l'unique «ambition» était de «faire fortune» au théâtre, les métaphores baroques («fard», «charme»)[a] recouvrent ici leur pleine valeur :

Quittons, mon unique,
Tout ce monde bas,
Que son fard inique,
Ne nous charme pas.

Changeons sa minutte
A l'eternité ;
Que nostre amour bute
A l'immensité.

Ayons donc commune
Nostre ambition,
De faire fortune
Là haut en Sion.

Mais fortune stable,
Fortune de prix,
Fortune capable
Des braves esprits.

En somme, Anne Picardet déclare à maintes reprises qu'il ne faut pas compter sur la miséricorde de Dieu au point d'oublier sa nécessaire sévérité. Pourtant l'image qui prévaut dans ses poésies est celle d'un dieu clément et miséricordieux qui venge des crimes mais qui récompense aussi les bonnes actions, celle d'un père plein de tendresse et d'amour. Le souvenir de ce Dieu plein d'amour fait naître en elle momentanément l'espérance de recevoir la grâce (ce «sacré rampart», n° 1, v. 69), de voir la face si désirée du Seigneur, gage de sa bienveillance. Le passage qui suit pourrait tout aussi bien se lire comme une invitation à son fils à se réconcilier avec ce Dieu clément :

a Sur l'aspect théâtral comme caractéristique du style baroque, voir I. Buffum, *Agrippa d'Aubigné's* Les Tragiques, New Haven, 1951, p. 45-65.

Las ! retourne à ceste bonté,
Qui ne se lasse de t'attendre ;
Et qui pour ta desloyauté,
Ne veut laisser de te reprendre : (n° 5, v. 49-52)

*L'AVEU DES PÉCHÉS ET LE REPENTIR*

L'examen prolongé des péchés, auquel Ignace suggère de consacrer toute la première semaine, occupe ici une place importante. Dans le poème n° 1, l'exercitante découvre à quel point la vie qu'elle a menée jusqu'alors a été désordonnée. Dans le poème n° 5, elle passe en revue ses fautes : la vanité, la « molle lascheté », l'orgueil, le trop grand attachement au monde terrestre, l'amour de soi. À chaque fois, c'est l'imagination qui cherche à voir la scène[a] :

*Je voy* la sotte vanité
Te faire incessamment la guerre,
*Je voy* la molle lascheté
Qui tous les bons desirs atterre : [...] (v. 9-12)

La France contaminée par l'hérésie ou encore la terre déserte est un décor approprié pour une méditation sur la misère de la vie humaine : « Helas ! ne veux-tu pas sortir / Hors de ceste terre deserte » (n° 5, v. 33-34). Tout aussi convenable, d'ailleurs, est l'image du désert, en réminiscence de l'histoire biblique (Nb. 14, 33), comme lieu où se fera la pénitence : « Puis qu'au monde j'ay

---

a À l'initiative d'Ignace, un recueil de méditations évangéliques accompagnées de 153 gravures dues à des artistes contemporains comme Wierx et Collaert, fut publié à Anvers en 1593, quelque trente ans après sa mort, à l'intention de ceux qui se sentiraient incapables de faire travailler leur imagination de la sorte. Sur la pratique de la composition de lieu voir P.-A. Fabre, *Le lieu de l'image*, Paris, 1991. Sur la médiation de l'image dans la poésie de dévotion et la métamorphose qui s'ensuit, de lecteur en contemplateur, voir A.-E. Spica, « Portrait du lecteur en spectateur dévot : pour une lecture picturale de la poésie religieuse en langue française (XVI$^{e}$-XVII$^{e}$ siècles) », in *La poésie religieuse et ses lecteurs*, textes réunis par A. Cullière *et al.*, Dijon, 2005, p. 209-228.

commis les maux que je regrette, / Desormais en un desert je passeray mes tristes jours» (n° 8, v. 5-6). Lorsqu'elle se penche sur sa propre vie, l'exercitante constate avec effroi son insouciance devant la mort prochaine et le jugement irrémédiable. De tous ses péchés son ingratitude à l'égard du Christ qui par son «sang précieux» a racheté le péché de l'homme (n° 1, v. 58), lui paraît être le plus immonde. L'extrémité du mal est formulée tantôt en termes cosmiques, comme la disparition du (Dieu)Soleil qui plonge la terre dans l'obscurité la plus angoissante (n° 8, v. 11), tantôt en termes physiologiques, comme l'anéantissement de toutes les facultés sensorielles : «Mais las ! aveugle, sourde, et du tout insensible, / Je ne voyois, sentois, ny n'entendois la voix / De ce divin Seigneur» (n° 1, v. 21-23)[a]. Dans les poèmes pénitentiels n°16, 17 et 19 ainsi que dans les sonnets n°2 et 3 de l'édition de 1619, le thème des trois ennemis de l'homme (la Chair, le Monde et Satan) fait l'objet d'une réflexion prolongée. Par la méditation s'acquiert la connaissance de soi comme pécheur et c'est de cette connaissance que naît la componction, cette douleur intime du cœur devant la grandeur du mal. Des images assez typiques attestent cette prise de conscience : souillure et engluement ; traits et lacs ; fers, cordage, liens et nœuds du péché. Parmi celles-ci, la plus remarquable est peut-être celle du hibou qui ne peut supporter l'éclat de la lumière[b] :

> Je confesse ma faute en extreme douleur,
> J'immole tous les jours à ce regret mon cœur,
> D'avoir donné tant d'ans au service du monde ;
> De les avoir passez en folle vanité,
> Fuyant, triste hybou, la supreme clarté,
> Et me precipitant dans ceste mer profonde. (n° 1, v. 13-18)

---

a Voir aussi n° 5, v. 41-41 ; 7, v. 14-15.

b Sur le symbolisme des oiseaux (rossignol, alouette, phénix) dans les chansons pieuses, voir D. Packer, art. cité, p. 192-194.

Une fois la vérité faite sur sa vie, l'exercitante pourra chasser les illusions qui nourrissent le péché. Voir le monde sous sa vraie lumière, c'est en reconnaître les vanités[a], en démasquer les ruses pour à l'avenir plus facilement y échapper. L'idée est rendue par des images en tout genre[b] : la mer orageuse; l'abîme et les précipices; les dragons et les vautours insatiables, etc. L'âme, ayant médité sur son péché et écarté de soi toutes les affections désordonnées, est prête à entendre l'appel de Dieu. Les larmes et les soupirs, manifestations externes du repentir et donc de la purification (n° 8), s'accompagnent d'une disposition nouvelle, elle-même fruit d'une prise de conscience de la présence du Christ à sa vie :

> Las! c'estoit fait de moy, ja mon mal estoit tel,
> Que je ne pensois plus d'y chercher du remede,
> Lors que la saincte voix du grand Dieu immortel,
> Fit voir que sa bonté mes malices excede. (n° 2, v. 5-8)

On notera ici l'anthropomorphisme (la voix de Dieu)[c] auquel Anne Picardet fait largement appel dans ces poèmes. Alors que l'âme cherche l'amour de Dieu qui la fera s'épanouir, ce sont les bienfaits passés qui se présentent à elle en premier, notamment les angoisses et le martyre du Christ : «Ce penser de JESUS, et de sa Passion, / Il faut que de mon cœur je luy ouvre la porte» (n° 2, v. 1-2).

---

a L'idée est rendue dans le poème n° 13, v. 3 par l'image baroque de la «poudre infame». Sur l'imagerie de la *vanitas vanitatum*, voir Packer, *ibid.*, p. 190-191; Cave, *op. cit.*, p. 147-156.

b L'emploi du vocabulaire de la navigation pour raconter les péripéties de la vie ou de l'âme est un trait commun de la poésie pénitentielle, voir M. Jeanneret, *Poésie et tradition biblique*, *op. cit.*, p. 429 *sq.* Sur les références aux animaux qui suscitent l'effroi, voir p. 430.

c Voir entre autres poème n° 5, v. 41-42 (la voix); 18, v. 12 (l'ouïe); 6, v. 18; 21, v. 25; 23, v. 4 (l'œil), etc. Sur l'anthropomorphisme comme aspect de l'esthétique baroque voir Jeanneret, *ibid.*, p. 426-427.

## Les méditations contemplatives

À partir de la deuxième semaine, Ignace enseigne à l'exercitant une nouvelle manière de prier. Il ne s'agit plus de s'interroger ou de comprendre, mais de regarder, de se rendre présent à la scène à comtempler, de se laisser illuminer. Centrée sur la gloire de la Vierge Marie et surtout sur la vie du Christ, la méditation dépend des trois puissances de l'âme et de l'application des sens. La mémoire aide l'exercitant à se souvenir de l'objet de la méditation, l'entendement à le comprendre, et la volonté à diriger sa volonté vers les biens divins. L'imagination se représente le lieu et la scène convenable à la méditation choisie, cherchant à lui donner une vivacité et une intensité qui la rendent réelle. Ainsi viennent à être ressenties toutes les sensations (impressions visuelles, bruits, odeurs, goût) qui l'auraient accompagnée dans la réalité. Les sens qui ont été rééduqués, voire purifiés, peuvent à présent être appliqués aux fins spirituelles les plus hautes.

### *LA GLOIRE DE LA VIERGE MARIE*

Le décor des églises, tout particulièrement celles que font édifier les Jésuites entre la fin du seizième siècle et le milieu du dix-septième siècle, montre bien la place que tiennent la Vierge, Mère de Dieu, et les autres saints dans les prescriptions tridentines[a]. Les *Odes spirituelles* contiennent neuf chansons à la Vierge qui s'inspirent des Évangiles, du Protévangile de Jacques[b], des versets érotiques du Cantique des Cantiques[c] et de l'hymnologie mariale

a Sur l'attrait que la Vierge Marie exerça sur l'imagination et la sensibilité en ce temps, sur le rôle que les Jésuites ont joué dans la restauration du culte marial, voir É. Mâle, *op. cit.*, ch. 2 ; C. Flachaire, *La dévotion à la Vierge*, Paris, 1916, ch. 1.

b Guillaume Postel avait publié en 1552 une traduction latine de la version grecque qu'on venait de découvrir : *Protoevangelion sive de natalibus Jesus Christi... semo historicus divi Jacobi minoris...*, Bâle, Johann Oporinus.

c C'est Bernard de Clairvaux à qui est consacré le poème n°39, qui transforma en litanies de la Vierge les versets érotiques du Cantique des Cantiques, appliquant à Marie toutes les métaphores associées à la bien-aimée. Sur le Cantique des Cantiques

(*Ad cœli reginam*, *Assumpta est Maria in cœlum*, *Ave maris stella*, etc.). Plusieurs de ces poèmes célèbrent les quatre fêtes mariales, autour desquelles s'articule, au temps de la Contre-Réforme, le culte de la Vierge : la Nativité, l'Annonciation, la Purification, l'Assomption. Le couronnement au Ciel, étroitement lié au Mystère de l'Assomption[a], est l'une des plus anciennes dignités reconnues à la Vierge. Anne Picardet nous rappelle à plusieurs reprises (poèmes n° 24 et 29) que Marie l'emporte en puissance et majesté sur les autres puissances célestes (n° 25), qu'elle est la Reine des Cieux (*Regina Caeli*)[b], où elle tient la première place après Dieu. Elle évoque le cortège d'honneur formé par les Anges qui l'acclament au Ciel, la couronne de gloire reçue par Marie à l'occasion de son entrée triomphale au Ciel. Reine des Cieux, Marie est décrite comme « la merveille [...] en tout sans pareille » (n° 28), comme « la belle des belles » (n° 27), la belle et brillante lumière (n° 26), l'« estoile [à] l'esclat nompareil » (n° 30), « le bel astre d'amour » (n° 31). Pour Anne Picardet, Marie ne se distingue pas seulement par sa « belle splendeur » (n° 31), mais aussi par ses saints attraits (n° 30) et son rôle de mère (*Théotokos*) et épouse de Dieu (n° 25 et 27). Le poème n° 26 évoque l'origine extraordinaire de la Vierge. Issue du « double Astre incomparable [qui] escart[a] l'obscur nuage », c'est-à-dire Anne et Joachim dont le mérite est ici tout spécialement reconnu, elle est née parée de toutes les vertus et comme exempte du péché originel. Outre sa naissance et son éducation par sa mère, sainte Anne, en hommage de qui est écrit

comme véhicule de la dévotion mariale catholique, voir M. Warner, *Alone of All Her Sex*, New York, 1946, p. 121-133 et R. L. Fulton, *The Virgin Mary and the Song of Songs in the High Middle Ages*, thèse de doctorat non publiée, Columbia University, 1994. Sur la manière dont les poètes de la seconde moitié du seizième siècle ont exploité l'imagerie du Cantique des Cantiques, notamment Marguerite de Navarre, voir M. Engammare, « *Qu'il me baise des baisiers de sa bouche* ». *Le Cantique des Cantiques à la Renaissance*, Genève, 1993, p. 470-481.

a Sur l'histoire du dogme de l'Assomption de la Vierge Marie voir Warner, *ibid.*, p. 81-102.

b Sur l'histoire du culte de Marie en tant que *Regina Caeli*, voir Warner, *ibid.*, p. 103-117.

le poème n° 32, sa participation aux grandes étapes de la vie de son Fils, par exemple sa présence au pied de la Croix[a], ne manque pas d'être rappelée. Pourtant, de tous les rôles que Marie a pu jouer, c'est peut-être celui de médiatrice (*mediatrix*)[b], autrement dit la place qu'elle tient dans l'histoire du salut humain, qui reçoit ici la plus grande attention. Marie est la nouvelle Ève qui par sa foi releva le monde du chaos auquel la faute de la première femme l'avait condamné (n° 31). Elle est encore la porte du Ciel, l'entrée dans la vie (n° 31). Le feu de charité qui brûle dans son cœur est à la fois cause de ruine pour les ennemis de Dieu et source de joie pour les bons. Aucun des besoins de l'homme, aucun des périls qui le guettent, aucune de ses prières n'échappent au regard maternel de la Vierge Marie.

La place privilégiée qu'occupe Marie au Royaume des Cieux, devant les autres puissances célestes, est comme mise en relief par l'ordonnance des poèmes. Il n'est donc pas surprenant de trouver à la suite des poèmes qui lui sont consacrés, les louanges écrites à l'honneur, d'abord, des Anges et des Archanges[c], ensuite, des Saints Martyrs[d], puis des Pères et des Prophètes, etc. Anne Picardet les invoque tour à tour pour qu'ils intercèdent en sa faveur auprès de Dieu et surtout pour qu'ils l'aident à éloigner des maux ou obtenir des biens. À sainte Anne, par exemple, elle demande la connaissance des ruses de Satan et son aide pour s'en garder. Elle implore son Ange gardien d'éloigner d'elle le Malin. De saint Michel elle requiert la force de combattre l'amour-propre, mais c'est sur le tout-puissant secours de saint Gabriel qu'elle compte pour l'aider à faire grandir son amour pour le Seigneur. Elle prie saint François d'Assise de l'aider à rester attentive durant l'oraison. Elle s'adresse encore à saint Joseph pour qu'il lui accorde la foi, l'espérance et la charité,

---

a Sur le culte de la *Mater dolorosa*, voir Warner, *ibid.*, p. 206-223.

b Sur ce rôle voir Warner, *ibid.*, Part. 5, spéc. p. 315-333.

c Sur le culte des Anges et des Archanges dans la pensée chrétienne et dans l'art de la Contre-Réforme, voir É. Mâle, *op. cit.*, ch. 7.

d Sur la place faite aux martyrs dans l'art commandité par les Jésuites, voir É. Mâle, *ibid.*, ch. 3.

à saint Job pour obtenir la véritable patience, à saint François de Paule pour acquérir l'humilité, etc. Aux côtés des saints elle honore d'autres serviteurs de Dieu : en premier Ignace à qui elle demande de lui « impetrer la vie mixte », puis le dominicain espagnol Louis de Grenade (1504-1558), qu'elle implore de prier pour elle :

> Helas ! tres-puissant Pere,
> Puisque vostre priere
> N'est jamais sans effect ;
> Faites-en une ardante
> Pour Anne Picardet
> Qui de tous maux l'exempte. (n° 42, v. 49-54)

Cette section renferme encore plusieurs poèmes adressés à diverses congrégations féminines de spiritualité ignatienne[a], notamment les Ursulines et les Visitandines. C'est l'occasion pour Anne Picardet de faire valoir le rôle considérable (éducatif et plus largement pastoral) joué par les femmes pour encourager les progrès du catholicisme à la ville, à la cour et dans les milieux aristocratiques :

> Les maisons Religieuses,
> De vos palmes glorieuses,
> Tiennent le riche ornement :
> Et la pieté, qui sterille,
> Souloit languir dans les villes,
> Par vous va tout r'animant,
> Encor, ô trouppe cherie,
> Vous debitez l'Ambrosie,
> Et le doux Nectar d'amour,
> Par de puissantes artifices
> Dans les plus hauts edifices,
> Et dans le cœur de la Cour. (n° 52, v. 19-30)

a Sur l'établissement des nouvelles congrégations féminines, voir Taveneaux, *Le catholicisme dans la France classique, op. cit.*, p. 81-84 ; D. Godineau, *Les femmes dans la société française, 16^e^-18^e^ siècle*, Paris, 2003, p. 107-109 et surtout Sœur J. Stier, *The Role of Women Religious Active in Education*, Thèse de doctorat non publiée, Washington, DC, 1966, p. 39-136 et E. Rapley, *The* Dévotes. *Women and Church in Seventeenth-Century France*, Montréal, 1990.

*LA VIE DU CHRIST*

En conformité avec l'esprit de la Contre-Réforme tridentine et la spiritualité ignatienne, Anne Picardet fait une place importante à la méditation sur le mystère de l'Incarnation et la vie du Christ. Sur les quarante poèmes consacrés à la vie terrestre du Sauveur, dix-huit racontent la naissance et l'enfance de Jésus, huit sa vie adulte, dix sa Passion et quatre les événements qui ont suivi sa mort.

*La naissance et l'enfance de Jésus (n° 54-69, 100-101)*

La place attribuée dans les *Odes spirituelles* au cycle de l'enfance est significative de la sensibilité nouvelle qui se développe au dix-septième siècle à l'égard de l'enfance et que l'on voit tout spécialement dans l'iconographie, portée qu'elle est vers l'Enfant Jésus[a]. Onze de ces poèmes s'inscrivent dans la longue tradition des noëls. Nés de la fusion de pratiques diverses[b], les noëls ont fait leur apparition au neuvième siècle avec le *Hodie Cantandus est*, écrit par Tutilon, moine de l'abbaye de Saint-Gall. Au onzième siècle s'épanouit la mode des noëls farcis, faits de strophes en latin et de strophes en langue vernaculaire, ou de l'alternance d'un vers français et d'un vers latin. Il faut attendre la fin du quinzième siècle

a Sur le culte de l'Enfant Jésus au dix-septième siècle voir H. Brémond, *Histoire littéraire du sentiment religieux*, 7 t., Paris, 1920-1936, t. 3, p. 511 *sq*. Sur ses manifestations dans l'art de la Contre-Réforme, voir B. Jolibert, *L'enfance au XVII^e^ siècle*, Paris, 1981, p. 58-74 ; É. Mâle, *op. cit.*, p. 325-332 et M. Vloberg, *La Vierge et l'Enfant dans l'art français*, Paris-Grenoble, 1954.

b A. Block qui a donné à ce jour l'étude la plus complète des noëls, compte parmi leurs précurseurs les chansons à la Vierge ; les textes pieux en langue vernaculaire chantés sur les hymnes de Noël ; les hymnes de Noël chantés devant la crèche ; les strophes liturgiques comme le *Kyrie* le jour de Noël, le *Hodie Cantandus est* ou le *Gloria in excelsis Deo* ; les *English carols* ; les *lauda spirituali*, tradition fort ancienne qui se développa encore davantage pendant la Contre-Réforme au point de devenir une arme importante de la cause catholique, et les mystères, tout au moins la séquence sur la Nativité qui a pu en fournir la matière. Sur la tradition des *lauda spirituali*, voir F. Ghisi, art. cité, p. 265-268.

et même le début du seizième siècle pour voir paraître les premiers recueils de noëls imprimés comme les *Noëls tres excelans et contemplatifs* de Jehan Tisserant, *Les Nouelz* de Françoys Briand, *Les Noelz joyeulx* ou encore *Les Noelz nouveaulx* de Jehan Daniel.

Les noëls remplissaient surtout une fonction sociale, voire domestique. On les chantait lors des « sérées » ou des veillées comme le rappelle Étienne Pasquier dans ses *Recherches de la France* :

> [E]n ma jeunesse c'estoit une coustume que l'on avoit tournée en ceremonie, de chanter tous les soirs presque en chaque famille des Noëls, qui estoient chansons spirituelles faites en l'honneur de nostre Seigneur. Lesquelles on chante encore en plusieurs Eglises pendant que l'on celebre la grand' Messe le jour de Noüel, lors que le Prestre reçoit les offrandes[a].

Dans son *Genethliac* (1559), Barthélemy Aneau situe cette ancienne coutume uniquement au temps des fêtes de Noël :

> Lequel devoir de festivité Natale noz bon peres, et ancestres ont par le passé fort reveremment et joyeusement observé, en chantant Noel au temps de l'Advent, et festes des Calendes, en leurs maisons et privées familles avec leurs femmes, enfans, et domestiques, apres graces rendues du repas prins, en se chaufant au bon feu de la souche de Noel es longues serées des cours jours d'hyver : ainsi passans innocentement les temps en joyeux chants Natalz au lieu de lascives chansons, ou propos des mesdisances. Pour a laquelle honneste coustume donner cause d'entretien, ont esté en ceste année 1558 composez ces Noelz Evangeliques, en verbe et musique nouvelle[b].

Le terme noël[c] indique un cantique spirituel en langue vulgaire, avec ou sans refrain, en l'honneur de la naissance de l'enfant Jésus. Le contenu varie selon les événements privilégiés par l'auteur. Anne Picardet s'arrête sur la scène de la nativité mais

---

a « D'une Coustume ancienne qui estoit en France de crier Nouël pour signification de joye publique », Livre 4, ch. 16, *Les recherches de la France,* éd. M.-L. Demonet *et al.*, 3 vol., Paris, 1996, vol. 2, p. 934.

b *Genethliac noël musical et historial...*, Lyon, C. Beringen, 1559, p. 4-5.

c Sur l'étymologie de ce terme voir A. Block, *op. cit.*, p. 7-9.

aussi sur les événements qui la précèdent comme l'apparition de l'Ange aux bergers ou celle de l'étoile qui guide les rois Mages. À chaque fois, elle s'applique à rendre les émotions imaginées : la joie universelle à l'annonce de la venue de Jésus, la stupéfaction à la découverte de la misérable étable dans laquelle le Sauveur est né, l'admiration des bergers venus adorer l'Enfant Roi (*Officium pastorum*), l'attendrissement de la mère devant la singulière beauté de son « poupon ». L'importance accordée au personnage de Marie est assez typique du genre[a] et indique, comme on l'a dit plus tôt, la résurgence du culte marial à l'époque de la Contre-Réforme.

Du point de vue de la forme, la plus grande liberté règne dans les noëls d'Anne Picardet. Ils se composent en effet d'un nombre fort variable de vers (entre 28 et 84 vers) et de strophes de quatrains, sizains ou huitains tantôt isométriques (6, 7, 8 ou 10 syllabes) tantôt hétérométriques du type 4 - 4 - 6 - 6 - 10 - 4 - 4 - 8 (poème n° 56), 8 - 7 - 4 - 4 - 7 - 8 (n° 59) ou encore 10 - 6 - 10 - 6 - 8 - 8 (n° 61). Deux des dix noëls inclus dans la collection contiennent un refrain : dans le poème n° 57, il s'agit du traditionnel Noël, Noël ; dans le poème n° 54, le refrain s'articule autour du mot vie qui entre dans toutes sortes de configurations en position de rime : envie, asservie, ravie, etc. Occasionnellement, le poème se termine par une prière à Jésus invoquant sa protection (n° 56).

### *La vie itinérante en Galilée (n° 70-78)*

L'exercitant, dit Ignace, pourra arrêter sa réflexion sur les épisodes de la vie de Jésus qui lui semblent plus susceptibles d'aider sa dévotion. Les poèmes pénitentiels, on l'a vu, expriment la conscience du péché qui empêche de prier. On ne s'étonnera donc pas qu'une place particulière soit faite ici à l'épisode des trois tentations (Mt. 4, 1-11). Avant d'entreprendre sa prédication, Jésus se retire au désert où il est tenté à trois reprises par le

---

a « Most noëls are in effect Marian texts, reflecting the importance of Mary in popular religious beliefs and practices » (A. Block, *ibid.*, p. 12 et 104-107).

diable. À chaque fois il réussit à déjouer les pièges du Malin : la Chair, la Puissance et la Gloire. Les premiers signes donnés par Dieu retiennent également l'attention d'Anne Picardet comme l'eau changée en vin à la prière de Marie alors que le vin venait à manquer aux noces de Cana ou encore la résurrection de Lazare alors que son cadavre était déjà entré en décomposition. Ces miracles ont fonction d'exemple et d'illustration de la grâce, de la bonté et de la toute-puissance de Dieu. Enfin, conformément au désir des catholiques de mettre en valeur le sacrement de pénitence, une place de prédilection est faite ici aux femmes qui ont donné la preuve de leur foi comme la Cananéenne venue implorer le Christ pour qu'il guérisse sa fille ou encore la femme surprise en adultère.

En somme, la vie publique de Jésus offre des épisodes susceptibles d'affermir l'exercitante dans sa foi. La contemplation de ces scènes ravive en effet sa confiance en l'appui divin. Elle sait désormais que Dieu est le Dieu de pardon, et non pas un juge inexorable, que son secours ne fera jamais défaut au pécheur repentant et qu'il ne laissera pas tenter l'homme au-delà de ses forces, mais qu'avec les tentations il lui donnera aussi les moyens de les supporter. Anne Picardet affirme ici sa croyance à l'efficacité de l'effort personnel sans pour autant nier la nécessaire intervention de la grâce divine. Cette collaboration de la grâce divine et de la volonté humaine est l'une des caractéristiques de l'humanisme dévot.

*Le drame de la Passion et la Résurrection (n° 79-94)*

Ignace proposait pour thème de la méditation de la troisième semaine le drame de la Passion. Anne Picardet y consacre plusieurs poèmes dans lesquels elle cherche à donner une représentation complète et détaillée de cet épisode depuis l'oraison au Jardin des Oliviers jusqu'à l'ensevelissement. Sur les dix poèmes qui traitent de la Passion, cinq relatent les événements qui ont précédé la crucifixion – de la capture de Jésus à sa condamnation à mort chez Pilate jusqu'au chemin de croix – et les cinq autres la crucifixion proprement dite, le moment culminant et le plus pathétique de sa vie. Ce qui caractérise ces poèmes, c'est l'importance qu'Anne Picardet accorde aux personnages qui participent au drame, scribes et pharisiens, passants, soldats et brigands, à leurs actes surtout (moqueries, insultes, maltraitements qui sont comme autant de témoignages de la dépravation de l'homme déchu), au détriment, par exemple, de leurs effets sur la personne du Christ : les douleurs physiques et mentales endurées par Jésus en sa passion. Ainsi la strophe suivante appelle notre attention à la brutalité de la scène, à la foule déchaînée qui s'acharne contre le Christ (« Voy de quelle furie ») alors que la souffrance causée par le cordon qui lie les mains reste implicite :

> Voy de quelle furie,
> Mon pauvre cœur,
> Ce cruel peuple lie
> Ton Createur. (n° 81, v. 21-24)

Plutôt que de s'appesantir sur l'immensité de la souffrance ressentie par le Christ, cet autre passage s'attache à montrer tout le mal dont l'homme rénégat est capable :

> Helas ! puissance eternelle,
> Vostre bonté paternelle
> Peut-elle bien voir ce jour ?
> Les tourments insupportables
> Que ces gens abominables
> Font à vostre cher amour. (n° 82, v. 1-6)

À cette époque, pourtant, le culte fervent de la Passion, consacré dans la poésie et l'iconographie, donnait lieu à des représentations doloristes qui peuvent paraître aujourd'hui excessives, voire choquantes. Les poésies de Jean de La Ceppède, par exemple, sont riches de détails concernant les tortures ignominieuses infligées au

Christ : la main que le bourreau tord, le corps torturé et à demi disloqué qui craque et crie[a]. Chez Gabrielle de Coignard[b], c'est avec la même réalité cruelle qu'est évoqué sous nos yeux horrifiés le spectacle de la souffrance, une souffrance que les bourreaux prolongent en élongeant inhumainement le corps sur la croix, qu'ils amplifient par leurs gestes brutaux et leurs violents coups de marteau. Et que dire encore de certaines toiles du Christ en croix par les grands maîtres espagnols, un Murillo, un Vélasquez, un Zurbaran, où se mêlent réalisme et outrance, souvenir du maniérisme. Anne Picardet ne verse pas dans cette spiritualité pathétique. Lorsque son regard s'arrête, exceptionnellement, sur l'Homme de douleurs,

> Las ! je vous voy, bel Amant des amants, [...]
> L'air plein de froid vous perce jusqu'aux os,
> Le feu d'amour vous consomme les vaines, (n° 85, v. 37 et 41-42)

il ne s'attarde qu'un instant sur le corps défiguré par les blessures et par les coups, sur le regard terni par la souffrance :

> Ses yeux, Soleil des Anges,
> Ont perdu leur clarté,
> Et ses peines estranges
> L'ont du tout difformé,
> Et privé de beauté. (n° 84, v. 36-40)

Aux images pathétiques qui exaltent le martyre, Anne Picardet semble préférer celles, tout aussi frappantes mais beaucoup moins poignantes, du cœur percé de flèches[c] ou du sang qui s'échappe de la plaie du Crucifié :

---

a *Cf. Les Theoremes*, Toulouse, 1613, Livre III, sonnets 15, 16, 18, etc. Sur les poètes qui se sont penchés sur la Passion du Christ, voir entre autres Cave, *op. cit.*, p. 184-216.

b Voir par exemple le *Discours sur la Passion de nostre Sauveur Jesus-Christ*, v. 565-574 ou *La Mort et Passion de nostre Seigneur sur le Mont de Calvaire*, v. 141-150 et 161-180.

c Sur leurs livres, les Jésuites représentaient avec le monogramme IHS une image du cœur percé de trois trous. Il n'y a dans les *Exercices spirituels* de saint Ignace aucune mention explicite du Sacré-Cœur. Il ne s'en trouve pas davantage dans les traités

Helas ! ces infernaux ministres,
L'environnant de toutes parts,
De mots, et blasphemes sinistres
Percent son cœur de mille dards. (n° 83, v. 17-20)

Desja ses sacrées veines
Ruissellent comme fontaines
Son divin sang à l'entour : (n° 82, v. 31-33)

Destinées à rendre plus facilement intelligible le Mystère de la Rédemption, ces images sont surtout symboliques de l'amour infini de Dieu pour les hommes. La grandeur de l'amour du Christ, admirablement illustrée dans les vers suivants par l'image des bras qui s'ouvrent pour arracher la terre à la mort et l'unir au ciel,

Je vois ouvrir ces invincibles bras,
Pour assembler aux hauts cieux nostre terre,
Et le coup de ce grand trespas
La mort et le peché atterre. (n° 85, v. 57-60)

est très souvent contrastée à l'immensité de la malice humaine et c'est alors la patience du Christ sur la croix, sa profonde soumission à la volonté de son Père, qui est mise en valeur. Le sentiment que

---

ascétiques de François de Sales mais celui-ci a laissé plusieurs témoignages de la grande dévotion qu'il portait au divin Cœur. Ainsi cette lettre du 10 juin 1611 adressée à Mme de Chantal : « Dieu m'a donné ceste nuict la pensée que nostre maison de la Visitation est par sa grace assez noble et assez considérable pour avoir ses armes, son blason, sa devise et son cri d'armes. J'ai donc pensé, ma chère Mère, si vous en estes d'accord, qu'il nous faut prendre pour armes, un unique cœur percé de deux flèches, enfermé dans une couronne d'épines ; ce pauvre cœur servant dans l'enclavure à une croix qui le surmontera, et sera gravé des noms sacrés de Jésus et de Marie. Ma fille, je vous dirai à nostre première vue mille pensées qui me sont venues à ce sujet ; car vraiment nostre petite congrégation est un ouvrage du Cœur de Jésus et de Marie. Le Sauveur mourant nous a enfantés par l'ouverture de son Sacré-Cœur » (cité par J. Bainvel, « La dévotion au Sacré-Cœur », *Dictionnaire de théologie catholique,* t. 3, n° 1, Paris, 1911, p. 315-316). Sur quelques dévots du Sacré-Cœur, Louis de Grenade, sainte Thérèse voir A. Hamon, *Histoire de* la dévotion au Sacré-Cœur de Jésus, 5 t., Paris, 1923-39, t. 2, p. 309-310. Sur la théologie du Cœur du Christ et les images et symboles qui y sont associés, voir C. A. Bernard, *Le Cœur du Christ et ses symboles,* Paris, 1981.

suscite l'amour exemplaire d'un Christ soumis, n'est pas d'abord la pitié, mais l'attendrissement, voire l'admiration. En même temps, le souvenir des injustices que doit supporter le Christ fait naître des émotions violentes, indignation, colère, ressentiment. Empreints de ces émotions, les termes péjoratifs pour désigner l'homme pécheur (« gens abominables », « monstres de nature », « meurtriers » [n° 82, v. 5, 17, 24] ; « peuple ingrat », « monde pervers, ouvrier d'iniquité », « vengeance ingrate et miserable » [n° 85, v. 13, 17, 67]) donnent un caractère plus personnel à des formules qui autrement auraient pu rester froides et conventionnelles. Pourtant on peut voir là que le souhait, conformément aux prescriptions d'Ignace, de suivre le Christ dans ses hontes et ses opprobres, reste encore plein d'incertitude :

O monde plein de rage,
Engage-moy
Dans ce mesme cordage
Avec mon Roy.
    Que mon esprit vous suyve,
Parfait Amant,
Que sans vous il ne vive
Un seul moment. (n° 81, v. 25-32)

Au lieu de favoriser l'union intime de la créature avec son Créateur, la contemplation du cœur transpercé ou du sang précieux conduit à la détestation et au mépris de soi-même, au sentiment d'indignité et de culpabilité :

    Las ! que font ces rudes espines
Sur le chef, l'ornement des Cieux ?
Elles reparent les ruïnes,
De mes desseins audacieux.
    Et ceste pourpre imperiale,
Ce throsne, et le sceptre mocqueur,
Mon inconstance desloyale,
Et les vanitez de mon cœur. (n° 83, v. 9-16)

On est bien loin alors de la « compassion viscérale » à laquelle Ignace invitait la personne contemplative. L'exercitante paraît incapable d'y atteindre autrement que par procuration. C'est en effet par les yeux de Marie Madeleine qu'on retrouve agenouillée, aux pieds de son maître, le cœur transi d'amour, qu'elle réussit à vivre avec le Christ, à s'unir à sa Passion,

Magdeleine aussi,
Le cœur tout transi,
Aux pieds de son Maistre,
D'un amour bruslant,
Va contribuant
Sa vie et son estre. (n° 87, v. 37-42)

ou encore par ceux de la Vierge qui, dominant sa douleur comme l'enseignaient les théologiens depuis le Concile de Trente[a], se montre ici démesurément haute :

La Reyne de Sion estant au pied de la Croix,
Son cœur crucifié, son ame transpercée,
La tristesse l'abat, l'amour la tient dressée :
Mais pour plaindre son mal elle n'a pas de voix. (n° 88, v. 1-4)

La bouche incapable d'émettre un son indique la résignation sans réserve de la Vierge. Quel meilleur modèle de patience pour celle qui se sent encore si dissemblable au Christ ? Dans les dernières

a D'où le titre du poème n° 88, *Stabat,* c'est-à-dire qui se tenait debout, cette noble attitude convenant à sa grandeur d'âme. Après le Concile de Trente, Rome s'éleva contre toute scène religieuse non conforme aux enseignements de l'Église ou susceptible de quelque hérésie. Dans son *De historia Sacrarum Imaginum et Picturarum pro vero eorum usus contra abusus* (publié en 1570, 1594 et 1617), Jean Molanus, professeur à l'Université de Louvain, condamnait les scènes du Calvaire, où la Vierge s'évanouissait de douleur ou gisait sans connaissance au pied de la Croix. Si les grands artistes de ce temps, un Rubens, un Van Dyck, un Philippe de Champagne, ne la représentent pas autrement que debout, il en est d'autres, un Giovanni Lanfranco et un Simon Vouet, par exemple, qui, ne se préoccupant aucunement des prescriptions post-tridentines, donnèrent dans le pathétique. Voir entre autres L. Bréhier, *L'art chrétien,* Paris, 1918, p. 387-389 et A. Stubbe, *La Madone dans l'art, Bruxelles*, 1958, p. 130-132.

strophes de ce poème, l'exercitante cherche à entrer dans les sentiments du très saint cœur de Marie pour s'unir à lui dans les abîmes de douleur où il est plongé :

> Mon ame, que fais-tu, que tu ne viens icy
> Suyvre en ces saincts devoirs ta divine Maistresse ? [...]
> Suy tous ses mouvements, invoque sa bonté,
> Qu'elle te face part de sa Croix douloreuse,
> Qu'elle brusle ton cœur de sa flam'amoureuse,
> Et purge ton esprit de toute impureté. (n° 88, v. 17-18, 21-24)

La contemplation du drame de la Passion se clôt sur ces images de la foi féminine, celle de la Mère forte et généreuse, celle de la Madeleine pénitente[a] qu'on retrouve d'ailleurs dans la méditation suivante sur la Résurrection.

Pour la quatrième semaine, Ignace propose à la méditation du retraitant les événements autour de la Résurrection. Anne Picardet s'arrête brièvement sur quelques épisodes, la descente aux limbes, la Résurrection, l'Ascension, la descente de l'Esprit. Le poème n° 91 sur la Résurrection s'ouvre par l'évocation d'une vision : « Quand je voy ce divin vainqueur, [...] / Sortir tout triomphant et beau [...] / Hors du tombeau. J'entens les celestes espris, / D'amour épris, /... / Je sens les divines ardeurs / Et les odeurs, / Qui remplissent tout ce doux air» (n° 91, v. 1-14). On pourrait penser que l'exercitante rapporte ici les fruits qu'elle a recueillis du travail de méditation et de l'application des sens extérieurs, mais à partir de la sixième strophe le ton triomphant fait place au souvenir angoissé de Marie Madeleine venue au sépulchre

---

a La mise en honneur, au dix-septième siècle, de la confession par la Réforme catholique, fut à l'origine du culte de sainte Marie Madeleine, la pécheresse pénitente, et des pèlerinages à la Sainte-Baume où elle aurait achevé sa vie. Voir Labrousse et Sauzet, *op. cit.*, p. 438 *sq.* et I. Maisch, *Mary Magdalene,* Colleville, MN, 1998, « The Penitent Magdalene : A Symbol of the Baroque Era », p. 62-81. Les congrégations féminines lui montrèrent une attention particulière. Pour une perspective plus générale de la dévotion magdalénienne, voir V. Saxer, *Le culte de Marie Madeleine en Occident,* 2 vol., Paris, 1959.

chercher son Seigneur. Le poème suivant fait entendre ses accents pathétiques lorsqu'elle découvre le tombeau vide. Son agitation, le désespoir qui l'envahit nous sont donnés à sentir par une série de réflexions, de reproches, d'interrogations que la Madeleine s'adresse à elle-même. Ses appels restent sans réponse et la scène est finalement interrompue par la contemplation de l'Ascension du Christ et de la descente du Saint-Esprit qui sont décrites en des termes on ne peut plus conventionnels.

## ÉTUDE DES GENRES POÉTIQUES ET DU STYLE

Anne Picardet a suivi les traditions poétiques de son époque dans le choix des genres. En ce début du dix-septième siècle, l'ode connaît une sorte de renaissance en s'appropriant les thèmes de l'hymne religieux. Cependant, on trouve aussi parmi les poèmes qu'elle a laissés plusieurs genres mineurs dont une dizaine de noëls, deux poèmes d'étrennes et, dans l'édition de 1619 exclusivement, une épitaphe[a] et deux dialogues. À ses débuts, Anne Picardet a également cultivé le sonnet, un genre vraisemblablement trop mondain pour cette âme dévote et on ne peut plus contraignant,

a Dans le court chapitre qu'il consacre à l'épitaphe dans son *Art poétique français* (1597), Pierre Delaudun d'Aigaliers rappelle que « [l]a matiere est tousjours une, à sçavoir tristesse ou plainte : mais la façon est autant diverse comme il y a diversité de poèmes, car on les accommode tous à l'épitaphe » (II, xii, éd. J. Dedieu, Genève, 1969). L'épitaphe n° 21 est construite de trente vers, divisés en strophes de six selon le schéma aabccb. Anne Picardet a fait choix du mètre grave qu'est l'alexandrin et de la forme du dialogue. Le passant interpelle ici la Mort et c'est celle-ci qui fait l'éloge du défunt et de celle qu'il a laissée. Bien qu'Anne Picardet n'ait écrit qu'une seule épitaphe, deux autres poèmes s'ouvrent à la manière de l'épitaphe par l'apostrophe au passant : « Pelerin passant, / Ton œil gemissant, / En larmes se fonde / Dessus le cercueil, / Tout rempli de dueil, / Du Sauveur du monde » (n° 87) ; « Catholique passant, d'un cœur devotieux, / Flechissant les genoux à ce bois honorable, / Contemple de ton Dieu l'amour incomparable, / Qui te laisse en secours ce signe precieux » (1619, n° 14).

qu'elle abandonne en 1623. On peut toutefois comprendre qu'elle ait pu montrer un penchant pour ce genre, privilégiant la forme marotique (abba abba ccd eed), la rime embrassée et l'alexandrin. Sa structure dialectique (deux quatrains que suivent deux tercets) semble en effet apte à rendre les contradictions d'une âme qui aspire à une métamorphose radicale mais qui se sentant incapable d'y parvenir, oscille entre l'espérance et le doute, entre la crainte du Jugement qui l'attend et l'espoir du salut. Dans le sonnet n° 2, par exemple, le huitain évoque les nombreux dangers du monde ; le sizain, en revanche, illustre la « haute Bonté » en rappelant le soutien que Dieu apporte à l'homme pour faire face aux épreuves qu'il lui envoie. La syntaxe vient confirmer la disposition dialectique. Outre la conjonction de coordination (« Mais »), au vers 9, qui laisse pressentir une opposition, les parallélismes grammaticaux qui charpentaient les quatrains, tout en donnant un relief particulier aux mots désignant les épreuves de ce monde, disparaissent en faveur de la simple reprise du mot « Bonté » qui établit un lien entre les tercets. Tout à l'opposé de la cadence produite par la rapide succession de cataclysmes, le rythme aussi se ralentit comme pour donner un avant-goût de la tranquillité qui attend l'âme affranchie.

> *Que de gouffreux torrents* tu passes or' à nage,
> Ma pauvre ame, servant ce monde empoisonné !
> *Quels foudres regrondants* sur ton chef n'ont tonné ?
> *Et quels cruels liens* n'accroissoyent ton servage ?
>
> *Que de feux, que de fers,* tronçonnoyent ton courage,
> *Que d'animaux cruels* l'avoyent environné,
> Et combien contre toy l'air si fort acharné,
> Et la terre tremblante asseuroyent ton naufrage ?
>
> Mais la haute Bonté, te gardant cependant,
> Saine entre tant de maux, son secours te tendant,
> T'arracha puissamment d'entre tant d'adversaires.
>
> Cette Bonté, qui change en un beau jour ta nuict,
> En escartant de toy ceux qui t'estoyent contraires,
> T'oblige à luy donner, et feuille, et fleur, et fruict.

Anne Picardet s'est donc exercée à des formes diverses. Il n'empêche que la forme qui convient le mieux à la méditation[a], c'est bien l'ode. Telle qu'elle la pratique, on pourrait la définir comme un chant lyrique de taille variable, apte à exprimer les mouvements de l'âme et caractérisé par la diversité des strophes et des mètres. Malgré leur liaison nécessaire, les strophes restent en général indépendantes les unes des autres, chacune formant un tout, comme l'avait prescrit Peletier du Mans dans son *Art Poëtique* (II, v)[b]. En outre, elles ne vont jamais au-delà de neuf vers[c] et sont calquées sur le même modèle, bien qu'elles ne présentent pas toujours aux mêmes places les mêmes types de rimes. Toutefois, lorsque le mètre varie dans une même strophe, le mètre long ne précède pas toujours le mètre court comme le préconisaient les théoriciens[d]. Le nombre des vers, la nature des mètres et la disposition des rimes qui jouent dans l'élaboration des strophes, dépendent évidemment du timbre à partir duquel l'ode a été composée. Bien qu'Anne Picardet cherche à diversifier les combinaisons strophiques et métriques, elle montre une nette préférence pour les formes brèves (quatrain et sizain) et les vers octosyllabes (on se reportera à la table strophique dans l'Appendice II). Pour obtenir le compte juste du mètre, elle n'hésite pas à recourir à divers procédés tels que l'élision, la diérèse ou la

---

a Peletier du Mans qui a donné la définition la plus satisfaisante de l'ode, a bien noté la souplesse et l'ampleur de cette forme : « elle est capable de divers arguments et de divers styles. [...] L'Ode est le genre d'écrire le plus spacieux pour s'ébattre, qui soit au dessous de l'œuvre Héroïque » (*Art Poëtique,* II, v, in *Traités de poétique et de rhétorique de la Renaissance,* intr. et notes par F. Goyet, Paris, 1990, p. 297-298).

b « Non pas qu'ils ne doivent (j'entends les Couplets) être bien liés et rapportés les uns aux autres. Mais pour le plus souvent, la sentence doit être accomplie en chacun. Et pour cela elle veut être élaborée : de telle sorte, qu'on ne connaissance point qu'il y ait quelques vers qui traînent : c'est-à-dire, qui soient oiseux, et de nul service, pour arriver à l'achèvement du propos » (*Traités de poétique, ibid.*, p. 297-298).

c « Les Couplets, de mon jugement, n'excéderont point dix vers » (*Traités de poétique, ibid.*, p. 298).

d « s'ils [= les couplets] reçoivent des vers de diverse mesure (comme ils font souvent) les plus grands vers doivent toujours aller devant les moindres. Car il n'est pas décent que le plus long sousserve au plus court » (*Traités de poétique, ibid.*, p. 298).

synérèse[a]. La rime, il faut bien en convenir, est de loin le point le plus faible de ces poésies. Il n'est que trop aisé de relever les rimes verbales[b], les rimes du suffixe[c], les rimes du simple et du composé[d], les séries[e], les homonymes[f] et à l'occasion l'emploi du même mot, autant de négligences qui se rencontrent dans les airs de cour dont elles s'inspirent.

La forme libre de l'ode semble capable de recueillir tous les sentiments du cœur humain. Anne Picardet y déverse les émotions les plus diverses de sorte que ses odes se répartissent en trois groupes distincts : l'ode encomiastique, l'ode narrative et l'ode pénitentielle. L'ode encomiastique fournit l'occasion de louer les vertus de la Vierge ou de quelque saint. Par certains traits stylistiques (exclamations lyriques, formules hyperboliques, images en tout genre[g]), ce type d'ode rappelle la poésie profane à la louange de la dame aimée. Le spectacle du saint personnage en train de savourer les joies de la douceur éternelle au Royaume de Dieu éveille en l'âme le désir de s'élever mais se sentant impuissante

a Exemples d'élision : « or'à nage » (sonnet n° 2, v 1) ; « tout esprit fidell' espere » (n° 69, v. 4) ; « dur'absence » (n° 103, v. 1) ; ces deux derniers exemples d'élision se justifient par un souci d'élégance typographique ; de diérèse : mots en -ion (voir n° 85, v. 1, 3, 29, 31) ou en -ieux qui comptent pour trois syllabes en latin comme *gloriosus*/glori-eux (n° 24, v. 8), *pretiosus*/preti-eux (n° 29, v. 4), etc. ; de synérèse : le mot fleau, par exemple, compte habituellement comme une seule syllabe (voir n° 13, v. 30, etc.).

b En voici quelques exemples : passer/laisser (n° 65, v. 3 et 4) ; souffrir/s'ofrir (n° 7, 9-10) ; parachevez/m'abbreuvez (n° 6, 21-22) ; desesperé/asseuré (n° 1, v. 25-26) ; triomphante/languissante (n° 14, v. 65 et 67), etc.

c Les exemples sont très nombreux. Voir parmi d'autres : insensible/terrible (n° 1, v. 21 et 24) ; damnable/aymable/coulpable (n° 33, v. 14, 16 et 18) ; dangereuse/curieuse/heureuse (n° 33, v. 8, 10 et 12) ; professeurs/Confesseurs (1619, 15, v. 12-13).

d Comme flame/enflame (n° 55, v. 1 et 3).

e Comme Pere/Mere (n° 76, v. 8 et 10).

f On trouve par exemple dans le poème n° 33 le substantif « pas » qui rime avec la négation « pas » (v. 15 et 17).

g Outre les images traditionnelles de la lumière comme signe de la grâce divine, on rencontre maintes figures emblématiques comme les cinq plaies symboliques des stigmates du Christ pour saint François d'Assise, les lis et les roses pour saint Dominique, le chariot de feu pour Hélie, etc.

à atteindre par elle-même la perfection désirée, elle implore le secours de celui à qui le poème s'adresse. Ainsi l'ode encomiastique contient toujours une invocation, une sorte de prière en général dans la dernière strophe. Largement inspirée des Évangiles, l'ode narrative fait le récit d'un épisode de la vie de Jésus. Les plus réussies parmi celles-ci sont celles qui s'articulent autour d'un échange verbal[a] : la mère suppliant Jésus de guérir sa fille qu'elle croit possédée du démon (n° 75), Marie à la recherche de Jésus qui interpelle le guet ou implore Dieu de l'aider à le retrouver (n° 67), la mère qui fait la leçon à son fils après l'avoir retrouvé (n° 68). La présentation en dialogue crée l'illusion d'une scène vécue, de paroles réellement prononcées, d'émotions authentiques que l'exercitante semble partager avec son personnage :

> Où estiez-vous ma tres-chere ame,
> Où luysoit vostre belle flame ?
> Où estiez-vous mon cher soucy,
> Pendant que l'amour et l'absence
> Par leur extreme violence
> Rendoient mon pauvre cœur transy ? (n° 68, v. 1-6)

L'ode pénitentielle[b] développe les motifs de la souffrance et du repentir, lieux communs de la tradition pénitentielle. Outre le ton intime et le vocabulaire chargé d'émotion (larmes, plaintes, tristesse, affliction), ce sont les apostrophes, les exclamations, les interrogations anxieuses, les questions suppliantes qui donnent à cette ode sa physionomie particulière :

---

a Dans l'ode n° 23, la « funeste parole » de la chair nous est donnée à entendre de sorte à rendre plus concrète, voir plus réelle l'idée de tentation : « Ceste chair me trahit, et par divers assauts, / Me dit, quitte ton Dieu, Ah ! funeste parole » (v. 13-14).

b Nicolas Lombart attribue l'invention de l'« ode pénitente » à Nicole Bargedé qui publia en 1550 *Les odes penitentes du moins que rien*. Sur la spécificité de ces odes, voir son étude « L'invention de l'ode chrétienne en marge de la Brigade… », in *Renaissance de l'ode*, éd. N. Dauvois, Paris, 2007, p. 153-181.

Grand Monarque de mon cœur, mon cher Espous,
Helas ! que ne vous monstrez-vous ? (n° 6, v. 1-2)

Helas ! ô doux Jesus, ma lumiere parfaicte,
Ne m'esclairerez-vous pas tousjours ? (n° 8, v. 7-8)

Que faites-vous, Jesus, mon cher soucy,
La chere gloire, et vie de mon ame ?
Las ! mon seul bien, n'estes-vous pas icy ?
N'est-ce pas vous qui alumez ma flame ? (n° 10, v. 1-4)

Je crieray tout le jour sans que vous m'exauciez ?
Je n'auray donc de vous une seule parole ? (n° 23, v. 33-34)

Lorsque l'exercitante avoue ses doutes, ses tentations, ses fautes (n° 5 et 17), qu'elle déplore l'amour trop insuffisant que la créature rachetée porte à son Sauveur (n° 2), qu'elle exhale des sentiments de repentir ou bien qu'elle sollicite le pardon du Tout-Puissant (n° 8), l'ode prend un accent de sincérité émouvante qui ne saurait nous laisser insensible.

Anne Picardet puise dans les textes liturgiques (hymnes et antiennes) et surtout dans la Bible, en particulier les psaumes, le Cantique des Cantiques, les Évangiles, les épîtres et le livre de la Révélation. À côté des références et des allusions historiques, sa dette se révèle dans le recours aux figures emblématiques et aux métaphores évocatrices, dans l'emploi abondant du génitif hébreu[a], dans un goût très vif pour l'antithèse et le parallélisme, traits essentiels de la lyrique hébraïque[b]. L'antithèse, qui n'est pas

a On trouve maints exemples du génitif hébreu à valeur superlative : « la belle des belles » (n° 67, v. 67) ; « le Throsne des Throsnes » (n° 30, v. 53) ; « le fort des forts » (n° 80, v. 54) ; « le Dieu des Dieux » (n° 90, v. 17) ; « le Roy des Roys » (n° 91, v. 12 et n° 101, v. 7) ; « ciel des Cieux » (n° 28, v. 7 et 1619, n° 31, v. 26). Anne Picardet affectionne également les rapprochements entre un terme abstrait et un terme concret dont le psautier abonde. En voici quelques exemples : « le torrent de l'abondante paix » (n° 6, v. 23) ; « la mer des perfections » (1619, n° 9, v. 6) ; « le torrent de son humilité » (n° 43, v. 32) ; « le lavoir de la divine grâce » (n° 70, v. 22) ; « le vin de ferveur » (n° 70, v. 29) ; « le torrent de vostre volupté » (n° 74, v. 38).

b Voir R. Alter, *L'art de la poésie biblique*, trad. de l'anglais par C. Leroy et J.-P. Sonnet, Bruxelles, 2003, ch. 1 et 3.

sans analogie avec le clair obscur des artistes baroques, est souvent chez elle un procédé de composition. Un bon exemple de cet usage peut être observé dans l'ode n° 74. L'antithèse à partir de laquelle est construit ce poème, Jésus comme Fils de Dieu mais aussi Dieu fait Homme, est introduite dès le premier vers : « Vous estes las, repos des ames pures ». La place privilégiée qui lui est attribuée (au premier vers et de part et d'autre de la césure) ne fait que la rendre plus frappante. La première strophe développe le premier terme de l'antithèse, les strophes deux à huit le second. L'épisode évoqué dans le premier quatrain, celui de la halte au puits de Jacob d'après Jean 4, 5-6, révèle l'humaine nature de Jésus : il est « las », « travaillé du chaut » et semble même sur le point de fléchir (« Flechissez-vous »). Les vers 5 à 20 démontrent au contraire sa divinité en en énumérant les nombreuses manifestations : la place privilégiée dont il jouit au Royaume des Cieux, dominant « toutes ces Legions » (v. 5-8), le soutien qu'il apporta jadis dans le désert à Moïse et à son peuple (v. 9-12), le fait qu'il conçut le monde (v. 13-36), qu'il fit l'homme à son image (v. 17-20), qu'on lui voue une adoration sans pareille (21-24), qu'il peut dispenser « l'eau vive », source de la vie éternelle (25-28). L'antithèse, aux vers 25 et 27, « autres eaux » / « eau vive » et ses équivalents métaphoriques (« douce liqueur », « grand torrent de vostre volupté » aux vers 31 et 38), s'éclaire à la lumière de l'antithèse fondamentale et de toutes les notions qui s'y rattachent : homme/Dieu ; Chair/Esprit, matériel/spirituel. L'image de l'eau renvoie en même temps à l'épisode évoqué dans la première strophe, celui où Jésus révèle à la Samaritaine venue puiser de l'eau le mystère du Christ. On comprend dès lors que la prière que l'exercitante adresse à Dieu dans les trois dernières strophes s'inspire directement des paroles de la Samaritaine à Jésus.

Le parallélisme, autre souvenir de la lyrique hébraïque, imprime son balancement à de très nombreux passages. La Prière aux Saints illustre tout particulièrement ces phénomènes de reprise et de parallélisme. Les vers 25 à 27 fournissent un bon exemple du parallélisme synonymique :

O miserable estat ! et trop desesperé,
De ne sentir son mal, et dormir asseuré
Entre tant de dragons, et tant de precipices !

Ce qui est dit dans le premier hémistiche est repris d'une autre manière dans le second. Dans le troisième de ces vers, au parallélisme de sens correspond un parallélisme syntaxique parfait. Aux vers 21 et 22, le parallélisme synonymique renforcé par les coupes secondaires rappelle la technique astucieuse des vers rapportés[a] :

Mais las ! aveugle, *sourde*, et du tout insensible,
Je ne voyois, *sentois*, ny n'entendois la voix
De ce divin Seigneur, …

L'élément de dissymétrie introduit au second vers (contrairement à notre attente, l'ouïe se trouve en troisième position) contribue avec le rejet à la mise en relief de la « voix [divine] » qui préfigure la « puissante voix » du vers 40. Enfin, les vers qui suivent combinent parallélismes synonymiques et parallélismes antithétiques, effets de symétrie et de dissymétrie :

Que pensois-je, mon Dieu, ne pensant point en vous
En vous, chere Bonté, en vous, juste courroux.
Que faisois-tu, mon ame, avecques tes puissances
Tu servois, miserable, à ton chetif valet,
Au monde, et à Satan, d'un funeste joüet
Ayant mis sous le pied tes nobles excellences (v. 31-36)

Ce sont d'abord les différences grammaticales soulignées par la répétition d'un même mot (l'imparfait du verbe « penser » *vs* le participe présent ; la tournure interrogative *vs* la phrase négative) qui attirent notre attention à l'antithèse de base : un « hier » caractérisé par l'oubli *vs* un « maintenant » marqué par le souvenir de Dieu. Le détachement de l'apostrophe (« mon Dieu »,

a Ce procédé fait son apparition dans la poésie latine dès le début du treizième siècle mais il ne s'impose véritablement en France qu'au seizième siècle avec Étienne Jodelle et Jean de Sponde. Pour d'autres exemples voir Étienne Tabourot, *Les bigarrures du seigneur Des Accords*, Paris, J. Richer, 1584, Livre Premier, ch. XIII.

« chere Bonté ») par les coupes secondaires et la triple reprise du complément d'objet indirect (« en vous ») semblent vouloir insister sur l'idée que Dieu occupe à présent toutes les pensées de l'exercitante. Au vers 32, cette répétition sert aussi à mettre l'accent sur l'antithèse secondaire entre la « Bonté » de Dieu et son « juste courroux ». Dans les quatre derniers vers de ce passage, Anne Picardet recourt aux coupes secondaires et à divers parallélismes d'ordre grammatical, syntaxique, sémantique et phonétique pour mettre en valeur l'antithèse entre la puissance inhérente à l'âme et l'état servile dans lequel elle est tombée par sa faute : « Que faisois-tu ? » / « Tu servois » ; « *m*on ame » / « *m*iserable » ; « chetif valet », « funeste jouet » *vs* « avecques tes puissances », « tes nobles excellences ». L'effet de dissymétrie produit par la répartition sur deux vers au lieu d'un seul des trois termes désignant les ennemis de l'homme et l'ajout au premier de ces termes de l'adjectif possessif et de l'épithète (« à *ton chetif* valet » *vs* « Au monde, et à Satan ») est sans doute une manière de rendre plus concret le sentiment de déséquilibre qu'on associe à l'image de l'âme en péril. En somme, les procédés exploités par Anne Picardet (antithèses, répétitions et parallélismes de tout ordre, effets de symétrie et de dissymétrie, coupes secondaires) se réduisent à quelques techniques relativement simples mais néanmoins efficaces pour mettre en place les structures de rehaussement et d'intensification qui assurent la dynamique de ses poésies.

## CONCLUSION

Si l'œuvre chrétienne d'Anne Picardet ne manifeste pas une particulière originalité, elle ne mérite pas non plus l'oubli complet dont elle est entourée. Ses poésies gagnent à être mieux connues non seulement comme exemple du renouveau de la spiritualité catholique dans le premier tiers du dix-septième siècle mais aussi comme un témoignage précieux d'humanité. Quand elle expose au grand jour les détresses et les espérances de l'âme pénitente, Anne Picardet sait trouver un langage simple, direct et puissant à la fois. Le caractère poignant des aveux de culpabilité, la ferveur des appels adressés à Dieu, l'allure vivante des interrogations, l'élan qui transporte certaines prières ne sauraient nous laisser insensibles. On a vu combien Anne Picardet s'était nourrie des *Exercices spirituels*. Saint Ignace, pourtant, demeure pour elle un idéal inaccessible. C'est le champion du catholicisme qu'elle voit en lui, l'Anti-Luther venu délivrer la France de l'hérésie. Les personnages féminins qu'elle rencontre dans ses lectures pieuses comme la créature chétive et constamment menacée chez sainte Thérèse, la mère/veuve douloureuse au pied de la Croix, la Madeleine pénitente lui renvoient des images auxquelles elle s'identifie[a] mais ce sont les dames de saint Ursule, de la Visitation, de Mercigny qu'elle côtoie dans les milieux dévots qu'elle fréquente qui semblent lui avoir laissé, à en juger par l'hommage qu'elle leur rend dans son livre, les plus beaux exemples de piété et de charité chrétienne.

---

a On peut voir ici cette « féminisation » du discours dévot dont parle à juste titre Terence Cave (*op. cit.*, p. 180-181).

# ÉTABLISSEMENT DU TEXTE ET PRINCIPES D'ÉDITION

## ÉDITIONS ET EXEMPLAIRES CONSULTÉS

Comme il a été dit, les *Odes spirituelles* ont été publiées en 1619 et 1623. Le fait qu'il existe deux éditions atteste qu'elles ont dû connaître un modeste succès du vivant de leur auteur, ce qui n'était pas toujours le cas pour les autres poètes dévots de son époque. Les exemplaires qui ont été conservés sont assez rares et leur état fragile n'en permet pas toujours la consultation.

ODES // SPIRITUELLES // SUR L'AIR DES // CHANSONS // de ce temps. // Par ANNE PICARDET, vefve du feu sieur de Moulieres, & d'Essartines. // Dediées à Madame le GRAND. // A LYON, // CHEZ CLAUDE MORILLON, // M. DC. XVIII.
Versailles, Bibliothèque municipale Pératé C60, Fonds patrimoniaux P. titre inscr. mss : Dom. prob. Lugd. Soc. Jesu Con. Infi. Reliure parchemin blanc.

ODES // SPIRITUELLES // SUR L'AIR DES // CHANSONS // de ce temps. // Par ANNE PICARDET, vefve du feu sieur de Moulieres, & d'Essartines. // Dediées à Madame le GRAND. // A PARIS, // CHEZ SEBASTIEN HURÉ, ruë S. Jacques Cœur-bon. // M. DC. XIX. // Avec Permission. In-12, 168 p.
Paris, BnF YE-7593, 22045 et MICROFICHE M-18060
Paris, Bibliothèque de l'Arsenal 8-BL-11567

ODES // SPIRITUELLES // SUR L'AIR DES // CHANSONS // de ce temps. // Par ANNE PICARDET, vefve du feu sieur de Moulieres, & d'Essartines. // Dediées à Madame le GRAND. // A PARIS, // CHEZ SEBASTIEN HURÉ, ruë S. Jacques Cœur-bon. // M. DC. XIX. // Avec Permission. 8°.
Poitiers, Bibliothèque municipale D2521 Fonds Ancien
Troyes, Bibliothèque municipale z16.3518 Belles-lettres 17, Relié, parchemin demi-rigide. État moyen, parchemin déformé et sale.

ODES // SPIRITUELLES // SUR L'AIR DES // CHANSONS // de ce temps. // Par ANNE PICARDET, vefve du feu sieur de Moulieres, & d'Essartines. // Dediées à Madame le GRAND. // A LYON, // Vve Morillon, // M. DC. XXIII. In-16, 167 p.
Paris, BnF YE-11299 et MICROFICHE YE-11299
Paris, Bibliothèque de l'Arsenal 8-BL- 11568

## NOTE SUR LA PRÉSENTE ÉDITION

Le texte que nous présentons dans cette édition est celui de 1623 puisqu'il contient le dernier état des *Odes spirituelles* du vivant de l'auteur. Nous avons respecté la graphie originelle. Cependant, pour répondre aux normes de l'édition critique moderne, nous avons apporté les modifications suivantes : distinction de u et v, i et j ; résolution des formes abrégées (&, tildes, etc.) ; addition de l'accent aigu sur les finales en é, ée, és et ées ; introduction de l'accent grave pour distinguer a de à, ou de où, la de là ; addition de l'apostrophe pour distinguer ma de m'a ; addition de la cédille devant a, o et u. Nous avons laissé intactes les majuscules et la ponctuation, sauf dans le cas où la virgule séparait le sujet du verbe ou l'adjectif du substantif qu'il qualifie. Dans les cas flagrants d'erreur (coquilles, doublons), nous avons corrigé le texte en indiquant en note la nature de nos interventions. Dans les formes à l'impératif, nous avons éliminé le trait d'union quand le mot qui suivait n'était pas un pronom (Ne vous offencez point ; recevez donc, etc.).

La pagination originelle a été notée entre crochets. Pour faciliter la consultation du livre, nous avons numéroté dans la marge les vers des poèmes. Il arrive assez fréquemment que plusieurs poèmes portent le même titre. Pour éviter la confusion, nous avons donc aussi numéroté en chiffres arabes chacun de ceux-ci et indiqué par une astérisque les poèmes qui avaient été ajoutés dans l'édition de 1623. Pour les poèmes déjà parus dans l'édition de 1619, nous relevons les variantes sémantiques en bas de page, immédiatement sous le texte concerné. Les notes critiques (sources, thème, imagerie, style, etc.) ont été placées en fin de volume. Le lecteur pourra ainsi lire les poèmes d'abord pour eux-mêmes, et dans une présentation matérielle imprimée aussi fidèle que possible de celle du texte d'origine, mesurer rapidement les modifications éventuelles apportées à tel poème (variantes), puis consulter, s'il le souhaite, le commentaire érudit (notes). En fin de volume sont donnés les poèmes de l'édition de 1619 qui n'ont pas été reproduits dans l'édition de 1623. Le lecteur trouvera aussi un glossaire utile à l'éclaircissement de la langue du début du dix-septième siècle, la table alphabétique des *incipits* des poèmes et des timbres, la table chronologique des titres des poèmes et des titres des chansons, et un index nominum. Nous espérons avoir mis à la disposition du lecteur une édition à la fois fiable et de consultation aisée de ce recueil.

# LES ODES
# SPIRITUELLES

SUR L'AIR DES
CHANSONS
DE CE TEMPS.

*Par* Anne Picardet, *vefve du feu sieur de Moulieres, et d'Essartines.*

Dediées à Madame le GRAND,

Reveües, et augmentées en ceste seconde edition.

A LYON,
Par la Vefve CLAUDE MORILLON, Libraire et
Imprimeur de M. la Duch. de Montpensier.
M. DC. XXIII.

*Avec Permission.*

[A2]

A MADAME,
MADAME LE GRAND.

*MADAME,*

*La pieté, qui accompagne vos mœurs, et l'odeur*[1] *des bons exemples, que vostre vertu rend à toute la France, me portent à vous offrir les* Odes Spirituelles, *que l'on m'a persuadé de mettre en lumiere, à fin que l'air des chansons prophanes estant appliqué aux spirituelles, Dieu ne soit plus offensé par les voix et organes que sa divine bonté nous a donnez pour le louër et benir. En ce sens on peut immoler les abominations des Egyptiens*[2]*, et faire, que les vases d'Egypte*[3]*, avec les miroirs des femmes vaines*[4]*, servent à l'ornement et à* [A2v] *l'embellissement du Tabernacle. Et si un tel bien peut resulter de ce dessein, je ne regretteray ny le temps que j'ay quelquesfois employé à la poësie, ny l'asseurance que je donne à ma plume, escrivant et mettant ce peu d'ouvrage au jour, sous les auspices de vostre Grandeur, de laquelle je suis,*

*MADAME,*

La servante tres-humble, tres-obeyssante, et tres-affectionnée,
ANNE PICARDET

*D'Essartines, le premier jour d'Aoust, 1618.*

[1]

## 1
## PRIERE AUX SAINCTS, POUR M'IMPETRER PARDON[5], avec une humble confession[a] de ma vie passée.

Sur l'air, *Amans qui vous plaignez qu'amour vous a dompté.*

Chers Esprits habitans[b] la celeste Cité,
Qui dans le clair miroir de la Divinité
Voyez nos pleurs, nos maux, nos coulpes et miseres[c][6] :
Et y compatissez[d], respirans nostre bien,
Aydans[e] de vos faveurs à rompre le lien[7]
Qui tient de tant de nœuds nos ames prisonnieres.
O divins courtisans qui possedez mon Roy,
Priez sa Majesté d'avoir pitié de moy ;
Faites m'en obtenir amples lettres de grace,
Et les enterinez en ce grand Parlement,
Où tout homme mortel doit subir jugement,
Las que mon repentir tous mes crimes efface[f].
Je confesse ma faute en extreme douleur[8],
J'immole tous les jours à ce regret mon cœur,
D'avoir donné tant d'ans au service du monde ;
De les avoir passez en folle vanité, [2]
Fuyant, triste hybou[g][9], la supreme clarté[10],
Et me precipitant dans ceste mer[h] profonde[11].
J'ay veu mille hazards en cet extreme pas[i],

a 1619 : une Confession
b 1619 : Esprits qui habitez
c 1619 : et peines journalières
d 1619 : O celestes esprits
e 1619 : Aydez
f 1619 : Pour recevoir l'arrest de paix, ou de disgrace
g 1619 : comme un hibou
h 1619 : Pour courir à yeux clos dans l'abysme
i 1619 : couru mille hazards parmy les vains apas

Et approché cent fois[a] de ce double trespas ;
Mais las ! aveugle, sourde, et du tout insensible,
Je ne voyois, sentois, n'y n'entendois la voix
De ce divin Seigneur, qui tant et tant de fois
Prevenoit par douceur sa vengeance terrible.

O miserable estat ! et trop[b][12] desesperé,
De ne sentir son mal, et dormir asseuré
Entre tant de dragons[13], et tant de precipices !
Se forger une[c] Idole en sa presomption,
Vouloir tout gouverner selon sa passion,
Et bastir par ses mains toujours nouveaux supplices !

Que pensois[d]-je, mon Dieu, ne pensant point en vous,
En vous, chere Bonté, en vous, juste[e] courroux[14].
Que faisois-tu, mon ame, avecques tes puissances[15]
Tu servois, miserable, à ton chetif valet,
Au monde, et à Satan[16], d'un funeste joüet,
Ayant mis sous le pied tes nobles excellences.

Mon cœur donc abysmé dans[f] cet obscur cahos,
Ne trouvoit desja plus de paix, ny de repos,
Quand un Ange divin[17], pourtraict de vos merveilles,
Par sa puissante voix, penetrant tous mes sens,
Fit, que je goute, voy, touche, odore, et entens[18],
De vous, mon Createur, les bontez nompareilles[19].

Cet Ange estoit en terre, et conversoit aux Cieux :
Il portoit le pardon en ses celestes yeux :
Sa vie nous estoit miroir de penitence :
Son esprit aymantin tira le mien de fer[20]
Du monde empoisonné, et des portes d'enfer,

---

a 1619 : cent fois approché
b 1619 : estat
c 1619 : un
d 1619 : Où estois
e 1619 : Non plus qu'en vos bontez, non plus qu'en vos
f 1619 : en

Le sacrant, mon Sauveur, à vostre obeïssance.
Mais pourquoy, mon Seigneur, eustes-vous tant de soin, [3]
De secourir mon ame en un si grand besoin[21] ?
Qu'aviez-vous recogneu en ceste miserable,
Digne d'un tel secours ? las ! vostre Majesté,
Tesmoignant cet effect d'une extreme bonté,
En un si vil subjet, se rend plus admirable.
Que rendray-je à mon Roy pour un si rare bien,
Veu que tout ce que j'ay[a] est desja plus que sien ?
Je prendray donc[b] (mon Tout[22]) la coulpe salutaire[23],
Invoquant vostre nom par ce sang precieux[24],
La rançon des mortels[25], et la gloire des Cieux,
Qui peut, à vostre honneur, pour nous tous satisfaire.
Que tous les Cieux (mon Dieu), la terre, et les humains[26],
Et tout ce qui est[c] fait par vos divines mains,
Vous rende[d] avecque moy immortelles loüanges,
Que tous en holocauste, à vostre sainct honneur
Nous donnions tout nostre Estre, et tout nostre labeur,
Et mourions de la mort dont meurent vos saincts Anges.
Et puis qu'il vous a pleu m'arracher à[e] la mort,
Mettez-moy pour jamais en cest asseuré[f] port[27],
Dans ce sacré rampart[g][28] de vostre saincte grace,
Où je vive d'amour, d'esperance, et de foy[29] :
Et[h] vostre volonté seule agisse dans moy,
Jusqu'à-ce que mes yeux puissent voir vostre face[30].

---

a 1619 : Si ce que je possede
b 1619 : ô
c 1619 : fut
d 1619 : Corr. pour rendent
e 1619 : de
f 1619 : au favorable
g 1619 : Et dans la seur donjon
h 1619 : Où

## 2
## Chanson,
Sur l'air, *Ce penser dont amour nourrit ma, etc.*

Ce penser de JESUS, et de sa Passion,
Il faut que de mon cœur je luy ouvre la porte,
Et que je prenne aussi la resolution,
Qu'aux plus contrits esprits[a] le repentir apporte.
Las ! c'estoit fait de moy, ja mon mal estoit tel,
Que je ne pensois plus d'y chercher du remede,
Lors que la saincte voix du grand Dieu immortel[b], [4]
Fit voir que sa bonté mes malices excede.
Je ne veux plus aymer que ce cher Redempteur[c],
Dont l'extreme douceur m'arracha[d] du supplice ;
Plutost que de regner par dessus la grandeur,
Je voudrois mandier en luy faisant service.
Que ne luy dois-je pas, songeant à la douceur
Dont il m'a tant de fois induitte à penitence ?
Helas ! je ne puis rien luy donner que mon cœur,
Que j'offre à sa pitié, ou bien[e] à sa vengeance[31].
Las ! je dis bien ainsi, lors que de son bien-fait,
Le juste souvenir anime mon courage :
Mais mon ame pourtant, n'en produit nul effect,
Le monde l'arrestant encor en son cordage.
O ! mon Dieu, si jamais vous ouystes mes vœux,
Que vostre volonté seule en mon cœur ayt[f] place :
Que vostre sainct amour le consomme en ses feux[32],
Et qu'aux plaisirs mondains il soit toujours de glace.

---

a 1619 : esprits plus contrits
b 1619 : de ce grand Eternel
c 1619 : mon Christ plain d'ardeur
d 1619 : m'arrache
e 1619 : et voire
f 1619 : en mon cœur prenne

## 3

Autre, sur l'air,
*O ! beaux yeux qui sçavez si, etc*[a].

O Grand DIEU qui sçavez si puissamment armer,
Que l'on peut, vous servant, renger tout en servage,
Puis que mon cœur vous veut seul cherir et[b] aymer :
Conduisez son dessein, et son apprentissage[c][33].
Doux JESUS, je ne voy, ny ne vis que par vous ;
Je suis un corps sans ame, absentant vostre veuë ;
Mais lors que mon esprit vous contemple si dous,
L'espoir pour m'animer, en ame[d] se transmuë.
O Soleil, dont les rais donnent jour à mes jours[34],
Vous seul estes mon but, mon bien, mon esperance[35] ;
Et de vous seul aussi je cherche le secours,
Mettant en vostre honneur toute ma suffisance. [5]
O[e] amant, dont l'amour a de si hauts[f] attraits,
Blessez ce pauvre cœur d'une playe incurable,
Effaçant pour jamais[g] tous les autres pourtraits,
Qui font ombre à l'object, qui seul en est capable.
O grand Roy ! que je crains, en servant, d'offencer,
Inspirez-moy la voix, et formez mes paroles,
Gouvernez tous mes sens, mes gestes[h], mon penser,
Fermant mon intellect à tous soucis frivoles[i].
O mon celeste Espoux ! je vous offre mon cœur,
Mon ame, mon esprit, en humble sacrifice,
Ne voulant respirer que vostre sainct honneur,
Et consommer mon tout[j] à vostre sainct service.

a 1619 : Beaux yeux qui sçavez si, etc.
b 1619 : desormais seul
c 1619 : Guidez ores ma nef, la gardant du naufrage
d 1619 : flamme
e 1619 : Bel
f 1619 : doux
g 1619 : maintenant
h 1619 : eslevez
i 1619 : Loin, bien loin des erreurs, et vanitez plus foles
j 1619 : mes jours

## 4

## Autre, sur l'air,
*Quel fruict esperes-tu de ta changeante humeur.*[36]

Quel fruict esperes[a]-tu de ta perfide humeur,
Monde plein de cautelle ?
Pretens-tu de l'honneur
D'estre infidelle ?
Les bons sont le joüet de ta meschanceté,
Tu en fais ta risée :
Seule est l'impieté
De toy prisée.
Tu as desja meurtry ton Seigneur et ton Roy
Par ta cruelle rage ;
Tu tiens en mesme loy
Son heritage.
Mais quel loyer rends-tu à ceux qui si souvent
Servent ta tyrannie ?
Tu les payes de vent,
Et de manie.
Ouvrez doncques les yeux, ô mortels esgarez, [6]
Qui suivez un tel Maistre,
Et dans ses lacs courez
Sans recognoistre.
Tournez-les vers le Ciel, vostre souverain bien[b],
Vostre gloire[c] certaine :
Et rompez ce lien
Qui tant vous geine.
Donnons à ce bon Dieu qui nous a tant aymez
Le reste de nos âges,

a Corr. de espere.
b 1619 : car c'est de vostre bien
c 1619 : Sa gloire plus

Et les vœux enflammez
De nos courages.
Reparons le passé, que nous avons perdu
En maux et[a] negligences,
Par service assidu,
Et penitences.
Recevez, doux JESUS, les devots et saincts[b] vœux
Que vous sacre mon ame,
Reduisez-la[c] en feux
Dans[d] vostre flame.

## 5

## Complainte de l'ame pour ses deffauts*, Sur l'air, *Tandis que le Soleil ardent, etc.*

Alors que d'un fixe regard[37]
Je te considere, mon ame,
La douleur d'un funeste dard,
En mille parts mon cœur entame :
Ha ! que tes imperfections
Me vont comblant d'afflictions :
O ! ame rebelle, rebelle,
Seras-tu tousjours infidelle ?
Je voy la sotte vanité [7]
Te faire incessamment la guerre,
Je voy la molle lascheté
Qui tous les bons desirs atterre :
Ha ! que ces imperfections
Me vont comblant d'afflictions :

a 1619 : Par tant de
b 1619 : ô Seigneur, et l'ardeur, et les
c 1619 : La reduisant
d 1619 : Par

O ! ame rebelle, rebelle,
Las ! quand me seras-tu fidelle ?
Je voy un orgueilleux dedain
Te pancher à l'impatience ;
Je voy aussi l'amour humain
Te captiver sous sa puissance :
Ha ! que tant d'imperfections
Me vont comblant d'afflictions ;
O ! ame rebelle, rebelle,
Las ! quand me seras-tu fidelle ?
Je voy encor ce propre amour,
Qui toutes tes actions soüille,
Et te poursuivant nuict et jour,
De tous merites te despoüille :
Ha ! que tant d'imperfections
Me vont comblant d'afflictions ;
O ! ame rebelle, rebelle,
Las ! quand me seras-tu fidelle ?
Helas ! ne veux-tu pas sortir
Hors de ceste terre deserte ;
Ne veux-tu pas te ressentir
D'une si deplorable perte :
Changeant tes imperfections
En sainctes resolutions ;
O ame rebelle, rebelle,
Las ! quand tu me seras-tu fidelle ?
N'ois-tu de ton divin Espoux,
La voix, te r'apellant sans cesse,
Qui amoureusement jaloux, [8]
Ne peut souffrir que tu le laisse,
Ha, que tes imperfections
Rafreschissent ses passions ;
O ame rebelle, rebelle,
Sois luy donc desormais fidelle.

Las ! retourne à ceste bonté,
Qui ne se lasse de t'attendre ;
Et qui pour ta desloyauté,
Ne veut laisser de te reprendre :
Changeront tes imperfections
En divines affections ;
O ame rebelle, rebelle,
Las ! quand me seras-tu fidelle ?
JESUS, abisme de douceur,
Pardonnez à ceste pauvre ame,
Qui se donne, avecques son cœur,
En proye à vostre saincte flâme ;
Oubliez les ingrats refus,
Et qu'elle n'y retourne plus ;
O ame rebelle, rebelle,
Meurs plustost que d'estre infidelle.

## 6

Autre, sur l'air,
*Belle qui m'avez blessé, etc.*

Grand Monarque de mon cœur, mon cher Espous[a],
Helas ! que ne vous monstrez-vous[b] ?
A moy, qui n'ay aucun contentement[c]
Qu'en vous, mon cher amant[d].
J'ay quitté, mon cher Seigneur[e], pour vous servir
Pour jamais, tout humain plaisir,
Ne voulant plus aucun contentement [9]

---

a 1619 : Où estes-vous, doux Jesus, mon cher soulas
b 1619 : Que ne vous monstrez-vous, helas !
c 1619 : nul object nuict et jour,
d 1619 : Que vostre pur amour ?
e 1619 : ô mon Seigneur

Qu'en vous, mon cher Amant.
   Le monde, et tous ses agents, ont mille fois[a]
Tasché me remettre en ses loix ;
Mais vostre grace environnant mon cœur,
Le rend tousjours vainqueur.
   Quand des Princes tenebreux les soins cruels
M'ont pratiqué de tant de duels,
Ce fort bouclier[38] leurs traicts empoisonnez
Contre eux a retournez.
   Mon domestic ennemy plus redouté
Vostre œil prevoyant[39] l'a dompté,
Se captivant l'excez de vos bontez
Toutes mes volontez.
   Puisque vous avez tant fait, parachevez,
O mon cher Tout, et m'abbreuvez
Du grand torrent de l'abondante paix
De vos divins Palais.

## 7

### Autre Chanson sur un air nouveau*.

Mon Dieu quand viendra le jour,
Où l'amour,
Change mon tourment
En contentement.
Helas ! que ces desirs
M'ont desja cousté de souspirs.

---

a 1619 : Les strophes suivantes ont été omises : Je sens éveiller mon dueil / Au lever de l'aurore, / Et ne tarit point mon œil, / Quand le tour se va clorre. / Où est-il, etc. / Flambeau, qui vas alumant / Toute la terre More, / Las ! n'as-tu point veu l'Amant / Qui mon beau jour decore ? / Où est-il mon doux Jesus allé, / Le serviray-je encore ? / Sans luy mon cœur est comblé / D'un soin qui le devore, / Las ! de mon esprit troublé / Sa grace est l'elebore. / Où est-il mon cher Sauveur allé, / Viendra-il pas encore ? / Plustost que manquer de foy / A vous, Dieu, que j'adore, / Que le Ciel verse sur moy / Tous les maux de Pandore. / Où est-il mon beau Soleil allé, / Me luira-il encore ?

Changez au moins ma langueur
En vigueur,
Pour pouvoir souffrir
Ce qui vient s'ofrir.
Helas ! que ces desirs
M'ont desja cousté de souspirs.
Soyez-moy, mon cher Amant, [10]
Un aymant[40],
Attirant ce fer,
Qui m'est un enfer.
Helas ! que ces desirs
M'ont desja cousté de souspirs.
Puisque le monde m'est Croix,
Que ses loix
Laissent desormais
Mon esprit en paix.
Helas ! que ces desirs
M'ont desja cousté de souspirs.
Que donc je n'ay plus rien
Qui soit mien :
Que vostre vouloir
Soit mon seul pouvoir ;
Et que vous, mes desirs,
Soyent animez de vos plaisirs.

## 8

## De la Penitence.

Sur l'air, *Où estes-vous mes belles amourettes, etc*[a].

C'est trop long temps dilayé[b] le bien que je projette,
Mon cœur ne peut plus souffrir tant d'insatiables vautours[41] ;

a 1619 : *Où estes-vous allé, mes belles amourettes ? etc.*

b 1619 : differé

Helas ! ô doux[a] JESUS, ma lumiere parfaicte[42],
Ne m'esclairez-vous[b] pas tousjours ?
Puis qu'au monde j'ay commis les maux que je regrette,
Desormais en un desert[43] je passeray mes tristes jours :
Helas ! ô doux Jesus, ma lumiere parfaicte,
Ne m'esclairerez-vous pas tousjours ?
Dans ce lieu remply d'horreur[44], pleurant ma vie abjette,
[11]
J'attendray l'arrest des Cieux[45], rejettant tout humain secours :
Helas ! ô doux JESUS, ma lumiere parfaicte,
Ne m'esclairerez-vous pas tousjours ?
Mes yeux parleront pour moy, si ma langue est muette,
Et moyenneront ma paix là haut aux supremes[c] sejours :
Helas ! ô doux JESUS, ma lumiere parfaicte,
Ne m'esclairerez-vous pas tousjours ?
Adieu tous plaisirs mondains, n'approchez ma retraitte ;
Les larmes, et les souspirs, seuls avec moy facent[d] leurs cours :
Helas ! ô doux JESUS, ma lumiere parfaicte,
Ne m'esclairerez-vous pas tousjours ?
Mes sens, qui souliez tenir mon ame à vous subjette,
Maintenant elle vous tient liez de cent tours et retours[e].
Helas ! ô doux JESUS, ma lumiere parfaicte,
Ne m'esclairerez-vous pas tousjours ?
Les Anges qui regrettoyent ma funeste defaitte,
Ores se resjoüyront, oyant mes penitens discours[46].
Helas ! ô doux JESUS, ma lumiere parfaicte,
Ne m'esclairerez-vous pas tousjours ?

---

a 1619 : doux
b 1619 : Las ! ne me luirez-vous. *Et par la suite*, Las ! etc.
c 1619 : celestes
d 1619 : auront
e 1619 : Maintenant elle vous lie en mille, et mille, et mille tours

Desja du vent[a], des souspirs, que sans cesse je jette,
Je sens r'alumer en moy le feu des celestes amours.
Helas ! ô doux JESUS, ma lumiere parfaitte,
Ne m'esclairerez-vous pas tousjours ?
O doux et puissant Amour, seul bien que je souhaitte,
Que je me perde à jamais dedans vos plus secrets destours.
Helas ! ô doux JESUS, ma lumiere parfaitte,
Ne m'esclairerez-vous pas tousjours ?
Ainsi dedans vos vergés[b][47], abondamment refaitte,
Je n'auray plus de besoin d'avoir jamais ailleurs recours.
Et là mon doux JESUS, ma lumiere parfaitte,
Vostre feu me bruslera tousjours[c].

[12]

## 9

### De l'amour divin*.

Sur l'air, *Mon ame est si fort blessée.*

Mon ame est si fort pressée
De l'amour de son Seigneur,
Qu'elle n'a d'autre pensée
Que d'exalter son honneur.
Ce grand Dieu qui la possede
L'alume d'un feu si beau,
Que l'effect qui en procede
M'est un lumineux flambeau.
Quand ce sainct amour m'enflame,
Il y a tousjours distillant
Un glaçon dedans mon ame,
Qui me brûle en me gelant.

---

a 1619 : Desja durerent

b 1619 : pasquis

c 1619 : Las ! ne luirez-vous pas tousjours ?

O vous, trouppe des fidelles,
Qui vivez l'esprit contant,
Las ! dites-moy des nouvelles
De mon Dieu, que j'ayme tant.
Il est dans sa Cité saincte[48],
Suyvi de ses Legions
D'Anges, qui en toute[a] crainte
Chantent ses perfections.
Les esleus, remplis de gloire,
Submergez en sa beauté,
Perdent toute autre memoire
Que de leur felicité.
Vien-t'en-donc, ô Ame aymante,
Vien posseder ceste paix
De la gloire triomphante,
Qui ne varie jamais.
Las ! impetrez-moy la grace[49], [13]
O esprits bruslans d'amour,
De meriter une place
En ce bien-heureux sejour.

## 10
## Au doux JESUS*.
Sur l'air, *Birene, etc.*

Que faites-vous, JESUS, mon cher soucy,
La chere gloire, et vie de mon ame ?
Las ! mon seul bien, n'estes-vous pas icy ?
N'est-ce pas vous qui alumez ma flame ?
Ouy, mon Roy, car vostre Majesté,
Est en tous lieux par essence et presence,
Gouvernant tout selon son equité,
Par les effects de sa toute-puissance.

---

a Correction de toutes.

Helas ! Seigneur, monstrez-vous donc à moy[50],
Et me donnez du vray salut la joye :
Fortifiant mon espoir, et ma foy,
Par l'esprit sainct, que vostre amour octroye.
Je veux, mon Dieu, de pure affection,
D'entendement, volonté, et memoire :
Sans nul object de consolation,
Chercher en tout vostre divine gloire.
Consommez-moy au feu de vostre amour[51],
Que jamais plus rien de moy ne se treuve ;
Et que pendant l'exil de ce sejour,
Vostre honneur seul mes puissances esmeuve.
Las ! permettez, ô grand Verbe eternel[52],
Que ceste grace à vostre loy s'exprime,
Et recevez en honneur supernel,
De tous mes vœux la tres-humble victime.

[14]

## 11
## Autre*. Sur l'air,
## *J'endure un fascheux ennuy.*

J'ay une extreme douleur
Qui mon teint decolore ;
Pour l'absence du Seigneur
Que seul mon cœur honore :
Où est-il ce grand Soleil allé[53],
Me luyra-il encore ?
Je sens eveiller mon dueil
Au lever de l'aurore ;
Et ne tarit point mon œil
Quand le jour se va clorre :
Où est-il mon cher Soleil allé,
Me luyra-il encore ?

O grand Soleil qui des Cieux
Brûlez la terre more,
N'as-tu point veu dans ces lieux
L'Astre qui tout decore :
Où est-il mon doux JESUS allé,
Le serviray-je encore ?
Sans luy mon cœur est comblé
D'un soin qui le devore ;
Las ! de mon esprit troublé,
Sa grace est l'elebore[54] :
Où est-il mon cher Sauveur allé,
Viendra-il pas encore ?
Plustost que manquer de foy
A vous Dieu, que j'adore ;
Que le Ciel verse sur moy
Tous les maux de Pandore.
Où est-il mon beau Soleil allé, [15]
Me luyra-il encore ?

## 12

### Au doux Jesus, pour demander et donner les Estrennes[55], Sur l'air, *Je voy que la fiere Bellone, etc.*

Tous les cœurs, les vœux, et les flâmes,
Tous les desirs des sainctes ames,
Tous leurs magnanimes effets,
Avecques les vostres parfaits.
Tous les ministres[a] des Anges,
Tous les services et loüanges,
Que tous de toute eternité
Rendent à vostre Majesté.
Tous les merites de vos peines,

a 1619 : ministeres

Ce[a] sont les devotes estreines
Que je sacre, mon cher Seigneur,
Et tout mon estre[b] à vostre honneur.
Permettez, ma divine gloire,
Que mon esprit et ma memoire,
Et ma volonté[56] pour tousjours
Bruslent en vos sainctes amours.
Tres-benin Redempteur du Monde,
Qui regissez la terre et l'onde ;
Grand Monarque de l'Univers,
Recevez ces tres-humbles vers.
Par vostre[c] douceur nompareille,
De vos merveilles la merveille[57] :
Et par l'amour que vous portez[58]
Aux humains par vous rachetez.
Doüez-moy d'[d] une foy solide[59], [16]
Une esperance qui me guide,
Un amour tousjours agissant,
Invincible, fort et puissant.
Donnez-moy l'humilité saincte[60],
Et vostre filiale crainte,
Une tres-pure chasteté,
Une juste[e] sobrieté.
Donnez-moy la claire prudence[61],
Et la forte perseverance ;
L'entiere resignation,
Et pureté d'intention.
Donnez-moy la vraye Justice,
Le[f] sainct zele à vostre service,
Donnez-moy vostre saincte paix,

a Correction de se.
b 1619 : Humble servante
c 1619 : une
d 1619 : Donnez-moy
e 1619 : Avecque la
f 1619 : Un

Qui ne m'abandonne jamais.
Que mon obeïssance prompte,
Toute difficulté surmonte ;
N'ayant des yeux sinon pour voir,
Et faire vostre sainct vouloir.
Que mon ame en vous seul repose[a],
Qu'elle vous cherche en toute chose,
Vostre gloire soit mon[b] objet,
Vostre volonté son subjet.
Et[c] qu'exempte de tache et crime,
Je sois agreable victime
A vous, ô Monseigneur, mon Dieu,
Et en tout temps et en tout lieu.
Rendez-moy donc, ô bonté[d] extreme[62],
Digne de me rendre à vous-mesme ;
Me donnant dequoy vous donner,
Pour dignement vous estrener.
Loüange, honneur, force, et victoire
A ce tres-puissant Roy de gloire,
Qui pour nous en la Croix souffrit : [17]
Et au Pere et au sainct Esprit.

## 13
## Du mespris du monde.
Sur l'air, *As-tu encore envie, ô Berger, etc.*

He ! quoy ? veux-tu, mon ame[63],
Laisser croupir ton cœur
Dedans la poudre[64] infame
De ce monde mocqueur ?

---

a 1619 : L'ordre de cette strophe et celle qui suit a été inversé.
b 1619 : son
c 1619 : Bref
d 1619 : Rendez moy, ô douceur

Non, tu ne[a] dois plus vivre :
Sus, sus,
Charge ta Croix pour suyvre[65]
Ton JESUS[b].

Sçais-tu pas que ce Monde
Persecuta ton Chef,
Et la[c] hayne profonde
Le poursuit derechef ?
Non, tu n'y dois, etc.

Fais-luy doncques la guerre,
Et à la fausse Loy[d66],
Et change ceste terre
En un celeste alloy[e].
C'est comme tu dois vivre,
Sus, sus,
Chargeant ta Croix pour suivre[f]
Ton JESUS.

D'un effort magnanime
Romps tous empeschemens,
Puisque ton Dieu t'anime
Par ses enseignemens,
Où tu dois tousjours vivre,
Sus, sus,
Chargeant ta Croix, etc.

Embrassez[g] ces espines[67],
Ces Croix, ces clous, ces fleaux[h68],
Pour cheres medecines

---

a 1619 : n'y
b 1619 : Ton cher Jesus
c 1619 : sa
d 1619 : Pers son erreur encor
e 1619 : En une terre d'or
f 1619 : Chargeant ta Croix, etc.
g 1619 : Embrasse
h 1619 : Croix, et clous, et travaux

De tes playes et maux :
Et commence de vivre,
Sus, sus,
Chargeant ta Croix, etc.
Veux-tu vivre en delices,
Et en felicité,
Voyant que pour tes vices
Ton Roy[a] est tourmenté ?
Non, tu n'y dois plus vivre, etc.
Aurois-tu le courage
En ces terrestres[b] lieux,
Toy, de qui l'[c]heritage[69]
Est assigné aux[d] Cieux ?
Non, tu ne dois, etc[e].
Dieu est ton origine,
Ta part, et portion[70] ;
Le monde une sentine
De malediction.
Ha ! tu n'y dois, etc.
Vole d'une aisle saincte[71]
Au pur et nud amour[f],
Gardant qu'espoir ny crainte
Obscurcissent son[g] jour :
C'est là où tu dois vivre, etc[h].
Jette-toy toute entiere
Au sein de ce grand Roy :
Sans regarder derriere,

a 1619 : Prince
b 1619 : T'arrester en ces
c 1619 : Puis qu'une autre
d 1619 : T'attend dedans les
e 1619 : Non, etc.
f 1619 : Au celeste sejour
g 1619 : ton
h 1619 : Le refrain est répété : Sus, sus, / Et de tout ton cœur suivre / Ton JESUS.

Ny plus penser en toy :
C'est comme tu dois vivre,
Sus, sus,
Et à tout jamais suivre
Ton JESUS.

[19]

## 14
### Des delices de la celeste Syon[72].
Sur l'air, *Allons mes amourettes, allons nous resjouyr.*

Mon ame je te prie,
Quittons ce bas sejour, là, là,
Allons à nostre vie,
Nostre divin amour, là, là,
Courons mon cœur, ne tardons plus,
Alons chercher le doux JESUS.
Ce monde est trop indigne
De ton affection, là, là,
Veu la noblesse insigne
De ton extraction, là, là,
Courons mon cœur, ne tardons plus[a],
Alons chercher le doux JESUS.
Que tu fus miserable
De donner tes beaux ans, là, là,
A cest[b] abominable
Et à ses courtisans, là, là,
Fuy-le, mon cœur, ne tardons plus[c],
Alons chercher le doux JESUS.
Quelle folie extreme
Tenoit tayez tes yeux[73], là, là,

---

a 1619 : Courons mon cœur, etc.
b 1619 : Au monde
c 1619 : Fuy-le mon cœur, etc.

A la clarté supreme
De ce jour radieux ? là, là,
Courons mon cœur, etc.
Or marchons à ceste heure
De resolution, là, là,
Vers la belle demeure
De la haute Sion[74], là, là,
Courons mon cœur, etc[a].
C'est là où l'on espreuve
Le vray contentement, là, là,
Et jamais ne s'y treuve
Trouble, ny changement, là, là,
Courons mon cœur, etc[b].
Voy ces belles prairies
Sur ce divin coupeau[c], là, là,
Où les troupes cheries
Suivent le sainct Agneau[75], là, là,
Courons mon cœur, etc[d].
Ha ! de quelles delices
Ceste extreme bonté, là, là,
Guerdonne leurs services,
Et leur fidelité ? là, là,
Courons mon cœur, etc[e].
Icy[f] la haute banque,
Qui rend mille pour un, là, là,
Et jamais rien n'y manque,
Tout bien y est commun, là, là,
Courons mon cœur, etc[g].
La charité sacrée[76]

a 1619 : Courons, etc.
b 1619 : Courons, etc.
c 1619 : croupeau (coquille)
d 1619 : Courons, etc.
e 1619 : Courons, etc.
f 1619 : Là est
g 1619 : Courons, etc.

Tient tous ces[a] cœurs unis, là, là,
Et tousjours les recrée
De plaisirs infinis, là, là,
Courons mon cœur, etc[b].
  L'œil, le cœur, ny l'oreille
N'ont point comprins les[c] biens, là, là,
Que ce Dieu de merveille[77]
Reserve pour les siens, là, là,
Courons mon cœur, ne tardons plus[d],
Allons chercher le doux JESUS.
  O divine Excellence
De ce celeste lieu, là, là,
Où l'on a joüyssance
Sans fin du mesme Dieu, là, là,
Courons mon cœur, etc.
  Las ! Cité[e] triomphante,
Recevez pour jamais, là, là,
Mon ame languissante
En vostre saincte paix, là, là,
Pour y loüer, sans tarder plus,
Tout son bien, son tres-cher JESUS.

## 15

### Autre.

Sur l'air, *Bien-heureux qui au village, etc.*[78]

Bien heureux qui au vilage,
En sa petite maison,
Sert Dieu de tout son courage,
Et l'ayme en toute saison ;

---

a 1619 : ses
b 1619 : Courons, etc.
c 1619 : ces
d 1619 : Courons mon cœur, etc.
e 1619 : O Sion

Voilà, voilà, là-là-là,
Pour vivre heureux au vilage :
Voilà, voilà, là-là-là,
Tout l'heur consiste en cela.
    Bien-heureux qui loin des villes[79],
Et de toute ambition,
Et des devis inutiles
N'a qu'à Dieu l'attention.
Voilà, voilà, là-là là, etc[a].
    Heureuse la solitude
Où l'ame trouve JESUS,
Et met sa plus chere estude
A se parer de vertus.
Voilà, voilà, etc[b].
    Telle ame n'est point[c] distraitte [22]
Par aucun frivole soin[d],
Mais son action parfaitte[e]
Marche au devant du besoin[f].
Voilà, voilà, etc[g].
    Sa volonté tres-constante,
Fait l'office des deux sœurs[80] ;
Et d'une grace excellente
Elle gouste leurs douceurs.
Voilà, voilà, etc[h].
    Tres-heureuse est[i] ceste vie,
Dont la blanche pureté[j]

---

a 1619 : Voilà, etc.
b 1619 : Voilà, etc.
c 1619 : pas
d 1619 : Par un tas de pensers vains
e 1619 : Mais sage et discrette,
f 1619 : Elle se rid des humains
g 1619 : Voilà, etc.
h 1619 : Voilà, etc.
i 1619 : *est* manque.
j 1619 : Qui pleine de pureté,

Demeure tousjours ravie
Dedans la Divinité.
Voilà, voilà, etc[a].
  C'est ceste perle mystique[81]
Trouvée dans ce champ sien,
Pour laquelle elle pratique
La vente de tout son bien.
Voilà, voilà, etc[b].
  Ainsi, mesnagere abeille,
Elle prend par tout du miel :
Et d'une adresse pareille
Va porter sa ruche au Ciel :
Voilà, voilà, là-là-là[c],
Comme l'on vid au village :
Voilà, voilà, là-là-là,
Tout l'heur consiste en cela.

[23]

## 16

Contre[d] les trois ennemis de l'homme[82].
Sur l'air, *Nanny, nanny, etc.*

O Monde, plein de finesses,
Je quitte tous tes appas,
Tes attraits, et tes caresses,
Tu ne me reprendras pas :
Nanny, nanny, nanny, nanny, helas nanny.
  D'une estroitte solitude
Je romps ta societé,
Et n'auray plus autre estude

a 1619 : Voilà, etc.
b 1619 : Voilà, etc.
c 1619 : Voilà, voilà, etc. Les trois derniers vers ont été ajoutés dans l'édition de 1623.
d 1619 : Sur

Qu'à fuïr ta vanité :
Nanny, etc.
Toy, meurtrier de l'innocence
De nostre premier parent[83],
Je ne crains point ta puissance,
Ayant JESUS pour garent.
Nanny, etc.
Et toy, chair, source de vice,
Mon martyre, et ma prison[84],
Ton desloyal artifice
Ne m'est plus qu'une poison :
Nanny, etc.
J'ay sacrifié mon estre
Au sainct vouloir de mon Dieu,
Ne voulant plus recognoistre
Que son pouvoir en tout lieu :
Nanny, etc.

[24]

## 17

### Pour une tentation spirituelle[85].
Sur l'air, *Bergere de quelle façon, etc.*

Que viens-tu rechercher icy[a],
Cruel, et pervers adversaire ?
Mon Sauveur m'a prise à mercy,
Tu ne peux jamais m'en distraire.
Fy de tes traits, fy de tes lacs[86],
Tu ne me r'atraperas[b] pas :
Vive JESUS, vive ses feux,

a 1619 : Que cherche-tu encor icy,
b 1619 : m'y attraperas

C'est mourir de[a] vivre sans eux.
Dés l'heureux jour que j'eus quitté[b]
Le dur joug de ta tyrannie,
Je resignay ma liberté
A ceste Bonté infinie.
Fy de tes traits, fy de tes lacs[c],
Tu ne me r'atraperas pas :
Vive JESUS, vive ses feux,
C'est mourir de vivre sans eux.
Ce bon Pasteur[87] me retrouvant,
Me mit sur sa divine espaule,
Et me commit sous le garent
De ce grand sainct François de Paule[88].
Fy de tes traits, etc[d].
C'est ce bon Pere, et ses enfans,
Qui sont les tuteurs[e] de mon ame ;
Et seront tousjours triomphans,
Et de tes traits, et de ta trame.
Fy de tes traits, etc.
Tout ton labeur donc sera vain,
Puis que ta mesche est descouverte :
Où tu pensois faire du gain, [25]
Sera le subjet de ta perte.
Fy de tes traits, etc.
Dans le sacré costé ouvert[89],
Je fais ma retraitte asseurée,
D'où ton venin j'ay descouvert
Et rompu ta flesche acerée.
Fy de tes traits, fy de tes las, etc[f].

a 1619 : que
b 1619 : le mot quitté manque
c 1619 : Fy de tes traits, etc.
d 1619 : Fy de tes, etc.
e 1619 : tuteurs
f 1619 : Fy de, etc.

## 18
## Complainte d'une ame languissante en l'attente de l'amour divin[a].
### Sur l'air, *Vous m'avez mille fois deceu.*

A l'ombrage d'un Aubespin[90],
Traversée de mille pointes,
Despuis le soir jusqu'au matin,
A deux genoux, et les mains jointes,
Deux ruisseaux de larmes aux yeux,
J'eslance ces vers dans les Cieux :
Mon Dieu, entendez mes clameurs[91],
Secourez-moy, ou je me meurs.

L'air, la terre, l'eau, et les bois[92],
Ne resonnent plus que mes plaintes ;
Las ! quand pourront ces tristes vois
Penetrer vos oreilles sainctes ?
Ha ! quand viendra cest heureux jour
Où je treuveray vostre amour ?
Donnez-le moy, ô doux JESUS,
Ou bien que je ne vive plus.

Ceres a desja rechangé[93]
Neuf fois sa robe jaunissante,
Despuis que mon cœur affligé
Va languissant en ceste attente : [26]
Las ! Seigneur vous l'entendez bien,
Et vous ne luy respondez rien ;
Venez, Bonté, me secourir,
Je veux vostre amour, ou mourir.

Me voulustes-vous donc sortir
Hors de l'Egypte perissable[94],
Pour m'amener icy pâtir

a 1619 : Complainte d'une ame languissante de l'amour divin

Une soif si[a] insupportable ?
Helas ! mon pauvre esprit[b] se pert
Dedans l'horreur de ce desert[95] :
Donnez-moy donc ce cher Amour,
Ou m'ostez la vie, et le jour.

Je n'ay pas fabriqué un[c] Dieu,
Des ruïnes de vostre absence ;
J'ay, pauvre, attendu[d] en ce lieu
Vostre loy avec[e] patience[96] ;
Je n'ay pas, ny ne veux encor,
Jamais adoré le veau d'or[97] :
Non, pour souffrir mille trespas,
Mon cœur ne vous changera pas.

Je ne cherche pas les honneurs,
Dont le monde les siens caresse ;
Ny les plaisirs empoisonneurs,
Qui gesnent[f] la fole jeunesse,
Ny les richesses de Cresus[98] ;
Je ne cherche que mon JESUS.
Monstrez-vous donc, Sauveur tres-doux,
Puisque je ne veux rien que vous.

Mais, Seigneur, ne differez-pas.
Parce que desja le jour passe,
La nuict va talonnant mes pas ;
Monstrez-moy doncques vostre face[99],
Et que sa divine clarté
M'esloigne toute obscurité : [27]
Que jamais, Soleil radieux,
Je ne m'éloigne de vos yeux.

a 1619 : tant
b 1619 : Las ! helas ! mon esprit
c 1619 : Je n'ay pas fait un autre
d 1619 : Pauvre, j'attendois
e 1619 : Vos loix avecque
f 1619 : pippent

## 19

### Des trois tentations de l'ame*[100].
### Sur l'air, *Delaissez vos moutons.*

Que faites-vous, ô ame esleuë ?
Vous perdez l'esprit et la veüe[101],
Accroissans vos malheurs
En ces vaines douleurs :
Tandis que vos talents se rouïllent,
Privez du moyen
De faire aucun bien.
   Puisque ma vie n'est qu'offence,
Dois-je pas faire penitence
Le reste de mes jours
En ces tristes sejours ?
Ah ! je ne quitteray la trace
De mon cher JESUS
Pour l'or de Cresus[102].
   Je renverseray ta fortune,
Et te rendray tant importune
La triste pauvreté,
Et la necessité :
Qu'à la fin tu seras contrainte
De quitter ton Roy
Pour subir ma loy.
   JESUS est l'unique richesse,
Que mon cœur respire sans cesse,
Et ceste eslection
Ma chere ambition.
Non, je ne quitteray la trace [28]
De ce cher JESUS,
Pour l'or de Cresus.
   Je noirciray ta renommée,
Et te rendray tant diffamée

En tes plus saincts projets,
Parmy tous mes sujets;
Qu'à la fin tu seras contrainte
De quitter ton Roy pour subir ma loy.
Retire-toy esprit immonde,
Car je ne crains plus rien au monde
Que le juste courroux
De mon divin Espoux :
Non, je ne quitteray la trace
De ce cher JESUS,
Pour l'or de Cresus.
Grand protecteur de l'innocence[103],
Quand romprez-vous vostre silence[104]
Pour maintenir vos droits
Courus en tous endroits?
Delivrant vos pauvres Amantes
Des hazards cruels
De tant de duels?

## 20

### Sur une calomnie*[105].

Sur l'air, *Beaux yeux qui foudroyez.*

Te voyci donc encor, ô puante heresie[106],
Tu es donc de retour, vieille crasse moisie,
Tu viens de r'animer ton poison aux enfers?
Vien detestable, vien, vuides toute la trousse,
Lance tes vilains traits, esclatte, brusle, pousse,
Je depite tes coups, et tes heurts, et tes fers. [29]
Celuy pour qui je vis, et auquel je respire,
Tient tout assujetty aux loix de son Empire,
Et tout sert de subjet à son divin bonheur :
Toy donc, et tes effets, servirez à sa gloire,
Et au char triomphant de sa belle victoire;

Tous les noirs estandarts chanteront son honneur.
   Pour moy, quand je luy fis mon humble sacrifice,
Je le fis sans reserve, ame, cœur, et service,
Esprit, corps, biens, honneurs et reputation :
Si bien, que n'ayant plus rien de moy, à moy-mesme,
Je ne resens plus rien, et ta malice extreme
Donne au supreme object de la perfection.
   Ouy, c'est à vous mon Tout, que ceste hydre s'adresse[107]
De vous rendre fauteur d'une traistre finesse,
Ou trop peu clair-voyant en telle iniquité :
Qu'est cela, Monseigneur, est-ce une calomnie,
Ou le fruict abortif d'une horrible manie,
Qui bloque tous les sens à vostre verité ?
   Haussez ce bras puissant, eslancez vostre foudre[108],
Mettez ceste perfide en execrable poudre,
Levez vostre Soleil, r'alumez son flambeau
Ou bien si vostre honneur se plaist en ses tenebres,
Qu'elles couvrent mes jours jusqu'aux heures funebres,
Voire accablent mon nom au centre du tombeau.
   Mais si ses foibles esprits qu'un si chetif vent guide,
Qui font si peu de cas d'un si rude homicide,
Ils ne sçavent qu'ils font[109], ô mon unique Espoux[110] :
Doüez-leur vostre esprit de lumiere et de crainte,
A fin que desormais ils vous servent sans fainte,
Et qu'ils jugent par eux, de cœur qu'ils sont à vous.

[30]

## 21

Autre du mesme subjet*.
Sur l'air, *Je voudrois bien guerir du mal que je sens.*

Venez JESUS, amour de mon cœur, mon Espoux,
   Helas ! venez,
Venez à mon secours, ô mon Tout, hastez-vous,

Ah ! retournez.
Venez ma divine splendeur[111]
Me r'animer de vostre ardeur.
Je n'ay aucun espoir qu'en vos cheres Bontez,
O Monseigneur,
Contre tant d'ennemis qui se sont abutez
A mon malheur ;
Car vostre glorieuse main
Tient la resne de leur dessein.
Ces noirs Corbeaux se sont eslevez contre moy
De tous leurs sens[112],
Pensans estre l'esclat du flambeau de ma Foy
En croassans :
Mais non, jamais vostre secours
Ne disparoistra de mes jours.
Leur venin rencontrant des sujets disposez
A son effect,
Ayant ces vains terroirs largement arrousez,
Son air infect
Poursuit d'un funeste trespas
Les amateurs de ses appas.
Œil qui voyez le fond de nos cœurs, et sçavez
Leurs mouvements[113],
Qui tardif à punir[114], jusqu'au bout reservez
Vos jugements ;
Helas ! pardonnez-leur ce tort[115] [31]
Par vostre precieuse mort.
Ils n'ont pas creu, Seigneur, offenser Vostre Nom
En mesdisant,
Leur desir seulement, attaquoit mon renom,
Les seduisant :
Mais, ô mon Dieu, mon cœur est prest
Leur remettre mon interest.
Mon honneur est en vous, et le juste mespris

Est pour ma part ;
Vous seul estes mon but, et mon loz et mon pris[116],
Mon fort rempart ;
Rien sans vous, car tout autrement
Me seroit un cruel tourment.

## 22
## Au bon JESUS.
Sur l'air, *Je sçay Philis qu'en ces bas lieux.*

Je sçay, mon Dieu, qu'en ces bas lieux[117]
Rien n'est obscur à vos beaux yeux,
Et que les pensers plus secrets
Font jour à vos justes decrets.
Ce sont de grands allegemens
Aux cœurs de vos pauvres amans,
Que ceste divine clarté
Observe leur fidelité.
Que tous les infernaux complots[118]
Redoublent à leur mer les flots
A la faveur de ce support
Leurs vaisseaux surgeront au port.
Que toute l'humaine fureur
Les pousse en une abjecte horreur ;
Tousjours ses palmiers precieux[119] [32]
Dresseront leurs branches aux Cieux.
Quand mesme tous les elemens,
Marcheroient contre eux s'animans :
Ces cubes, plus fort que la mort,
Se mocqueront de leur effort.
Malgré tant de cruels desseins,
Tousjours ces celestes esseins[120]
Rendront (pour le venimeux fiel)

La chaste cire, et le pur miel.
Ainsi germent aux froids hyvers
Les fleurs qui parent l'Univers ;
Ainsi des espines les Lys[121],
Pour l'unique Roy sont cueillis.
Pierres polies pour Syon[122],
Chere trouppe[a] d'eslection,
Associez-moi avec vous
Au service de nostre Espoux.

## 23

### Complainte d'une ame sur l'absence du doux JESUS.
Sur l'air, *O Nymphes qui vivez.*

O Sauveur de mon ame, helas ! où estes vous,
Tandis que tant de flots vont transcendans[b] ma teste[123] ?
Esveillez-vous Seigneur, calmez ceste tempeste,
Et me faites revoir vostre œil serain et doux.
Je confesse, mon Dieu, que j'ay bien merité
Ce grand delaissement, voire tout[c] le supplice
Dont regorge l'Enfer : mais las ! vostre justice[124]
Doit-elle aller de pair avec vostre bonté ?
Helas ! que j'ay perdu[d] en tant d'aversions,
De vous, Bien souverain, et vos douces[e] lumieres, [33]
Me voulant recreer[f] aux cisternes ameres,
Qui remplissent mon cœur de putrefactions[g].
Ceste chair me trahit, et par divers assauts

---

a Corr. de trrouppe.
b 1619 : menaçant
c 1619 : Que vous m'abandonniez, meritant
d 1619 : Quelle perte j'ay faicte
e 1619 : en fuyant vos
f 1619 : Pour recreer mon ame
g 1619 : Qui ont remply mon cœur de mille infections

Me dit, quitte ton Dieu, Ah[a] ! funeste parole,
Meurs, meurs, plustost, mon cœur, que croire à ceste fole :
Tu as receu les biens, supporte aussi les maux.
Encor mes feints amis, par leurs piquans propos,
Aydans à mon malheur, vont accroissans ma playe :
Sous ombre de pitié un chascun d'eux essaye
De me priver du tout, de paix, et de repos.
Quoy doncques ? l'Eternel n'est-il pas assez fort
Pour me persecuter, et destruire ma vie,
Sans que je sente encor vostre bruslante envie
Faire (en me devorant) son pestilent effort ?
Mes tristes os, Seigneur, vont desirans la mort[125],
Mon ame n'a desir[b] sinon d'estre penduë,
(Ne vous rencontrant plus) par toute l'estenduë
Du Levant au Couchant, du Midy jusqu'au Nort[126].
Helas ! sur ce fumier de mes tristes deffauts,
D'où je vois admirant deux profondes abysmes ;
Vostre tout, et mon rien[127], je fais mille victimes,
Eslançant mes souspirs sans cesse aux lieux tres-hauts[c].
Je crieray tout[d] le jour sans que vous m'exauciez[128] ?
Je n'auray donc de vous une seule parole ?
Hé ! bien, mon doux Amour, c'est où[e] je me console,
Que m'acablant du tout[f] vous ne me pardonniez.
Mais quand[g] les Elements pesle-mesleroient tous,
Quand vostre bras vengeur m'eslanceroit son foudre,
Voire, quand tous mes os seroient reduits en poudre,
Tousjours, Dieu de mon cœur, j'espereray en vous.

a 1619 : ô
b 1619 : souhait
c 1619 : vers les lieux les plus hauts
d 1619 : donc
e 1619 : Encor veux-je esperer, encor
f 1619 : Ore que, m'accablant,
g 1619 : Quand tous

[34]

## 24

A la glorieuse Royne des Cieux[129].
Sur l'air, *Ne vous offencez point belle Ame*

Ne vous offencez point, bel Astre de mon Ame,
De ce qu'en vous loüant, j'ose plus qu'il ne faut,
C'est bien trop haut voler, mais vostre saincte flâme
Qui rayonne en mon cœur, efface son deffaut[a].
S'arreste qui voudra aux objets de la terre,
Quant-à-moy, mon dessein me porte dans les Cieux ;
Et si, comme aux Geans[130], mon orgueil me fait guerre,
J'estimeray encor[b] mon trespas glorieux.
Quand ceste Majesté, à qui je me dedie,
Estonne mon desir, admirant sa grandeur,
La[c] douce humilité soudain me rend la vie,
Comme le fondement de son supreme honneur.
O Royne des hauts Cieux[131], exaucez la priere
D'une Ame dont l'espoir est vostre charité ;
Recevez-la[d] au poinct de son heure derniere,
La logeant, comme vostre, en vostre alme Cité.

## 25

A la mesme tres-sacrée Vierge[e], pour demander les estrennes.
Sur l'air, *J'aymeray tousjours ma Philis.*

Vierge, qui tenez apres Dieu,
Là haut le supreme lieu
Sur les Anges

---

a 1619 : l'esleve ainsi si haut
b 1619 : pourtant
c 1619 : Sa
d 1619 : La recevant
e 1619 : A la mesme

Et Archanges :
Qui de vostre alme beauté
Parez toute l'eternité.
O Grand miracle de là sus, [35]
Vray exemple des vertus,
Ma maistresse, mon addresse[a],
Mon amour, et ma douceur,
En qui j'ay mon espoir tres-seur.
Humble, j'adore à deux genoux,
Vostre unique[b] enfant, et Vous,
Et mon Ame vous reclame[c],
Pour impetrer à ce jour
En estrene, le vray Amour.
Par ce Sang, rançon des humains[132],
Et des thresors souverains,
Arre insigne,
Et tres-digne,
Et par ce Nom precieux,
L'espoir de la Terre et des Cieux.
Rengez mon esprit sous vos loix,
L'honnorant de vostre Croix ;
Qu'il vous suive, et ensuive[d],
Et ne soit glorifié
Qu'en Jesus Christ crucifié.
Prenez toute ceste maison,
Tousjours en toute saison,
Sous les aisles
Maternelles,
De vos particuliers soins[e],
Subvenant à tous nos besoins[f].

---

a 1619 : Ma Maistresse, / Mon addresse,
b 1619 : uniq'
c 1619 : Et mon ame / Vous reclame,
d 1619 : Qu'il vous suive, / Et ensuive,
e 1619 : De vos divines bontez,
f 1619 : Secourez nos necessitez.

[36]

## 26
## De l'immaculée Conception de la Vierge le huictiesme Decembre[a]. Sur l'air, *Aussi-tost qu'une belle Ame.*

Pendant la nuict effroyable
De nostre bannissement,
Un double Astre*[133] incomparable     * S. Joach. et S. Anne
Paroit en ce Firmament,
Escartant l'obscur nuage
Dessus nos jours arresté,
Et donnant l'heureux presage
De nostre felicité.

Ces clairs flambeaux de Justice,
Miroirs de perfection,
Changeant l'Arrest du supplice[134]
En la benediction[135] :
Voilà desja nostre Grace
En leurs precieuses mains,
Et en leur divine race
Le vray salut des humains.

O societé tres-pure,
O rare[b] exemple de Foy,
Vous captivez la nature,
Et marchez dessus sa loy :
Vos cœurs bravans l'apparence
Par un magnanime effort,
Dedans vostre patience
Ont bien-heuré nostre[c] sort.

Jadis au desert la Manne[136]

---

a 1619 : La date manque.

b 1619 : race,

c 1619 : vostre

Nourrissoit tout Israël :
Mais du desert de saincte Anne
Nous tenons le pain du Ciel[137] : [37]
Ce pain vif nourrit l'Ame :
Et purifie les cœurs ;
Le vray et parfaict dictame[a]
De nos mortelles langueurs.
O glorieuses entrailles
Chargées d'un faix si doux,
Vous abattez les murailles
Qui separoient Dieu de nous :
Et d'une grace supreme
Nostre bien restablissant,
Vous rendez le tres-Haut mesme
A vos vœux obeïssant.
Voicy la vierge[b] eslevée
Sur les cedres du Liban[138],
Divinement preservée
De la soüilleure d'Adam.
Malheur à l'Ame maligne,
De qui la presomption
Veut troubler la gloire insigne
De ceste Conception.
Que tout esprit la revere
Et en la Terre et aux Cieux,
Comme la belle lumiere[139]
Qui a destayé[c] nos yeux :
Que la Mere, avec sa Fille,
Et son sainct Espoux aussi,
De nostre pauvre famille
Prennent singulier souci.

---

a 1619 : C'est le plus parfait dictame

b Corr. de verge.

c 1619 : dessillé

[38]

## 27

De l'Annonciation, le 25 Mars[a][140].
Sur l'air, *Cependant que l'Aurore.*

Quand nostre chere Aurore
Preparoit l'advenement,
Du Soleil qui decore
Le supreme Firmament;
Un Illustre Ambassadeur[141]
Est venu en Betlehem[b],
De la celeste Jerusalem[c].
    Sa lettre de creance[142]
Flamboyoit de charité,
Qui recherche alliance
Avecques humilité;
La pureté, et la Foy,
Et la resignation,
En ont signé la convention.
    O contract admirable[143],
Où Dieu mesme est obligé,
Pour l'homme miserable
S'estant de ses debts[d] chargé :
Il a voulu s'abaisser
Jusqu'à nostre infirmité,
Pour nous donner sa divinité.
    C'est vous, belle des belles[144],
Qui nous donnez ce bon heur,
Vos graces supernelles[e]
Vainquent l'Eternel vainqueur,

---

a 1619 : *la date n'est pas signalée.*
b 1619 : Nazaret
c 1619 : Intimer un Celeste decret
d 1619 : maux
e 1619 : immortelles

Qui ne voyant icy bas
Rien qui ne soit digne de vous;
S'en vient luy-mesme estre vostre espoux.
O parfaicte[a] Marie,
Recevez donc son salut[145], [39]
Car vous ayant choisie
De tout temps, il resolut
D'exalter vostre sainct Nom
Sur tous esprits glorieux,
Vous donnant la couronne des Cieux[146].
Ne soyez point en crainte[147]
D'offencer vostre sainct vœu,
Non, vous serez enceinte
Par ce purifiant feu;
Et ce qui naistra de vous,
Sans macule ny deffaut,
Sera appellé Fils du Tres-haut.
Vostre saincte parente[148]
Croyant la celeste voix,
Par la dextre puissante
Franchit les communes loix :
Car cest Estre souverain
N'a nulle difficulté,
Son faire gist en sa volonté.
Achevant ces paroles,
Le Legat de l'Eternel,
Retraverse les poles
Avecques son doux cartel :
Et à cet heureux *fiat*
Dieu accomplit en ce jour
L'Arrest de son eternel amour.
Que toute creature
Magnifie le Seigneur,

---

a 1619 : Triomphante

Qui l'humaine nature
Esleve en si grand honneur,
Et qui nous appelle tous
Là haut en son Firmament,
Pour le jouyr[a] eternellement.

[40]

## 28

De la Visitation, le 1. de Juillet[b][149].
Sur l'air, *Belle Brunette ma mignonnette*[c].

Vierge, des siecles la merveille,
Qui estes en tout sans pareille,
En gloire et celeste faveur
Rendez-moy digne,
Vierge benigne,
De chanter vostre sainct honneur.
Tout le Ciel des Cieux vous admire,
Et en vostre beauté se mire,
S'honorant en vostre grandeur.
Rendez-moy, etc[d].
Elizabeth vostre cousine[e][150],
Sentit vostre vertu divine
En ce salut plein de douceur.
Rendez-moy, etc.
Vostre humilité tres-profonde
Vous donne le sceptre du monde,
Et vous comble de tout bon-heur.
Rendez-moy, etc.
Que vostre Ame donc magnifie

a 1619 : Afin d'y vivre
b 1619 : *la date n'est pas signalée.*
c 1619 : *Belle Brunette, ma mignone*
d 1619 : Rendez, etc.
e 1619 : *L'ordre des strophes 3 et 4 est inversé.*

Ce Tres-haut qui vous glorifie,
Vostre esprit tressaille d'ardeur.
Rendez-moy, etc.
  Royne incomparable en merite[151],
Honorez de vostre visite
Et de vostre garde, mon cœur.
Rendez-moy, etc.
  Las ! ma chere et unique[a] Dame,
Dressez et[b] mon corps et mon Ame
Au service de mon Seigneur. [41]
Me rendant digne[c],
Vierge benigne,
De chanter son divin honneur.
  Gardez-moy, ô Vierge supréme,
Et de Sathan, et de moy-mesme,
Et de ce monde empoisonneur,
Pour estre digne, etc.

## 29

De l'Assumption, le 15 Aoust[d][152].
Sur l'air, *Dieu vous gard Bergerette.*

A ce jour du grand sacre
De la Reyne des Cieux,
Que l'Église consacre
A son los precieux ;
Que la Cour souveraine
Chante, vive la Reyne.
  Tous les Chœurs Angeliques

---

a 1619 : benigne
b 1619 : Sus, dressez
c 1619 : Me rendant digne, etc. *Les deux vers qui suivent manquent.*
d 1619 : De l'Assumption de la glorieuse Vierge. *La date n'est pas signalée.*

Luy viennent au devant,
De leurs divins Cantiques
Son honneur eslevant;
Chantant, vive la Reyne
Du celeste domaine.
   Les Peres et Prophetes,
Les soldats de l'Agneau[153],
A ces graces parfaites
Chantent cest air nouveau :
Vive, vive la Reyne,
Qui tout bon-heur ameine.
   D'innombrables couronnes,
Son chef victorieux,
Les divines personnes [42]
Rendent tout glorieux :
Et sa dextre invincible
Tient le sceptre impassible.
   Pauvre ame desastrée,
Sors-toy de tes liens[154],
Et cours en[a] ceste entrée
Où abondent tous biens :
Chantant, vive la Reyne
De grace toute pleine.
   La prison est ouverte
A ce jour solennel,
La liberté offerte
Au pauvre criminel;
Et l'or de la grand banque[155]
Au debiteur ne manque.
   O supréme Princesse,
Helas ! payez pour nous;
Vostre grande richesse

a 1619 : à

Suffira bien pour tous ;
Par vos graces sublimes
Effacez tous nos crimes.
Ainsi l'ame affranchie
Par vostre cher secours,
Sous vostre Monarchie
Bien-heurera ses jours ;
Chantant, vive la Reyne
Du souverain domaine.

[43]

## 30

Sur la Nativité de la Vierge, le 8 Septembre[a][156].
Sur l'air, *Je veux icy chanter les beautez d'une Dame*[b].

Ma Muse, leve-toy, redoublant ton courage,
Et d'un celeste cours,
Va t'en hastivement sur le sacré[c] Estage
Demander du secours.
Pour chanter ce sainct jour, le lever d'une estoile[157],
Dont l'esclat nompareil
Sortant divinement de son excellent poile,
Seconde le Soleil.
Elle vient illustrer ceste machine ronde[158]
De sa belle splendeur,
Et parfume desja le Ciel, la terre, et l'onde
De sa souëfve odeur.
Si tost que fut ouvert, par la toute-Puissance
Ce paquet au grand seau :
Tout l'escadron du Ciel vint faire reverence

a 1619 : De la Nativité de la Vierge. *La date n'est pas signalée.*
b 1619 : *Je veux chanter icy*
c 1619 : celeste

A ce sacré berceau.
Joignons doncques nos voix à ces voix Angeliques,
Et en ce digne lieu
Chantons d'un cœur bruslant mille nouveaux Cantiques,
A la Mere de Dieu.
Saincts Peres, aydez-nous, car c'est vostre famille
Qui vient rompre vos fers :
Le bras fort et puissant de vostre illustre Fille,
Foudroye les enfers.
Elle tient sous ses pieds la teste acravantée
De l'ennemy cruel[159] ;
La porte nous ouvrant qui estoit cachetée
Par l'acte criminel[160].
Ha ! que de saincts attraits reluisent en sa face ! [44]
Que d'amours en son teint !
Son ame est le thresor de la divine grace,
Dont Dieu mesme est atteint.
D'hermine est son habit[161], de mille pierreries
Brodé et[a] moucheté ;
Ses mains cueillent les fleurs des celestes prairies[162]
De l'immortalité.
Voicy l'excellent fruict, ô ma chere Patrone*[163], * S. Anne
De vos justes labeurs :
Ce Dieu tres-liberal hautement vous guerdonne
De ces divins honneurs.
Las ! n'espargnez donc pas vos puissantes prieres
A[b] ce Roy souverain,
A fin de soulager les extremes miseres
Du pauvre genre humain,
Si la cheutte d'Adam aujourd'huy vous apporte
Telle felicité,
Secourez ses enfans, mendians à la porte

a 1619 : Richement
b 1619 : Vers

De vostre authorité.
Revestez-nous de foy, d'amour et d'esperance[164],
De resignation,
De vraye humilité et de perseverance
En pure intention.
Ce jour vous alliant au grand Throsne des Throsnes[165],
Nous donne pour jamais
De vos tres-cheres mains ces Royales aumosnes,
En eternelle paix.

[45]

## 31

## De la Presentation de la tres-sacrée Vierge au Temple[166].

*Sur l'air de Thesée.*

Mon cœur, qu'est-ce qui t'amuse
Que tu ne viens à ce jour
Offrir ta tres-humble Muse
A ce bel astre d'amour ?
A ceste divine Astrée[167],
L'esperance des mortels,
Qui vient faire son entrée
Aux pieds des sacrez autels ?
Ceste brillante lumiere,
Bruslante du divin feu,
Avec son pere et sa mere
Vient accomplir leur sainct vœu.
O offrande tres-magnifique[a] !
O present delicieux !
Cher[b] Olivier pacifique[168]
Qui nous remets dans les Cieux !
C'est, mon Dieu, la saincte plante[169],

---

a 1619 : O l'offrande magnifique
b 1619 : O l'

Qui produit la belle fleur,
Dont l'odeur tres-excellente
Penetre tout vostre cœur.
C'est le lys de la valée[170],
C'est le temple de la foy,
La porte tousjours scelée[171],
Qui ne s'ouvre qu'au grand Roy.
  C'est la meurtriere des vices[172],
Le grand foudre[a] des enfers ;
C'est l'autel des sacrifices
Où nos esprits sont offerts.
  C'est le flambeau des oracles
De toute l'antiquité,
Le racourcy des miracles
De la saincte Trinité.
  O prodige de merveille,
Delices du chaste Espoux :
Creature sans pareille,
Offrez-nous[b] avecques vous.
  O thresor inépuisable,
Qui comprent tout bien en soy :
A mon heure espouventable,
Venez respondre pour moy.

[46]

## 32

A la glorieuse saincte Anne[173].
Sur l'air, *Secours mes Dames*.

Je vous saluë,
O Dame esleuë,
Sur les filles d'Israël ;

---

a 1619 : La ruine
b 1619 : moy

Pour estre faicte
Saincte et parfaicte,
Grand mere de l'Eternel :
Vous estes des Prophetes
L'ornement,
Et le thresor de l'ancien Testament.
Tout mariage
Doit rendre hommage
Au vostre le[a] nompareil ;
Duquel l'Aurore,
Qui tout decore,
Nous a donné le Soleil :
Soleil qui illumine
Tous esprits,
Et par qui tout reçoit valeur et pris.
Les Chœurs des Anges
De vos loüanges,
Vont publiant la grandeur :
Tout ce qu'enserre,
Toute la terre,
S'esjoüit en vostre honneur :
Vous apportez franchise
Aux captifs[174],
Leur annonçant vostre grand[b] petit-Fils.
Tres-saincte Mere,
Vostre lumiere,
Vienne rompre ces broüillards,
Que Sathan jette,
Dont il infecte
Le monde de toutes parts ;
Impetrez-moy la grace
Desormais,

a 1619 : le *manque.*
b 1619 : cher

Que dans ces lacs je ne tombe jamais.
    Vos vertus sainctes,
En moy empraintes,
Me soyent un tres-clair miroir
Pour vous ensuyvre,
Et si bien vivre,
Qu'un jour je vous puisse voir,
Où vous regnez en gloire
Constamment,
Et vous louër perpetuellement.
    Ha ! chere Dame,
Prenez mon ame
En vostre protection,
Qui vous dedie
Toute sa vie[a] [48]
Son humble devotion :
Dés ma tendre jeunesse
J'ay tousjours
Perseveré en vos sainctes amours.

## 33
## A l'Ange Gardien[b][175].
### Sur l'air, *Pourquoy le Ciel à mon malheur*.

Tres-cher Ange de Monseigneur,
Bel astre de ma vie,
Reçois le service et l'honneur
Que mon cœur te dedie ;
Et me sorts de ce ret pipeur,
Que l'Amour propre lie.

---

a 1619 : Toute sa vie *fait partie du vers précédent.*
b 1619 : A l'honneur de mon Ange gardien

Faites[a]-moy voir la subtilité
Et trame dangereuse
De cest ennemy redouté,
A fin que curieuse,
D'éviter son impureté,
Je vive, et meure heureuse.
Descouvrez[b]-moy tous les appas
De ce monde damnable,
Guidant si sainctement mes pas
A la patrie aymable,
Que la mort ne me trouve pas
D'aucun crime coulpable.
Garde soigneusement mes sens
Qu'en ta saincte presence
Je ne commette en aucun temps
Aucune irreverence :
Et les rends au seul bien constans,
Exempts de negligence. [49]
De toutes imperfections
Impetre-moy victoire,
Et que de toutes actions
Je rende à Dieu la gloire,
Avecques mes affections,
Vœux, esprit, et memoire.
Fais que tousjours là haut aux Cieux
Mon ame soit dressée,
Ayant en ces suprémes lieux
Son unique pensée :
Et n'en sorte jamais les[c] yeux

a 1619 : Fais
b 1619 : Descouvre
c 1619 : ses

D'un autre object poussée.
Ah[a] ! mon cher et divin support,
O[b] Esprit magnifique,
Fais-moy sentir jusqu'à la mort
La flame Seraphique,
Qui guide les ames au port
Du repos pacifique.

## 34
### A sainct Michel*[176].
Sur l'air, *Puis que seul je me vois*
[a été ajouté *L'esprit à son ame, contre l'amour propre.*]

Puis que seul je me voy
Mon ame, aupres de toy,
Escoute ma priere, oblige moy :
Que nous arrachions à ce jour
La racine du propre Amour.
Ne soyons endormis,
Car tous nos ennemis
Ont en ce scelerat leur espoir mis ;
Qui va frappant de toutes parts [50]
Nos murailles et nos remparts.
Recherchons du secours
Aux eterez sejours,
Helas ! où aurions-nous ailleurs recours,
Et de plus asseurez garents,
Qu'à nos Seigneurs, et chers parents ?
O divin Colonnel[177]
Du grand Dieu eternel,

a 1619 : O
b 1619 : D'

Qui domptastes l'orgueil de Lucibel ;
Accablez cet audacieux
Qui veut ravir le feu des Cieux.
Cher favory de Dieu[178],
Ostez-le de ce lieu,
Renversez-le du bout de vostre espieu ;
La releguant aux creux enfers,
Aux feux, aux gesnes, et aux fers.
Arrachez-le si bien
Qu'il ne reste plus rien,
Qui de moy, ny pour moy, puisse estre mien,
Et que nous disions avec vous,
Hé ! qui est comme nostre Espoux ?

## 35

## A sainct Grabriel*[179].

*Sur l'air de la Princesse, pour obtenir l'Amour pur.*

O Messager d'Amour[180],
Par ce fortuné jour
Lequel nous a amené icy dedans nostre bas sejour,
O trois et quatre fois heureux,
Messager d'un tel Amoureux,
Impetrez-moy
Le pur amour de ce grand Roy.
Ah ! force du tres Fort,
Par vostre unique sort.
Aidez à mon pauvre cœur à faire ce genereux effort
De transferer l'amour humain
Dans le supréme souverain ;
Et s'abismer
Au fonds de ceste immense mer.
Mes sens y soyent plongez,

Et du tout submergez ;
Mon ame et ses facultez y vivent heureusement logez ;
Et que tous mes ressentiments
Y perdent tous leurs mouvements,
Et mon destin
Termine là sa chere fin.
Engagez tout mon bien,
Qu'il ne m'en reste rien
Pour acquerir ce thresor qui soit eternellement tout mien :
Et que le contract soit si fort
Qu'il ne se rompe par la mort ;
Mais qu'à jamais
J'en joüysse en l'heureuse paix.
Pour r'acheter Adam
De la peine du dam[181],
Et le porter triomphant au sein de nostre grand Abraham ;
Vous Archanges tres-glorieux,
Avez peu hostager les Cieux,
Nous amenant
Leur plus precieux ornement.
Donnez donc à nos cœurs
Qu'ils soient en fin vainqueurs,
Par le celeste secours de tous vos escadrons belliqueurs :
[52]
Et que nous goustions à tousjours
Le fruict de ces chastes amours ;
Ayant trouvé
Le sainct et precieux *Ave*.

## 36
## A tous les Anges*[182].
### Sur l'air, *En quoy beaux yeux ay-je meffaict ?*

Tres-purs esprits, divins Amants[183],
Tousjours divinement aymants,
Et chantans sans aucun arrest,
Le Sainct, Sainct, Sainct, le Seigneur est.
Helas ! changez les sens et sons
De tant de profanes chansons,
Et de tant d'inutiles vers,
Qui vont amusans l'univers.
*Aux Seraphins* — Aumosnez-nous de vos clartez[184]
Pour voir toutes ces vanitez,
*Aux Cherubins* — Et de vos plus embrasez feux,
Qui dressent au Ciel tous nos vœux.
*Aux Throsnes* — Nos Cœurs, remplis de fermeté,
Soyent Throsnes de la Deïté[185],
Dont les pures intentions
*Aux Divinations* — Dominent nos affections.
Tous nos vices soyent abatus
*Aux Vertus* — Par le beau concert des Vertus[186] :
L'amour de nostre cher Espoux,
*Aux Principautez* — Soit Prince souverain chez nous.
Les mouvements soit si puissans,
*Aux Puissances* — Que (tous obstacles terrassans)
*Aux Archanges* — Nous lancent en un vol divin
A l'union de nostre fin. [53]
*Aux Anges* — Là, tous zelez de sa grandeur,
Exalterons sa douce odeur[187] :
Et d'un aymant[188] si gracieux,
Attirerons la terre aux Cieux.

## 37

Au glorieux sainct Joseph[189].
Sur l'air, *Je meurs de revoir ce bel œil.*

O Tres-glorieux sainct Joseph,
Nourricier du Sauveur du monde[190],
Conduisez ma flotante nef[191]
Dessus ceste perilleuse onde.
O vous, Espoux tres-precieux[192],
De ceste Princesse des Anges,
Dont la terre, l'air, et les Cieux
Respirent sans fin les loüanges.
Estant au monde sans pareil,
Chaste, prudent, et pacifique :
Vous fustes (au divin Conseil)
Esleu pour ceste charge unique.
Digne et heureuse Eslection,
Saincte, et tres-pure Compagnie,
O pair sans imitation
Soyez le phare de ma vie[193].
Octroyez vostre sainct secours
A ceste pauvre mendiante,
Et daignez-la doüer tousjours.
Pour vostre tres-humble servante.
Mon tres-aymé Pere, et Seigneur,
Prenez le soin de tout mon estre :
Et me permettez cest honneur
De vous invoquer pour mon maistre.
Impetrez-moy à ce bon jour, [54]
Pour une estraine irrevocable ;
La Foy, l'Esperance, et l'Amour[194],
Avec la grace perdurable.
Que tous mes sens soyent vestus
Par vostre divine assistance,

De toutes ces rares vertus,
Dont vous eustes telle abondance.
   Et que mon cœur recognoissant
Tenir de vous ces benefices,
Aille sans fin vous benissant
Par infinis devots services.

## 38

A S. Job, pour obtenir la patience[*195].
Sur l'air, *Adieu Cloris, il est temps que je meure.*

Je voudrois bien, ô homme incomparable,
Aupres de vous faire un frequent sejour,
Pour contempler ce miroir admirable.
Si haut-brillant en la celeste Cour :
Hé ! leguez-moy, miracle de constance[196],
Le sainct thresor de vostre patience.
   Helas ! grand Sainct, ma miserable vie,
Tousjours flotante entre plusieurs escueils,
De tant de morts diverses poursuyvie,
Se peut sauver par vos benins acueils :
Et de ce cœur immobilement calme,
S'approprier la triomphante palme[197].
   Vous, dont jadis l'invincible innocence[198]
Bouleversa le chef de l'impieté,
Impetrez-moy l'amoureuse souffrance
Pleine de paix et de suavité :
Et destournez ces obstinez orages, [55]
Qui vont suyvans le cours de tous mes âges.
   Vous, ame unique, en son siecle choisie[199],
Pour rare exemple au reste des mortels,
Fustes pourtant taxé d'hypocrisie,
Et de frauder le feu des saincts Autels :

O monde aveugle, ah ! jugement inique,
N'es-tu pas trop aux Justes tyrannique ?
Courage donc, Ames ainsi livrées
A ces brocards, calomnies, et ris ;
Consolez-vous de porter les livrées[200]
Du Fils de Dieu, et de ses favoris :
Belles couleurs, ô precieuses marques,
Trompans la vie, et les fatales Parques.
Parmy ces feux, ces foudres et tempestes,
Pertes de biens, d'enfans, d'amis, d'honneur,
Vous celebriez vos glorieuses festes,
En immolant vostre tout au Seigneur :
De ce fumier vostre gloire estofée,
Va rehaussant un nompareil trophée.
Ah ! que de là sort une cassolette[201],
Qui (penetrant les celestes lambris)
Va exalant une odeur si parfaicte,
Qu'elle se rend, ou de pair, ou de pris :
Ainsi à moy, nompareille en misere,
Soyez sans pair mon secourable Pere.

## 39

Au glorieux sainct Bernard.
Sur l'air, *Quand le flambeau du monde.*

Grand Soleil de Bourgoigne[202],
O divin sainct Bernard,
Dont le zele tesmoigne [56]
Que tu es le doux Nard,
Qui embaumes le corps de ton unique Amant[a],
Portant sa Passion continuellement[203].
Quand ta lumiere saincte

a 1619 : JESUS ton amant

Illustroit ces bas lieux,
Toute ame estoit atteinte
De tes faits glorieux ;
L'Heresie trembloit sous ton divin sçavoir,
Et ne rencontroit rien égal à ton pouvoir.
    Tes paroles (Oracles
Des Papes, et des Roys)[204]
Confirmoyent par miracles
Les effects de ta voix ;
Au seul bruit de ton Nom les plus puissants Demons
S'enfuyoient enchaisnez aux noires Regions.
    Le ciel, la terre, et l'onde,
Publioyent ta vertu ;
Mais toy, d'un cœur tout monde[a],
D'humilité vestu,
Mesprisant sainctement tout los, et[b] honneurs vains ;
N'as jamais aspiré[c] qu'aux thresors souverains.
    La Seraphique flame,
Où tu bruslois tousjours,
Attachoit ta belle ame
Aux celestes sejours ;
Et rendoit ton sainct[d] corps privé de sentiment[205],
Pour vivre dans la chair tout angeliquement.
    Bref, tu fus en toy-mesme,
Un abregé pourtraict
De l'Olympe supréme,
Et en tout tres-parfaict
Parfait, et en service, et en fidelité,
Et heureux au loyer que tu as merité.
    O gloire de ta race,

a 1619 : munde
b 1619 : çà bas les
c 1619 : Tu n'aspiras jamais
d 1619 : S.

O mon tres-cher Seigneur,
Impetre-moy la grace
De chanter ton honneur :
Et reçois l'humble vœu de mon affection,
Me prenant pour jamais en ta protection.

## 40

### A sainct François d'Assize, un de mes Peres[206] d'Ordre, pour impetrer l'attention en l'Oraison*.

Est-ce pas le grand Dieu des alarmes[207]
Que je voy ?
Si l'on doit le juger par ses armes,
Je le croy,
A l'esclat de ces cinq grands Soleils[208]
Qui n'ont qu'eux-mesmes de pareils.
  Le grand Mars est unique en puissance
Dans les Cieux,
Cettuy-cy, vray Phenix d'innocence
En ces lieux,
Au seul air de ses commandemens
Fait mouvoir tous les elemens.
  Nostre Mars foudroyoit tous les vices
Et les maux,
Cestuy-cy tourne là ses malices
Et assaux,
Espousant, d'un courage indompté,
L'inexorable pauvreté[209].
  Renonçant du terrestre heritage
Le pourpris[210],
Il reçeut son JESUS en partage[211],
Et pour pris : [58]
Et l'amour, par un supréme traict,

Ne fait des deux qu'un seul pourtraict.
    Sainct d'amour, en l'honneur de ces marques
Et raport,
Qui vous font triompher, et des Parques
Et du sort :
Donnez-moy, mais en perfection,
Une devote attention.

## 41
### A S. Bruno, un de mes Peres d'Ordre, pour demander le silence[*212]. Sur l'air, *O bois que, etc.*

Je voy un Paradis terrestre
Sur le grand Olimpe esbauché,
Qu'un Cherubin tient en sequestre,
Loin de tout ombre de peché.
    Ah ! que ce lieu est venerable,
Et que devot est son aspect !
Tout son pourpris est admirable,
Son air mesme exige un respect.
    Icy la trouppe revoltée
N'a de lieu où buter son choc :
Sa fraude y est desapointée,
Ce fort est basty sur le roc.
    Icy toutes les avenuës
Privent d'espoir la trahison,
Ses astuces sont prevenuës
En ceste divine maison.
    Hé ! par où, mondaine trâme,
Viendroit ton fard pernicieux ?
Puis qu'icy les portes de l'Ame [59]

N'ont leurs ouvertures qu'aux Cieux ?
  Malgré vostre rage importune,
Ce grand Bruno, mais clair Soleil,
Fonda sa fameuse fortune
Sur les ruïnes de vostre orgueil.
  O tres-illustre Patriarche,
Mon esprit va vous hommageant :
Pour m'avoir mise dans ceste arche,
Qui sur le monde va nageant.
  Par ceste faveur tant insigne,
Glorieux Pere impetrez-moy
Que je me puisse rendre digne
Des fruicts de vostre saincte loy.
  Et dressez mes discours aux poles,
Avec ma conversation :
Retranchant toutes mes paroles
Qui n'ont la pure intention.

## 42

A Sainct Dominique, pour impetrer le zele divin[*213].
Sur l'air, *Allons-nous-en ma belle.*

He ! que tu es confuse,
Mais courage ma Muse,
Chantons encor l'honneur
De ce grand Dominique,
Qui fut tousjours vainqueur
De tout l'ost Satanique[214].
  Parlez, ô chaste Espouse,
Et sainctement jalouse,
Entonnez ce beau los :
La harpe est en hostage [60]
Dans vostre sainct enclos,

En Royal equipage.
Il fut vostre colomne,
Vous estes sa couronne ;
Vostre Espoux, ses beaux lys,
La Mere debonnaire
Où ils furent cueillis ;
Sa rose, et son Rosaire[215].
Mais que devons-nous dire,
Que dois-tu sonner, Lyre,
De cest homme divin ?
Sera-ce ses miracles[216] ?
O sainct Chœur Seraphin,
Rendez-nous ces oracles.
Ses vertus incroyables[217]
Se rendent innombrables
Plus que les feux des Cieux :
Hé ! quoy ? de ces caresses,
Dont son Roy amoureux
Luy fit tant de largesses.
Ah ! que de sainctes flâmes
Il lance dans les ames
Par son invention !
Et quel desastre ameine
Sa congregation[a],
En l'Infernal domaine.
Ceste immortelle plante
Est tousjours abondante
En fueilles, fleurs, et fruicts :
L'honneur des Catherines*[218], ** S. Catherine de Siene*
Comm'un Soleil reluit
Entre ces fleurs divines.
La pomme couronnée*, ** Louys de Grenade*[219]

a Corr. de congreation.

Sur ceste tige est née, [61]
Quel fruict n'y est formé ?
Dans le bien-heureux Ordre
L'enfer tout affamé
N'y a jamais peu mordre.
Helas ! tres-puissant Pere,
Puis que vostre priere
N'est jamais sans effect ;
Faites-en une ardante
Pour Anne Picardet
Qui de tous maux l'exempte.

## 43

A S. François de Paule, pour impetrer l'humilité[*220].
Sur l'air, *Voy-je pas un Soleil.*

Voy-je pas un Soleil commencer en mon cœur sa carriere ?
Qui desja escartant son malheur, luy depart sa lumiere ?
Le voicy, je le voy, qu'il m'ameine un beau jour,
Gravant en mon esprit l'esperance et l'amour.
C'est donc vous, mon grand Sainct, l'ornement et bon heur de nostre âge,
Qui, brisant mes liens, me sortez du mondain esclavage :
Vous voicy, je vous voy, me donnant un beau jour,
Et remplissant mon cœur d'esperance et d'amour.
Vos divins Rejettons[221], concourans au secours de mon Ame,
Ont trouvé promptement à son mal le celeste dictame :
Les voicy, je les voy, me donnant un beau jour,
Animans en mon cœur l'esperance et l'amour.
Pour couper le chemin du retour aux anciens precipices,
Ils m'ont fait enrooler dans les loix de vos sainctes milices,
[62]

Taschans de toutes parts m'asseurer un beau jour,
Qui comble tous mes sens, d'esperance, et amour.
Mais las ! parmy ces biens, son seul poinct, mon esprit met en luitte,
Que du sacré Agneau mon espoir soit privé de la suitte ;
Ce brouïllard seulement obscurcy mon beau jour,
Et le contentement de mon supréme amour.
Mon Dieu, qui seul sçavez le subjet de ces ceps de ma vie,
Où pour vous obeyr librement elle s'est asservie :
Venez, mon cher Soleil, donnez-moy vostre jour,
Releguant ma prison dans la geole d'Amour.
Vous, mon divin Espoux, seul support de mon triste veuvage,
Qui tousjours avez eu tout mon cœur, et ses vœux en ostage ;
Approchez mon beau jour, m'esloignant à mes nuicts,
Et prenez pour jamais, fonds, arbres, fleurs, et fruicts.
Et que ce grand François (accroissant en amour et en gloire,
Comme par ses enfans il accroist tous les jours en victoire)
Submergé tout à faict dans la felicité ;
Nous verse le torrent de son humilité.

## 44

Au bien-heureux Pere Ignace de Loyola[222],
pour impetrer la vie mixte[*223].
Sur l'air, *O vous qui passez par la voye.*

Grand Geant, qui courant la voye
Au prix qu'il vous fut presenté,
L'avez glorieux emporté : [63]

Et comblé d'honneur et de joye,
Venu à midy des derniers ;
Recevez des meilleurs deniers.
  Las ! qu'à nostre nef agitée
Tout le long de vostre heureux cours
Vint à propos vostre secours :
Quand sa race desheritée
Leva sa criminelle main
Sur le lys de ce chaste sein.
  Ceste impudente acariastre,
Qui voulut eslever son front,
R'emporta un sanglant affront
Dessus son visage de plastre :
Et pour arres de son malheur
Les marques de vostre valeur.
  Vous fustes le sel de la terre[224]
Le clair flambeau de l'univers,
Sinistre Comette aux pervers,
Invincible foudre de guerre,
Le support des cœurs abbatus,
Et cher azile des vertus.
  Homme sans pair et sans exemple,
Mon esprit ne peut plus ramer,
Foible en une si vaste mer :
Car lors que fixe il la contemple,
Seulement en quittant le bord,
Il y perd sa route, et son Nord.
  Cher Pere, qui avez ravie
L'ame de mon affection,
Donnez-moy la perfection
De ceste pure et mixte vie
Dont vos enfans ont herité,
De vostre liberalité.

[64]

## 45

## Du Prophete Helie*[225].
Sur l'air, *Destin qui separez.*

Destin qui conduisez toute chose icy bas,
Qui excitez les cœurs, et ne les forcez pas :
Que vous estes benin en vos élections,
Et pleines d'equité vos dispositions.
Helie, grand mignon de la Divinité[226],
Relegué pour tant d'ans en ce lieu escarté,
Se sousmet humblement à ce tres-juste sort,
Et meurt incessamment, pour dilayer sa mort.
Ouy, vous mourez, grand Sainct, à toute affection,
Qui peut anticiper vostre possession :
Et voulez seulement ce que Dieu veut pour vous,
Attendant constamment le retour de l'Espoux.
Mais dites-moy, à quoy vous employez le jour,
Despuis que vous vivez en cet exil d'amour :
O inquietés esprits, mendians d'entretiens,
Approchez-vous de luy, et remarquez les siens.
Si nous l'eussions suivy, et que nous l'eussions veu,
En son ravissement au chariot de feu[227],
Nous aurions de ces dons, que riche il a laissez
A ses dignes enfans les Carmes deschaussez.
* *Saincte Therese*
Un grand Astre* en nos jours r'aluma son flambeau,
Qui par antiquité tiroit à son tombeau :
Et de mille brillans, et de parfums divers,
Fit de riches legats à tout cet univers.
* *Aux Carmelines*
Beaux Phares*, qui cachez dedans un roc d'aymant,
Du fond de nos esprits penetrez puissamment
Par vos divins credits, vers vos progeniteurs ; [65]
Impetrez-nous ce bien qu'ils soient nos protecteurs.

## 46

A sainct Bernard des Fueillans[228], pour demander la douceur*.
Sur l'air, *O grand Dieu que de charmes*.

O Grand Dieu que de flesches,
Vray Dieu que de bresches
Se font en mon cœur :
JESUS, quelle flame
Vient en mon ame,
De vostre œil vainqueur ?
  Ah ! de quelles delices,
De quels artifices
Se sert vostre amour ?
Pour me faire entendre,
Et pour m'apprendre
L'air de vostre Cour.
  Ces faveurs tant insignes
En lieux tant indignes,
Doivent leur esgard :
Au precieux gage
Du parentage
Du grand sainct Bernard.
  O Seigneur, quelle grace
D'avoir une place
Parmy ces vaillans ?
Estre en la famille,
Voire d'estre fille
Des sacrez Fueillans ?
  Las ! Angelique bande
Portez mon offrande [66]
En ce divin lieu :
Où vos cœurs s'alument,
Et se consument
En servant mon Dieu.

Que vostre pure gloire
M'impetre victoire
Sur ma rude humeur :
Et mon cœur herite
Du sainct merite
De vostre douceur.

## 47

Sur le livre de la vie de la S. Mere[a] Therese,
par le Reverend Pere Ribera[229],
aux incredules des Divines faveurs à ceste Saincte.
*Sur l'air de Leandre*[b].

Esprits bas et audacieux,
Ne vueillez plus estre rebelles ;
Laissez-vous dessiller les yeux
Pour voir ces graces supernelles :
Si vous estes humbles et doux,
Il s'en reserve autant pour vous.
Limiterez-vous les faveurs,
Du grand Dieu, à[c] sa creature,
Ou le pouvoir de ses grandeurs ?
C'est luy qui crea la nature,
C'est luy qui a faicte sa loy,
Et en dispose[d] comme Roy.
C'est ce mesme Dieu qui parloit
Au buisson ardant de[e] Moyse[230] ;
C'est luy aussi[f] qui descouvroit [67]

a 1619 : mere
b 1619 : *Air de Leandre*
c 1619 : vers
d 1619 : dispense
e 1619 : à
f 1619 : luy-mesme

A Abraham son entreprise[231] ;
Bref, c'est luy, qui pour nous guerir,
En la Croix a voulu mourir.
Qu'espargnera ceste Bonté,
Apres avoir donné tel gage
A ceux, qui pleins d'humilité,
D'amour, de foy, et de courage,
Et de sainct zele à son honneur,
Ont desja tout quitté le leur ?
Sa puissance est en tous les temps,
Et sa bonté, et sa sagesse[232],
Dont les effets sont fort constans,
De communiquer leur richesse :
Nous donnant à proportion
De nostre disposition.
Humiliez donc vostre foy,
La rendant sainctement captive :
N'estreignez-pas Dieu sans sa[a] loy,
Que sa justice ne vous prive,
Et de toute grace icy bas,
Et de gloire apres le trespas.

## 48

### Sur le Livre de la mesme Saincte, des demeures, ou chasteau de l'ame[b233].

Sur l'air, *Fy de la Ligue et de son nom.*

Esprits qui mesprisans la terre,
Pour tenir une plus saincte erre,
Allez converser dans les Cieux :

---

a 1619 : dans la

b 1619 : Sur le livre des demeures, ou chasteau de l'ame de la mesme Saincte

Le paquet à vous seuls s'adresse,
Par ceste celeste Maistresse,
De nos jours flambeau radieux. [68]
C'est un pourtraict tres-magnifique
De ceste vie pacifique,
Que Dieu prepare à ses amis ;
Courage donc, ô belles Ames,
Traversez les fers et les flames,
Pour meriter ce bien promis.
Non, non, ne craignez point la peine
Pour ceste Bonté souveraine,
Qui vous offre mille secours ;
Et qui d'innombrables trofées
Tient vos couronnes estofées[a]
Dans ses delicieux sejours.
Si vostre guerre est furieuse,
La victoire est plus glorieuse,
Et l'amour divin plus constant :
Pourriez-vous manquer de courage
Avec un si precieux gage,
De ce Dieu qui vous ayme tant.
Cet Amour jamais ne repose,
Qu'il n'ait surmonté toute chose,
Rangeant tout au vouloir divin :
Comme ceste excellente Dame
Par l'effect de sa saincte flame
Vous en trace icy le chemin.
Helas ! je vous requiers de grace,
Quand vous verrez Dieu face à face,
Dans son supréme cabinet ;
Faictes une ardente priere
D'une faveur particuliere,
Pour la pauvre Anne Picardet.

a 1619 : estouffées

[69]

## 49

### A la tres-excellente Compagnie de JESUS[234].
### Sur[a], *Esprits qui souspirez.*

Esprits qui souspirez[b] tant de divines plaintes[c],
Qui arrestez[d] les Cieux aux sons[e] de vos clameurs :
Vos douces passions, charitables et sainctes,
Facent[235] fondre ma glace au feu de vos ardeurs.
Vous aymez hautement, et vostre amour extreme,
A pour unique object l'honneur du Tout-puissant ;
L'aymant d'un amour pur, pour l'amour de luy-mesme :
Et pour mieux le chercher vous allez vous laissant[f].
D'un zele tout divin vous moissonnez les Ames,
Et de cent mille rets de vos inventions,
Les faites engager dans les divines flames :
Frustrant les bas manoirs de leurs pretentions.
Aussi tous les enfers ont dressé leurs machines[236],
Forces, et trahisons[g], pensant vous terrasser :
Mais d'un clin de vos yeux ces puissances mutines
Par un mortel debris on voit bouleverser.
Vous estes les canaux de la divine grace,
Et l'imprenable Fort où repose la Foy,
Le Jardin excellent, qui jamais ne se lasse
De porter fleurs et fruicts à son souverain Roy.
Par vos divins moyens, les saincts Cloistres se parent[237]
De vos chers nourrissons, polis par[h] vos beaux traits ;
Vous r'amenez au parc les brebis qui s'égarent[238] :

a 1619 : Sur l'air
b 1619 : eslancez
c Corr. de plantes.
d 1619 : apaisez
e 1619 : au son
f 1619 : vous vous allez laissant
g 1619 : Leurs forces et fureurs
h 1619 : de

En fin tout l'univers reluit en vos pourtraits.
De vostre sainct pourpris vient encor la Justice,
Fille de l'Eternel, digne Mere de paix ;
Et le glaive aceré qui retranche tout vice ;
Nous ostant de nos maux l'insupportable faix.
Qui pourroit vous loüer, Societé sacrée, [70]
Sans amoindrir l'honneur de vos perfections ?
Vous estes l'heureux Ciel où JESUS se recrée,
Vous comblant en tout temps de benedictions.
Loüange à vous, Seigneur, qui vostre Espouse chere
Assistez au besoin d'un secours si puissant :
Et qui nous preservez de l'erreur estrangere,
Qui va les obstinez dans l'abysme poussant.
Defendez, ô Tres-haut, ceste trouppe invincible[a],
Qui porte vostre Nom par tout cet univers,
Des traits de l'ignorant, et de l'incorrigible,
Et des empoisonnez du devoyé pervers.

## 50

### Pour les Dames Religieuses de Mercigny[*239].
### Sur l'air, *Amour dont les rigueurs.*

Amour, rendez mon œil un aiglon[240] legitime,
Pour pouvoir contempler sans peril et sans crime
Ce brillant firmament[241] :

a 1619 : *Cette strophe remplace les quatre strophes suivantes :* Grand Dieu, dresse leur dard, et acere leurs flesches, / Pour debeller en fin l'Heretique testu, / A ce que dans son cœur ils fassent tant de breches, / Qu'il recognoisse en fin sa faute, et leur vertu. // Preserve ces sacrez et doctes Secretaires, / Qui sont les Arcs-boutans de ta saincte Sion : / Defends-les, garde-les, ils nous sont necessaires, / Pour l'honneur de l'Eglise, et sa saincte union. // Puisse-je voir bien tost ces Cignes admirables, / Par les torrents perleux de leur parole d'or, / Sapper, et dissiper, tant d'erreurs execrables, / Qui traversent l'Eglise, et la mordent encor. // Fay, que levant leurs mains, comme autrefois Moyse, / Le Calviniste tombe, et soit en route mis : / Grand Dieu, fais-les flerer au giron de l'Eglise, / T'armant tousjours les bras contre leurs ennemis.

Où tant d'astres divins marquent les destinées
Des Ames fortunées ;
Et donnent à nos jours le supréme ornement.
Des Hugues et Benoists[242], les forces incognües,
Mirent son fondement sur les plus hautes nües,
D'un artifice tel :
Qu'il va bravant le temps et toutes ses mesures,
Voire toutes censures
Viennent se victimer au pied de son Autel.
De quelle Majesté ce beau lambris surpasse[243],
Les plus rares objets, de ceste terre basse,
Et marchant sur les ans,
Renverse glorieux les funestes nuages,
Triomphant des orages[244] [71]
Du Prince tenebreux, et de ses partisans !
Mais parmy ces beaux feux, sept luysantes planettes[245],
Rehaussans leur esclat aux regions plus nettes,
D'un aspect tout amy ;
Par leur celeste ardeur, nous eslevent sans trefve
En la voye plus breve ;
Où le divin loisir rend le sens endormy.
O Muse, arrestons-nous dans un humble silence,
Ne craignons point l'adveu de nostre insuffisance ;
Ah ! c'est assez volé,
Remettons cet ouvrage aux langues emperlées
Des neuf trouppes aislées[246],
Qui voyent à jour luisant ce beau cœur desvoilé.

## 51

Pour les Dames de la Benissons-Dieu*.
Sur l'air, *Aupres des beaux yeux de Philis.*

Sus, mon ame, benissons Dieu,
Parmy les Chœurs de ces beaux Anges :
Transformons-nous tout en loüanges

Dans l'enclos de ce sacré lieu.
Beau lieu ! où le plus bel Amour
Fait ces plus mignards exercices,
Et prend ses plus cheres delices :
Tout y favorisant son jour.
O parterre delicieux !
Que j'ayme tes belles alées,
Et ces beaux lys de tes valées[247],
Qui n'ont autre object que les Cieux.
Les monts, les valons, et les bois,
De ta demeure fortunée,
Vont chantans du haut Hymenée [72]
Les plus delicieuses loix.
Tout ton air respire l'honneur
De ceste supréme alliance ;
Et son amoureuse influence
Marque ton nompareil bon-heur.
Ah ! les agreables Sabbats
De ces Espouses immortelles
Dieu, qu'elles sont chastement belles
Sous les palmes de leurs combats !
Tant qu'elles voudront sommeiller
Je vous adjure par vous-mesme,
Filles de la Cité supréme :
Ne les vueillez pas esveiller.

52

Pour les Dames de S. Ursule*[248].
Sur l'air, *D'où venez-vous ma Sylvie.*

Ne vous estonnez, mes Dames,
Si j'ay de trop foibles rames
Pour une si haute mer :

Et si mon dessein s'estonne
A l'aspect de la couronne
Que mon cœur vous veut former.
  Recevez, ô trouppe saincte,
Pour une amoureuse crainte
Mon silence jusqu'icy :
Car qui peut, sinon les Anges,
Entreprendre vos loüanges :
Encor a-on racourcy.
  Quels prez, jardins, et parterres,
Se peuvent voir en nos terres,
Que vous n'en ayez les fleurs ? [73]
Quel combat, quelle victoire,
Que vous n'en ayez la gloire,
Et les merités honneurs ?
  Les maisons Religieuses,
De vos palmes glorieuses,
Tiennent le riche ornement :
Et la pieté, qui sterille,
Souloit languir dans les villes,
Par vous va tout r'animant.
  Encor, ô trouppe cherie,
Vous debitez l'Ambrosie,
Et le doux Nectar d'amour,
Par de puissantes artifices
Dans les plus hauts edifices,
Et dans le cœur de la Cour[249].
  Rien ne resiste à vos charmes,
Ou par douceur, ou par armes :
Vos labeurs emportent tout ;
Mais vos vœux insatiables,
Et vos cœurs infatigables,
Vont encor delà le bout.
  Puissiez-vous, Sainctes guerrieres,

Franchir toutes les barrieres
De ce qui est limité :
Que vos conquestes s'unissent,
Et vos desirs s'assouvissent
Au sein de l'eternité.
Mais parmy les abondances,
N'oubliez les indigences
De ce langoureux desert :
Faites distiller la manne
Sur ma pauvre inutille Ame,
Qui sans ce secours se perd.

[74]

## 53

Pour les Dames de la Visitation[*250].
Sur l'air, *Beaux yeux qui m'avez deffait.*

Quel brillant astre reluit,
A travers de nostre nuict,
Et vient illustrer nos Gaules ?
C'est mon Dieu, le grand secours,
Dont vous honnorez nos jours,
Des Hierosmes et des Paules[251].
Je voy un divin pastis
Où tous biens sont assortis,
Un grand Pasteur[*252] qui surveille : ** M. de Geneve*
Lequel de l'antiquité,
Et de la posterité,
Vient animer la merveille.
Tant et tant de Legions
Dont les pasles regions
Tenoyent desja les ostages :
Par ses invincibles mains,
Dans vos Palais souverains,

Rangent à vos pieds leurs gages.
Mais parmy ces beaux pourpris
Qui ne donneroit le prix
A ceste maison cherie*[253] : * *S. Marie de Lyon*
Qui par singulier bon-heur,
Loge les Dames d'honneur
De la grand Reyne Marie.
Icy est le royal lict
Pur, et franc de tout delict,
Où vous prenez vos delices :
Beau-lict, tout couvert de fleurs,
Dont les celestes odeurs, [75]
D'abord, suffoquent les vices.
Les esprits plus agitez
Se voyent icy arrestez,
Et y trouvent leur doux havre :
Dans cest esprit tout d'aymant,
Et en ce cœur tout aymant
De vostre parfaicte Favre[254].
O juste Decret des Cieux,
Qui eclipsez à mes yeux
Ces lumieres desirées :
Au moins unissez mes vœux
A leurs vœux, dedans vos feux,
En vos sales empirées.

## 54
## Pour la nuict de Noel.

Cache-toy, torche journaliere,
Cachez-vous, astre[a] de la nuit
Devant ceste illustre lumiere[255],

a 1619 : flambeaux

Qui, fixe, à nostre ame reluit;
Ou plustost d'une saincte envie
Adorez nostre[a] unique vie.
Approchez[b]-vous, humaine race,
Entrez en ce nouveau Palais,
Et vous recevrez vostre grace
Des mains de ce Prince de paix[256] :
Et que desormais vostre vie
Soit tout à ton sceptre asservie.
Mais, avançons, trouppe naissante,
Du sacré College d'Amour,
Et en ceste place excellente
Bastissons nostre doux sejour, [76]
A fin que toute nostre vie
Soit en ce grand Poupon ravie.
Contemplons ce Louvre admirable,
Tout lambrissé de charité,
Estayé de foy ferme, et stable,
Pavé de saincte humilité :
Confirmons icy nostre envie,
D'y eterniser nostre vie.
Beaux yeux, sources des chastes flames[257],
Armez de pudiques attraits,
Bruslez, et traversez nos ames
De vos beaux feux, et divins traits,
A fin que toute nostre vie
Soit en vostre beauté ravie.
Belle bouche, dont les paroles[258]
Donnent vie à tous les humains :
Bouche, creatrice des[c] poles,

---

a 1619 : vostre
b 1619 : Apprestez
c 1619 : qui fit naistre les

Buttez à vous tous nos desseins,
A fin que toute nostre vie
S'immole en vostre cœur ravie.
Belles mains, qui tenez encloses
Toutes les fins de l'[a]univers :
Mains, qui disposez toutes choses,
Animez nos voix, et nos vers,
A fin que toute nostre vie
S'exale[b] en vostre amour ravie.
O beaux pieds, dont la trace heureuse,
Marque par tout les doux pardons,
Comblez ceste trouppe amoureuse
De l'abondance de vos dons,
A fin que toute nostre vie
Soit en vostre bonté ravie.
Vous, chere Mere, et protectrice
De ce petit trouppeau esleu,
Soyez la fidelle tutrice [77]
De son projet, progrés, et vœu,
A fin que toute nostre vie
Par vostre cœur se sacrifie.

## 55

Du sejour de nostre Seigneur en l'estable.
Sur l'air, *Ce poupon d'où vient ma flame*[c].

Ce Poupon d'où vient ma flame,
Cher sujet de mon amour :
Ce grand Soleil qui m'enflame

a 1619 : Les frains de ce large
b 1619 : Excelle
c 1619 : *Ce poupon d'or vient, etc.*

Le verray-je pas un jour ?
Va t'en, mon ame, à la cresche[259],
Tu trouveras ton Seigneur
Sur un peu de paille fresche,
Luy, qui du Ciel est l'honneur.
Voy ceste Vierge tres-saincte[260],
Pres de ce divin Enfant :
Pleine d'amour et de crainte,
L'adorant et caressant.
Avec quelle reverence,
De ces pauvres drapelets[261],
Devotement elle agence
Ses delicats membrelets.
Amoureusement tremblante[262]
De son laict miraculeux,
Doucement elle substante
Celuy qui nourrit les Cieux.
Ceste Vierge tres-parfaicte,
En son humaine action,
N'estoit point pourtant distraitte
De sa contemplation.
Ny ceste tres-humble enfance, [78]
Ny la pauvreté du lieu,
N'ostent de sa souvenance,
Qu'il est son Pere, et son Dieu[263].
Estant cherement chargée
De la saincte Humanité,
Elle estoit tousjours plongée
Dedans la Divinité.
Et le mignardant en Mere,
En ce doux et humble aspect,
Tousjours elle le revere
D'un religieux respect.
Ha ! que de sainctes merveilles,

Que de doux eslancemens,
Que de graces nompareilles,
Que de hauts ravissements.
Sainct Joseph fait mille offices,
Plein d'amour, et vive foy,
Et de tres-devots services
A son Seigneur et son Roy.
O logis tout delectable !
Helas ! qui estoit jadis
Une pauvre et triste estable,
Ores un beau Paradis.
Dix mille millions d'Anges[264]
Devant ce divin Enfant,
Par leurs celestes loüanges
Rendent son nom triomphant.
Par les celestes Messages[265]
Les Pasteurs sont accourus,
Et par l'estoille, les Mages
D'Orient y sont venus.
Honnorans ce grand Messie[266]
De leurs mystiques presens,
Luy voüent biens, cœur et vie, [79]
Leurs saincts hommages faisans.
Toy, mon ame, qui succedes
A ces Saincts en ce devoir,
Fais tant que tu les excedes
En un tres ardent vouloir.
Apporte aussi ton offrande,
Et t'immole à cet Autel,
C'est ce que de toy demande
Ce divin Verbe immortel.
O JESUS, Amour intime !
Par vostre Nom precieux,
Que ceste pauvre victime

Plaise tousjours à vos yeux.
Et vous, ô de grace pleine,
Plus belle que le Soleil,
De la Bonté souveraine
Le chef d'œuvre nompareil.
Par ce fruict qui tout[a] surpasse
Les richesses d'un Cresus[267],
Impetrez-moy ceste grace,
Que JESUS me soit JESUS.
Gloire, los, force, et puissance,
A la saincte Trinité :
Tout honneur, toute excellence,
Par toute l'eternité.

## 56

### Pour la nuict de Noel*.
### Sur l'air, *Heureuse la vie de ma Sylvie.*

O Belle nuittée[268] !
Tant souhaittée,
Qui delivrez nos cœurs [80]
Des mortelles langueurs ;
Puisque cest Eternel, et bel Enfant,
Tout trionfant,
Va estoufant
L'orgueil du superbe Elefant[269].
Ta chere lumiere[270]
Si douce et claire,
Rompt le nuage espais,
Qui gennoit nostre paix :
La mort vaincuë ceste brave nuit,

a 1619 : d'or qui

Triste, s'enfuit,
Et plus ne luit,
Aux lieux où cest Astre reluit.
La saincte Rosée[271]
S'est espuisée
Fecondant ce terroir,
Qui ce fruict nous fait voir :
La terre s'alliant avec le Ciel,
Change le fiel
Du siecle viel,
En mille ruisseaux de bon miel[272].
Nos seiches prairies
Sont refleuries,
Les loups, et les agneaux
S'y joüent à troupeaux[273] :
Aupres des Lyons et Ours furieux,
Les Daims peureux
Vivent joyeux,
Et les Leopards avec eux.
Je voy une cresche, [81]
Où l'amour presche
En nouvelles façons
Les plus hautes leçons :
Hé ! Dieu, que de puissans et doux attraits,
Et que de traits,
Divins portraits
Du cœur, d'où nous sommes extraits.
O fils de Marie !
Cher fruict de vie,
Estendez vos rameaux[274]
Sur nos petits troupeaux
Les abrytant[a] contre les rudes vents,

a Corr. de abryant.

Qui s'eslevans,
Vont poursuyvans
Les cœurs de vos pauvres servans.

## 57

Autre pour la mesme Nuict*.
Sur l'air, *Beauté, belle beauté.*

Voicy l'heureuse nuict,
Où le vray jour produict
Ceste nuict excellente
De tous humains l'attente :
Sur laquelle est assise
La base de l'Eglise,
O Noel, ô Noel, Noel, Noel,
O Noel,
O Noel, ô Noel, Noel, Noel,
Un astre sans pareil[275]
Enfante ce Soleil,
Astre, dont l'influence
(D'une unique puissance) [82]
Chasse l'air de disgrace
De nostre humaine race :
O Noel, etc.
Quels airs melodieux[276]
Retentissent aux Cieux ?
Quelles clartez nouvelles
Brillent à nos prunelles ?
Quelles flames divines
Embrazent nos poictrines ?
O Noel, etc.
Suyvons ces grands flambeaux[277]
Si luysants et si beaux,

Cerchans ce cher Messie
Qui nous donne la vie :
Et pour le reconnoistre
Sacrons luy tout nostre estre
O Noel, etc.
    Voicy donc ce palais,
Voilà le Royal dais,
Le throsne magnifique
De ce Roy pacifique[278],
Sa couche de delice,
Et son lict de Justice[279],
O Noel, etc.
    Animons nostre foy,
Pour adorer ce Roy
En ce pauvre equipage,
Et luy offrons pour gage,
(D'un immortel service)
Nos cœurs en sacrifice.
O Noel, etc.
    O Roy d'eternité[280]
De qui la pauvreté [83]
Descouvre la richesse
De vostre alme sagesse,
Et la bonté immense
De sa toute puissance.
O Noel, etc.
    Recevez tous nos vœux
Dans vos amoureux feux,
Afin que nostre vie
(Dans vostre cœur ravie)
Se treuve en nous perduë
Et à vous seul renduë.
O Noel, etc.

## 58

Pastorelle pour chanter la nuict de Noel
en Dialogue des Pasteurs avec l'Ange[281],
les Pasteurs commencent en l'admiration
de l'extraordinaire lueur et musique celeste*.
Sur l'air, *O la folle folie.*

Quelle ardente lumiere[282]
Brille nouvelle aux cieux,
Qui puissamment esclaire
Nos esprits et nos yeux ?
Phœbus perdroit sa grace
Pres de telle clarté,
Et paroistroit sa face
La mesme obscurité.
Quelle voix nompareille[283]
Entendons-nous aussi ? [84]
O Dieu ! quelle merveille,
Mes amys, qu'est cecy ?
Recevons en silence,
Et saincte attention,
Ceste douce influence
De benediction.

## 59

Apres l'Ange chante son *Gloria in excelsis*,
Sur l'air, *J'aimeray tousjours ma Philis.*

A ce tres-puissant Dieu des Dieux[284],
Soit en ces suprémes lieux
Los, et gloire,
Et victoire ;
Ça bas paix d'eternité

A tous de bonne volonté.
Esveillez-vous chers pastoureaux[285],
Abandonnez vos troupeaux,
Sans demeure,
A ceste heure :
Allez voir en Bethleem
La supréme Hierusalem,
Là est le grand Emmanuel[286],
Image de l'Eternel,
La victime
Qui sublime
Peut seule esloigner de vous
L'effect du celeste courroux.
Sus, donques, esgayez vos cœurs,
Despoüillez toutes langueurs :
Car l'olive[287]
Vous arrive ; [85]
Et traicte ja vostre accord
Liant le peché et la mort.
Allez, amys, d'un pas aislé,
Et d'un courage zelé
Reconnoistre
Vostre Maistre
Sacrant à sa Majesté
Les fruicts de vostre liberté.

## Les Pasteurs

O Bien-heureux message !
Beny sois-tu cent fois,
Beny ce cher langage,
Et ceste douce voix :
Suyvant ton ordonnance

Nous allons promptement
Offrir obeyssance
Au Roy du firmament.
  Ah ! nuict plus flamboyante[288]
Que le plus luysant jour,
Tu es toute esclatante
De flames et d'amour :
Soit ta saincte venuë
Admirable à jamais ;
Si long-temps attenduë,
Pour nous rendre la paix.
  Que Sion la celeste[289]
Retentisse ton heur,
Qu'en tout se manifeste
Ton nompareil honneur,
Que ta divine gloire
En mille, et mille vers,
Eternelle en memoire, [86]
Remplisse l'univers.

## 60
## Autre Noel*.
### Sur l'air, *Un jour que ma cruelle.*

Quittons trouppe cherie,
Quittons nostre sommeil,
Ceste nuict porte vie,
Où naist ce grand Soleil :
Dont l'aspect favorable
Eschange les malheurs,
De la coulpe damnable,
En royales faveurs.
  L'influence divine

A terrassé l'Enfer[290],
La clemence domine :
Et ce siecle de fer[291]
(Par nostre belle Astrée)
Est devenu doré ;
Loüons donc son entrée
Qui nous l'a decoré.
Entrons en ceste estable,
Legataire des Cieux,
Où cest enfant aymable
D'un sousris gracieux
(Arre sainct de sa grace)
Recevant tous nos vœux ;
Changera nostre glace
En Seraphiques feux.
Entonnons les loüanges [87]
Et d'esprit et de cœur,
Au beau concert des Anges,
A nostre cher vainqueur ;
Nos amours luy bastissent
Mille fumants Autels[292],
Qui tousjours reverdissent
En desirs immortels.
Et vous saincte merveille
De la posterité,
O Mere nompareille !
Qui avez merité
La gloire du commerce
Au salut des humains ;
Que vostre foy renverse,
Les erreurs des mondains.

## 61

Noel, sur l'horreur de l'estable*.
Sur l'air, *Quand pour Philis mon cœur.*

L'Ange parle à l'humaine nature.

Se peut-il voir un bon heur plus extreme,
Que celuy qui vous suit ?
Le tout-puissant, faict un autre vous-mesme,
Vient à vous ceste nuict.
Ah ! que le bon-heur des humains
Rehausse dessus leurs desseins.
Mais où naist-il cest enfant delectable[293],
Le cher thresor des Cieux ?
Dans le recoin d'une deserte estable
Espouvantable aux yeux. [88]
Ah ! ce doux amour boit le fiel,
Pour vous laisser plus pur le miel[294].
Là tous les sens rencontrent l'assemblage
De leur cruelle horreur,
Et la saison y recelle en hostage
Sa plus rude fureur.
Ah ! quel bon heur des humains,
Rehausse dessus leurs desseins.
Dieu, quels moyens, Triade* incomparable,
** Jesus, la Vierge, S. Joseph*
De preuver vostre amour !
Que de vertus ce commerce admirable
Estale ce beau jour !
Ah ! quel bon heur des humains,
Rehausse dessus leurs desseins.
Le ciel ravy de ces rares merveilles,
Quittant son mouvement,
Semble tout yeux, tout cœur, et toute oreille

En cet estonnement.
Ah ! que le bon heur des humains,
Va loin par delà leurs desseins.
Divin Soleil, qui de cet astre sombre
Eslancez tant de feux,
Arrachez-nous à ces mortelles ombres
Qui esclavent nos vœux.
Ah ! tout le bon heur des humains,
Vient de vos precieuses mains.
Vous pair, sans pair, mere incomprehensible,
Et vous son grand espoux,
Recevez-nous en ce sejour horrible
Pour patir avec vous :
Car nostre bon heur le plus cher,
C'est de pouvoir vous approcher.

[89]

## 62
## Autre Noel*.
Sur l'air, *Arreste un peu*, etc.

Où cachez-vous ce Soleil precieux
Vierge sans pair, n'en privez pas nos yeux ;
Las ! donnez-nous de ces divines flames :
Ou nous ostez et nos cœurs, et nos ames.
Ah ! je vous voy[295] dans ce haut poinct du jour,
Où vous formez ces miracles d'amour :
Et unissez (par un effect immense)
L'infirmité à la toute-puissance.
Au temps (icy) cede l'eternité,
Et l'infiny s'est rendu limité,
Le lieu contient tout l'incomprehensible,
La terre est ciel, l'impassible passible.
Ce Dieu regnant, sur les throsnes assis,

Est pour pecheur devant vous circoncis.
O Dieu d'amour ! quelle inhumaine trame
Teint ce beau corps en couleur de nostre ame.
O JESUS (nom)[296] souverainement doux,
Devant lequel flechissent tous genoux ;
Là haut és cieux, çà bas, et dessus l'onde,
Voire au plus creux de l'abysme profonde.
Jesus, honneur des sejours etherez,
Jesus, Soleil des esprits espurez,
Jesus, support de tout ce qui tient estre,
Jesus, de tout le monarque, et le maistre.
Jesus, beau nœud, qui nous tenez liez,
Soyez, Jesus, à tous vos aliez ;
Jesus, des cieux le delicieux fleuve[297],
Soyez Jesus à ceste pauvre vefve[298].

*Fin des Noels.*

[90]

## 63
## AUX SAINCTS MARTYRS.
Pour le jour de sainct Estienne.
Sur l'air, *Un jour que ma cruelle.*

O Troupe glorieuse,
Qui parmy les hazards,
Tousjours victorieuse,
Avez de[a] toutes parts
D'une force indomptable,
Soldoyant[b] pour la foy ;
Suivy[c] inviolable

a 1619 : en
b 1619 : Combattu
c 1619 : Suivant,

Vostre supreme Roy.
Aucun sexe, ny aage,
Ny grandeur, ny beauté,
N'abbat de vos courages
La generosité.
Non[a] la rage obstinée
Des ministres d'Enfer,
Fierement acharnée
En ce siecle de fer.
Ny la durté des pierres[299],
Ny des grils enflammez
Ne limitent les erres
De vos cœurs animez :
Non, les lames[b] ardentes,
Ny les taureaux d'airain[300],
Les courses violentes [91]
De vostre heureux dessain.
Les bestes agacées,
Les membres arrachez,
Les flesches entassées,
Et les corps escorchez,
Les machines horribles,
Et les debris cruels,
Vous monstrent invincibles
En vos divins duels.
Ce triomphant Diacre*[301] ** S. Estienne*
Vous ouvrant le chemin,
Son sang innocent sacre
A son maistre divin :
Esbranlant les colomnes
De ce grand firmament,
Touche de vos couronnes

a 1619 : Ny
b 1619 : larmes

L'immortel fondement.
Puis l'Aigle* incomparable[302], * *S. Jean l'Evangeliste*
Dont le singulier sort
Le rend invulnerable
Aux durs dards de la mort :
Et divin Coryphée
Des plus hautes vertus
Offre son grand trophée
A son tres-cher Jesus.
La trouppe d'Innocence* * [mot illisible] *Innocent*
Avant-garde du Roy,
De grand matin s'advance,
Et portant de la Foy
Les mesches brillonnantes
Au bout de leurs lauriers,
Sont des lampes ardentes
Aux braves Cavaliers.
O ! ames annoblies [92]
De dons si precieux,
Qui vous ont establies
En gloire sur les cieux :
Faites qu'en mesme grace
Nous voyons avec vous
La belle et chere[a] face[303]
De Jesus vostre Espoux.

## 64
## De la Circoncision et Purification.
## Sur l'air de la Pastorelle.

Voicy le Verbe Eternel
Qui tout homme illumine[304],
Qui vient du sein paternel

---

a 1619 : A tout jamais

Pour reparer nostre ruyne :
O amour, que tu es fort,
Tu as triomphé de la mort.
Ce grand mariage est faict
Des diverses nations[a],
Et commence son effect
Au salut de ses creatures.
O amour, etc.
Tout le ciel se resjoüit
De voir ceste alliance :
Et l'homme icy bas joüit
Du fruict de sa longue esperance.
O amour, etc.
Tous siecles ont respirez
Ceste heureuse journée,
Et tous leurs vœux aspirez,
A voir ceste œuvre terminée.
O amour, etc.
Sus, mon ame, treuve-toy [93]
A ce grand baptistere,
Contemplant de vive foy
Le sens de ce divin mystere.
O amour, etc.
Ce nom[305], qui tient des Enfers
Les puissances captives,
Est venu rompre nos fers
Animant nos ames retives.
O amour, etc.
Mais, quels sont les ornements
De la chambre royale,
Les meubles et parements

a 1619 : De diverses natures. Dans l'édition de 1623, le sens prévaut mais la rime est perdue.

De ceste couche imperiale ?
O amour, etc.
Et[a] où sont les Courtisans
De ce puissant Monarque,
Les gardes, et artisans,
Dont la vaine grandeur le[b] marque ?
O amour, etc.
La Vierge et son sainct Espoux,
Rendent tous ces offices,
Et d'un cœur paisible et doux,
Suppleent à ces artifices.
O amour, etc.
Leurs[c] vertus sont les flambeaux,
Et les tapisseries,
Les magnifiques tableaux,
Et les brillantes pierreries.
O amour, etc.
Aussi, ce divin Seigneur,
Ne demande autre chose,
Car en luy est son honneur,
Et sa gloire en luy seul repose.
O amour, etc. [94]
Les Roys en ce pauvre lieu[306],
Parmy ceste indigence,
L'ont adoré pour vray Dieu,
Caché sous ceste humble apparence.
O amour, etc.
Et les Pasteurs advertis[307]
Par les voix Angeliques,
Gayement se sont partis,
Venans offrir leurs dons rustiques.

a 1619 : Mais,
b 1619 : se
c 1619 : Les

O amours, etc.
Mais, il est temps, ô grand Roy !
D'aller voir vostre Temple,
Pour accomplir vostre loy[308],
Et nous estre en tout vray exemple.
O amour, etc.
Sainct Simeon[309] vous attend
Pour voir son salutaire,
C'est le seul bien qu'il pretend,
Pour en paix son sainct retour faire.
O amour, etc.
Venez-donc, Vierge sans pair,
Portant ce fruict de vie :
Venez purifier l'air
Par vostre celeste sortie.
O amour, etc.
Je voy le ciel rajeunir
A l'aspect de vos graces ;
Et la terre s'espannir
Des belles fleurs au lieu de glaces.
O amour, etc.
Permettez, ô Majesté,
Que mon ame vous suyve ;
Que (tout autre objet quitte)
Vous servant, elle meure, et vive. [95]
O amour, etc.
Ayez en vos dignes bras
Ces clartez eternelles,
Et j'iray suivant vos pas
Portant vos chastes tourterelles[310].
O amour, etc.
De la haute Legion,
La voix melodieuse,
Cerne la procession

De ceste trouppe precieuse.
O amour, etc.
Desja le benin vieillard
Magnifie son Maistre,
Qui d'un interne regard,
A son esprit se faict cognoistre[311].
O amour, etc.
O Enfant, thresor des Cieux,
Seul espoir de toute âge,
De ton Pere glorieux,
La Sapience, et vive image.
O amour, etc.
De tes rayons tres-subtils[312],
Tu seras la lumiere,
De tous les peuples Gentils,
Et la gloire de ta gent chere.
O amour, etc.
De ta contradiction[313]
Tu seras la ruïne,
Et la resurrection
Des bons, embrassans ta doctrine.
O amour, etc.
Et le glaive doloreux[314],
O tres-benite Dame !
En ces[a] tourmens langoureux [96]
Percera vostre saincte[b] ame.
O amour, etc.
Recevez, Pere clement,
Ce tres-haut sacrifice,
Pour arre du payement,
A vostre divine Justice.
O amour, etc.

a 1619 : cent
b 1619 : tres-saincte

## 65

### De la fuitte en Egypte.
### Sur l'air, *Madame c'est à vous à qui je me dedie.*

Vierge, Mere de Dieu, ma souveraine Dame,
Qui tenez en vos bras la vie de mon ame :
Je viens tousjours à vous, je ne m'en puis[a] passer,
Et ne veux jamais plus un moment vous laisser.
Je m'offre à vostre Fils en humble sacrifice,
Ne voulant respirer que son divin service,
D'un amour pur, et nud, pour sa seule bonté :
Sans object d'interest, ny de proprieté.
Que la crainte d'enfer, que l'espoir de la gloire,
N'occupent mon esprit, mon cœur, ny ma memoire[315] ;
Que je n'aye jamais aucun soucy de moy,
Ny de rien que de plaire à mon Sauveur et Roy.
Je veux suivre par tout son humilité[b] saincte,
Esperer avec vous, craindre de vostre crainte[316],
Patir en vos travaux et persecutions,
Et brusler à l'ardeur de vos affections.
Voilà l'Ange du Ciel, qui vostre Espoux incite[317],
De fuyr avec vous, et l'Enfant en Egypte ;
Cet enfant du Tres-haut, qui d'un simple penser,
Peut terre, ciel, et mer, entiers bouleverser.
Pourquoy fuyrez-vous donc, ô troupe glorieuse ? [97]
Ne pouvez-vous gauchir l'envie mal-heureuse,
De ce cruel tyran[318] ; vous dont la pureté,
Oblige le secours de la Divinité ?
Mon ame, apprens icy la simple obeïssance,
La foy, la charité, l'espoir, la patience[319],
Imite les vertus de ces grands Pelerins,
Et leur voy pratiquer en ces rudes chemins.
Ils ne s'excusent point pour ceste nuict obscure[320],

a 1619 : ne puis m'en
b 1619 : Humanité

Pour leur peu d'appareil, et l'extreme froidure,
Mais d'un cœur genereux, à ce commandement,
Franchissans tout[a] discours, ils partent promtement.
Ha ! mes tres-chers Seigneurs, douze grandes journées,
Ne rendent pas encor vos peines terminées :
Vous estes sans logis, et sans commodité,
En un lieu despourveu, de foy et pieté.
Entrans en ce pays, un'grand debris d'idoles[321],
De ces pauvres errans, les creances frivoles :
Tesmoigne la grandeur de ce Dieu souverain,
Et les divins effets de sa puissante main.
Fuyez demons, fuyez dans l'abisme profonde,
C'est assez, las ! c'est trop tromper ce pauvre monde :
Voicy son Createur, qui brisant sa prison,
Tire le grand rideau de vostre trahison.
O Jesus mon seul bien ! tant de vaines pensées
Que mon cœur négligeant tient encor embrassées,
Puissent à vostre aspect rompre, et évanouyr,
Et vostre seule voix mon esprit puisse ouyr.
Et toy petit logis, demeure nompareille,
Qui as refugié du haut Ciel la merveille,
Puisses-tu demeurer à jamais fleurissant,
Et que le cours des ans n'aille te fletrissant.
Cette eau vive a produit en toy une fontaine[322]
D'admirables effets, et privileges pleine,
Le baume precieux, qui peuple encor ton lieu, [98]
Preuve la Majesté de cet enfant vray Dieu.
Demeure pour sept ans possesseur de ta grace,
Et que tout l'Univers tousjours de race en race,
D'un religieux culte honore en toy l'honneur,
Que t'a voulu donner ce Souverain Seigneur.

a 1619 : touts

## 66

## De l'enfance de nostre Seigneur[a].

Sur l'air, *Car qui n'ayme le gris, il n'est pas vray amant.*

Va t'en chercher JESUS, mon ame je te prie[323],
Soit dedans le berceau, où sa Mere le lie ;
Soit desemmailloté, quand ja plus grandelet[324]
Il marche tremblottant d'une alleure peureuse,
Retraçant tous les coins de ceste chambre heureuse,
Puis s'en venant tout gay chercher son chaste lait.

Vois-le comm' il commence à parler, et entendre[325],
Et comme sainct Joseph luy va desja apprendre
Ses lettres, et accens, et à les assembler.
Quelle admiration ! la toute Sapience
Estre icy compatible avecque l'ignorance,
Et la force du Ciel en la terre trembler ?

Que de divins discours ceste Vierge rumine[326],
Voyant entre ses bras ceste essence divine,
Qu'elle voyoit au Ciel en ses ravissemens,
Si plein de majesté, de gloire, et d'excellence,
Icy tant abaissé, et si plein d'indigence,
Pain vif[327], et mendiant les plus bas alimens.

Mon ame, approche-toy, d'œil, de cœur, et d'oreille[328],
Suis tousjours ton Seigneur, mesme lors qu'il sommeille,
Celuy dont le pouvoir veille sur Israël :
Voy la Vierge à genoux, sans clorre les paupieres, [99]
Passer devant son lict beaucoup de nuicts entieres,
Brulante en son amour d'un feu continuel.

Honore, imite, et sers cette Vierge tres-pure[329],
Aide-luy à servir sa chere nourriture,
Va luy querir son bois, et ses provisions,
A fin qu'elle ne perde d'un seul moment la veuë,
De ce divin Soleil, et ne sois despourveuë,

a 1619 : *Au-dessus du titre on lit* : JESUS *pour but*

N'interrompans leurs cours ses contemplations.
Tous les petits devis de cet Enfant celeste
Rendent de son esprit la grace manifeste,
Tous ces jeux enfantins sont pleins de majesté :
La Mere observe tout, gardant ce vif exemple
Au secret de son cœur, qui fixe le contemple,
Passant de cet objet à la divinité.
Tout l'Egypte illustré de ce grand Luminaire,
Reçoit en tout son corps ce digne seminaire
De tant de millions de saincts Religieux,
Vierges, et saincts Martyrs, Moines, Anachoretes,
Tant de grands penitens, et de divins Ermites,
Qui rendront ces deserts un beau pourtraict des Cieux.
Mais ce ne sera pas jusqu'à ce que la vigne[330],
En son temps limitté ait rendu son fruict digne
Sous le cruel pressoir de la sanglante Croix,
Et que ce grand vainqueur, desployant sa baniere,
Sortant des noirs cachots sa troupe prisonniere,
Remplira l'Univers de ses divines loix.
Cependant, Monseigneur, retournez en Judée :
Car le Tyran est mort[331], qui avoit demandée
Vostre Ame, pour se voir en son regne asseuré.
Et si son successeur trouble vostre voyage,
Honorez Nazareth d'une part de vostre aage :
Heureux lieu, où l'amour du Ciel vous a tiré.
O ! si j'osoy prier ma tres-douce Maitresse,
De vouloir soulager son travail, et foiblesse, [100]
En me donnant un peu son cher Fils à porter[332] :
Mais las ! mon pauvre cœur, reprime ton audace,
Tu ne merites pas d'estre devant sa face ;
Comment donc un tel bien oses-tu souhaitter ?
Dessille un peu les yeux, ô ingrate Province[333],
Qui as desja chassé ton legitime Prince[334],
Ne l'honoreras-tu en aucune façon ?
Que diras-tu un jour, engeance desloyale.

Quand l'on t'objettera la gent Orientale[335],
Venuë de si loing, pour t'en faire leçon ?
O tres-puissant Seigneur, dont la juste Justice[336]
Punira justement ceste insigne malice :
J'invoque en vostre Nom vostre extreme douceur[337],
Que je ne soy du rang de ceste race fiere ;
Mais qu'embrassant tousjours vostre saincte lumiere,
J'adore Dieu Trin'un[338] d'un eternel honneur[a].

## 67

## De la perte de JESUS au Temple.

Sur l'air, *Je prie aux immortels, qu'en quelque, etc.*

L'Espouse du haut Roy remplie de tristesse[339],
Cherche son cher enfant esgaré par la presse
Dans la saincte Cité,
Et va semant ses pas de larmes contenuës,
Envoyant ses souspirs, et larmes retenuës
A la Divinité.
Qui vous afflige tant, ô la belle des belles[340] ?
Qui peut ainsi troubler ces lumieres jumelles[341]
De tant, et tant de pleurs ?
L'absence de celuy que mon ame desire,
Et qui tient de mon cœur le souverain empire,
Est cause que je meurs.
O Guet qui surveillez, las ! dites-moy de grace[342], [101]
Si vous avez point veu passer en ceste place
Ce subjet de mes vœux[b] ?
Il a les cheveux blonds, et la face yvoirine[343],
Les yeux plus flamboyans que l'astre qui domine
Sur les celestes feux.
Je l'ay desja cherché parmy mon parentage,

a 1619 : Au-dessous de ce vers on lit : *Ainsi soit-il*
b 1619 : yeux

Mais ne l'ayant trouvé, mon mal croist d'avantage :
Ayez compassion
De mon extreme dueil, ô Angelique bande :
Car il est aussi grand, comme ma perte est grande,
Ha ! quelle affliction.
Je n'ay depuis trois jours fermées les paupieres[344],
Et la nuict (doux repos des peines journalieres)
Augmente mes travaux ;
Empeschant par son brun ma chaste modestie,
De chercher sans cesser la vie de ma vie,
Seul remede à mes maux.
O Pere Tout-puissant, c'est vostre Sapience,
Que vous avez donné par un amour immense,
Au salut des humains :
Preservez-le, Seigneur, de ceste gent maligne,
Qui desire sa mort : helas ! je le resigne
En vos divines mains.
Essuyez vos beaux yeux, Princesse souveraine,
Vous changerez tantost en gloire vostre peine,
Revoyant vostre jour ;
Et sçaurez que l'ennuy que sa perte vous donne,
Est pour croistre l'honneur de vostre alme couronne[345]
Au celeste sejour.
Voyez-le là parmy la trouppe doctorale[346],
D'une grave douceur, et amour pastorale,
Leur ouvrir les esprits :
Pour voir la verité des sainctes propheties,
Estre parfaictement en son temps esclaircies[a], [102]
Et tous les saincts escrits.
Qu'avez-vous fait, Seigneur, à vostre chere Mere[347],
Qui vous a tant cherché, avecques vostre Pere,
D'un amour souverain ?

a 1619 : accomplies

Leur peine, et leur douleur vous estoyent manifestes :
Mais il faut preferer les affaires celestes
A tout respect humain.
  En fin, vous contentez ces deux ames tres-pures[348],
Createur, vous rendant subjet aux creatures :
Et leur obeïssant,
Les suyvez aussi-tost en leur pauvre demeure,
Vous taisant humblement, en attendant vostre heure,
De vous monstrer puissant.

## 68

La Vierge à son cher Fils, l'ayant retreuvé.
Sur l'air, *Or que la nuict, et le, etc*[a].

Où estiez-vous[b] ma tres-chere ame[349],
Où luysoit vostre belle flame ?
Où estiez-vous mon cher soucy,
Pendant que l'amour et l'absence
Par leur extreme violence
Rendoient mon pauvre cœur transy ?
  Las ! où passiez-vous la nuictée,
Pendant que mon ame agitée
Ne recevoit aucun repos ?
Qui vous preparoit vostre couche ?
Qui servoit ceste chere bouche,
Bien-heurée de ses saincts propos ?
  Mes yeux offusquez d'une nüe[350],
Privez de vostre chere veüe,
Refusoyent de voir le Soleil : [103]
Mon esprit vous cherchant sans cesse,
Alloit augmentant sa tristesse,

a 1619 : *ce poème porte aussi le titre de* CHANSON
b 1619 : estes-vous,

Ne trouvant rien à vous pareil.
O eternelle Sapience,
Qui de tout avez cognoissance,
Vous sçaviez mon affliction !
Comment de ceste peine extreme,
Vous qui estes la Bonté mesme[351],
N'aviez-vous pas compassion ?
Helas ! ô ma gloire tres-saincte[352],
Mon amour, mon espoir, ma crainte,
Ne vous esloignez plus de moy :
Vous sçavez que je vous adore,
Que je vous ayme, et vous honnore
Comme mon Dieu, mon Fils, et Roy.
Que si en mon devot service
J'avoy manqué en quelque office,
Ce seroit tout mon desplaisir :
Car tous mes desirs ne respirent,
Et mes immortels vœux n'aspirent
Qu'à accomplir vostre desir[a].

## 69

### A la sacrée Vierge, sur le sejour, et silence de nostre Seigneur en Nazareth. Sur l'air, *Vous le pourriez dire à quelqu'autre,* etc.

Je vous salüe, Vierge Mere,
Qui gardez le sacré depost,
L'honneur, le bien, et le repos,
Où tout esprit fidell'[353] espere.
Comprenant l'incomprehensible
Par vostre saincte humilité, [104]
Vous limitez l'eternité

a 1619 : sous ce poème on lit : JESUS *pour but.* [MARIE] *pour guide*

De vostre los inaccessible.
O divin Astre, qui esclaire[354]
Sur nostre dangereuse mer[355],
Preservez ma nef d'abismer,
Guidez-la au port salutaire.
Tirez mon esprit de la presse[356]
Du monde, et de ses soucis vains ;
Et de mes œuvres et desseins,
Soyez tousjours la saincte addresse.
Chere esperance de mon ame[357],
Permettez-moy qu'aupres de vous
Je serve vostre Fils tres-doux,
Et vous, ma souveraine Dame.
Que j'admire l'humble silence,
Où cet unique Fils de Dieu,
Conversant en ce pauvre lieu,
Enferme sa toute-puissance.
Mon cœur s'alume en cet extase,
Qui sans cesse vous tient aux Cieux,
Ayant tousjours devant vos yeux
L'object, qui vos esprits embrase.
Mon Dieu ! que de hautes delices,
Que de celestes passetemps,
Vous recevez en ces trente ans,
Rendant vos amoureux services.
Quelque part que mon cœur se tourne,
Il void vos celestes pourtraits,
Et sent tousjours les doux attraits
De ce lieu, où tout bien sejourne.
Logis en excellence insigne,
Tous les Cieux te vont exaltant,
Et ton divin bon-heur chantant :
Car le Monde n'est[a] pas digne. [105]

---

a 1619 : n'en est

Tousjours abondant en merveilles[358],
Ton tres-sainct pourpris fleurira,
Et sans fin ton los remplira
Les cœurs, les voix, et les oreilles.
Las ! si je n'ay l'heur en ma vie
De baiser tes sacrez autels,
Reçois-en les vœux immortels
Que ma pauvre ame te dedie[a].

## 70

Du Baptesme, et manifestation de nostre Seigneur.
Sur l'air, *O Nymphes, qui vivez tristes, etc.*

Vous allez, Monseigneur, au fleuve du Jordain[359]
Sanctifier ces eaux par la sainctеté mesme,
Et parmy les pecheurs demandant le Baptesme ;
Mais vostre grand Heraut[360] vous recognoit soudain.
C'est vous (dit-il) Seigneur, qui devez m'ondoyer :
Vous sçavez que je suis vostre humble creature,
Que mon Baptesme n'est que du vostre figure,
Qu'à vous seul appartient les taches nettoyer.
Voycy l'Agneau de Dieu, le grand Liberateur[361],
Qui oste tous les maux, et les pechez du Monde,
C'est luy qui a moulé le Ciel, la terre, et l'onde,
Et duquel je me dis indigne serviteur.
Obeïssant pourtant à vostre humble desir,
L'on void ouvrir du ciel ceste large estendue,
Et du Pere tres-Haut la voix est entendue :
Voicy mon Fils tres-cher, où j'ay prin mon plaisir.
Que mon cœur te revere, ô jour tres-precieux,
Illustré hautement de tes saincts grands miracles,
Jadis prophetizé par les divins Oracles[362], [106]

a 1619 : sous ce poème on lit *Loüange à Dieu, et à la Vierge*

Maintenant celebré en la Terre, et aux Cieux.
Porte avec[a] les Roys, mon ame tes presens,
Demande le lavoir de la divine grace[363],
Et que l'Esprit divin en toy son sejour face,
Rendant à ses saincts yeux tes services plaisans.
Que le Pere eternel, retreuvant son pourtraict
En son premier esclat, sans ride, ny sans tache,
Le thresor de ses dons en toy ferme il attache,
Et de son sainct amour l'ineffaçable traict.
Changez ô doux JESUS, en un vin de ferveur
Cette eau, qui m'alentit à tout bon exercice[364],
Que je vole aux effects de vostre sainct service,
Et brusle incessamment du zele à vostre honneur.
Puisque je suis icy attendant vostre voix[365]
Dans l'espineux desert de ceste solitude,
Repaissez-moy Seigneur, avec la multitude
De ces sacrez-saincts[b] pains du fruict de vostre Croix.
O mon unique bien, ma gloire, et mon desir,
Arrestez desormais mon ame vagabonde[366],
Qu'elle ne coure plus aux vains objets du Monde,
Mais soit morte du tout à tout humain plaisir.

## 71

### A JESUS, au Desert[c].

Sur l'air de, *Philene parmy ces deserts,* etc.

Allons, mon ame, en ce desert[367],
Où est toute nostre abondance,
Du Ciel la supreme excellence
Qu'en reverence mon cœur sert :

a 1619 : avecques
b 1619 : sacrez cinq
c 1619 : au-dessus du titre de ce poème on lit Jesus, *pour but*

Adieu Monde et ton vain honneur,
Je m'en voy chercher mon Seigneur.
Voicy[368] le Monarque des Cieux, [107]
Le Dieu des puissantes armées[369],
Qui de ses larmes embaumées[370]
Guerit nos maux pernicieux,
Abbatant par sa charité
Le fort de nostre iniquité.
Le voilà les genoux flechis,
Prosterné sur sa saincte face,
Pour nous impetrer nostre grace,
Et rendre de mort affranchis.
Adieu donc, Monde, et tes abus,
Je veux pleurer avec JESUS.
La blanche Aurore[371] à son resveil
Se treuve tousjours en priere,
Et Titan bornant sa carriere
Ne luy laisse jamais sommeil :
Car l'amour tousjours agissant
Sur tous les efforts[a] est puissant.
De Diane[372] la froide humeur,
Ny son doux nocturne silence
N'amortissent la violence
Du feu de ce celeste cœur,
Qui rend sans intermission
Les fruicts de son affection.
Icy se void le grand combat[373]
De Justice, et Misericorde :
Mais le doux JESUS accorde[b],
Et la mort à ses pieds abbat,
Seignant de son precieux sang

a 1619 : effects
b 1619 : les accorde

Ce traitté au supreme rang.
  Il porte tousjours sur son dos
Ces cayers d'innombrables sommes[374],
Où sont engagez tous les hommes
Aux dures loix de l'Atropos[375] :
Et prend de son sacré thresor [108]
Pour payer le precieux or.
  Sathan, de crainte tout trancy[376],
Voyant tant de vertus si rares
En ce divin Agneau sans tares,
Se gehenne d'un cruel soucy,
Craignant en ceste pureté
La mort de son authorité.
  Il dresse ses trois bataillons[377],
Desquels tout le monde il enlace,
Et d'une cauteleuse audace
Luy vient placer aux environs ;
Mais ceste divine clarté
L'abysme en son obscurité.
  Voilà tout l'Enfer abbatu
Par nostre divin Capitaine,
Qui, brave, en triomphe le meine
Dessus le char de sa vertu,
Nous animant à tous le cœur
De suyvre un si parfaict vainqueur.
  Captivons doncques nostre chair[378],
Et la rendons en tout subjette :
Car c'est la mortelle sagette,
Qui fait nostre ame trébucher :
Suyvons de nostre Chef les loix,
Embrassans sa puissante Croix.
  Quittons le soin de l'honneur vain[379],
Et de cette crasse moisie :
C'est une soif d'hydropisie[380],

Et une insatiable faim :
JESUS est nostre unique bien,
Et hors de luy nous n'avons rien.
O desert, compagnon du Ciel,
Qui en majesté le seconde,
Sans toy est desert tout le monde, [109]
Et son doux plus amer que fiel :
Cher repaire de mon amour,
Je quitte tout pour ton sejour[381].
Las ! reçoy-moy dedans ton sein
Aux pieds de mon Seigneur, et maistre,
Où là je puisse en luy renaistre,
Mourant à tout autre dessein.
Adieu Monde, et ton vain soucy :
Car tous mes desirs sont icy.
JESUS, ame de tous mes vœux,
Mon repos, mon honneur, et ma gloire,
Tres-cher subject de ma memoire,
Brulez-moy toute dans vos feux[382] :
Que je me perde desormais,
Et ne me retreuve jamais[a].

## 72

A JESUS, sortant du desert.
Sur l'air, *Si nos habits, et nos pas, etc.*

Sortez de vostre desert[383],
O divine Sapience !
Car tout le monde se perd
Sans vostre chere presence.
Venez, Soleil radieux,

a 1619 : au-dessous du poème on lit *Amen*

Venez esclaircir nos yeux.
Il est temps de faire voir
Au bien de la creature,
L'incomparable pouvoir
De vostre double nature,
Qui avoit tousjours[a] esté
Caché sous l'humilité.
La chair, et l'ancien trompeur[384] [110]
Desja servent à sa gloire,
Venez, valeureux vainqueur,
Poursuivre vostre victoire :
Venez, source de tous biens,
Rompre nos cruels liens.
Voicy, grand Roy de Sion[385],
La chere trouppe d'élite,
André, Philippe, et Simon[386],
Et ce bon Israëlite[387],
Qui à vostre voix sont prests
De quitter barques et rets.
Ces douze grands fondemens
De l'Eglise militante,
A vos divins documens
Auront tousjours leur entente,
Et franchissans tous hazars,
Vous suyvront en toutes pars.
Leurs cœurs par vous allumez
Embraseront tout le Monde,
Et de vostre grace armez
Vaincront l'air, la terre, et l'onde,
Rangeans tout dessous les loix
De la glorieuse Croix.
Ils signeront de leur sang

---

a 1619 : Qui jusqu'icy a

L'honneur de vostre service,
Conservans ce digne rang
D'un immortel sacrifice,
Suyvans d'effect, et de cœur
Leur invincible Pasteur[a][388].

[111]

## 73

Du miracle en Cana, figure de la Transsubstantiation.
Sur l'air, *Je ne veux plus endurer*, etc[b].

O Hymen[389], que de bon-heur
Aujourd'huy pour toy s'appreste,
Voicy ton divin Seigneur,
Qui te veut faire l'honneur
De se treuver à ta feste.
  Il va te favorisant
De l'admirable figure
De son tres-haut Sacrement,
Thresor de son Testament,
Qui fait taire la Nature.
  Que ceste obligation
Soit tousjours en ta memoire,
Pour faire en perfection
Dresser ton intention
Desormais toute à sa gloire.
  Sa divine volonté[390]
Soit ton but en toute chose,
Que la saincte pureté
Orne ta Societé,
Et justement la dispose.

---

a 1619 : Suit *A Dieu soit gloire*
b 1619 : Suit le titre de CHANSON

Seigneur qui en ce lieu
Avez engagé ma vie,
Vostre Majesté sçait bien,
Que je n'y respire rien
Que de l'y rendre servie.
Comme j'eus pour seul object
Vostre chere obeïssance,
Je n'y fay autre project [112]
Que de chercher tout subjet
D'honorer vostre Excellence.
Venez donc, supreme Espoux,
Benissez le Mariage :
Tout son fiel deviendra doux
Si l'on n'y cherche que vous,
Vous rendant de tout hommage[a].

## 74

Au Sauveur, prés du puits de Jacob.
Sur l'air, *En quel desert, en quel bois,* etc[b].

Vous estes las, repos des ames pures[391],
Vous estes las, et travaillé du chaut ;
Vous, dont le soin gouverne tout d'en-haut,
Flechissez-vous dessous vos creatures ?
N'est-ce pas vous, ô Majesté sacrée,
Qui dominez toutes ces Legions,
Desquels les soins et occupations
Sont d'observer tout ce qui vous agrée ?
N'est-ce pas vous, qui jadis d'une nuë[392]
Rafraichissiez tout vostre peuple aymé,
Et d'un flambeau dans le Ciel allumé,

a 1619 : au dessous du poème on lit *Amen*
b 1619 : Le poème est précédé par le titre de CHANSON

Alliez la nuict favorisant leur veuë ?
N'est-ce pas vous, dont les sainctes paroles[393]
Ont fabriqué tout ce grand Univers ;
Tant de beaux corps, et ouvrages divers,
Et de deux doigts soustenez les deux poles ?
N'est-ce pas vous qui mistes vostre Image[394]
Pour regenter sur tous les corps mortels,
Vous reservant seulement les Autels,
La Foy, l'Amour, la Justice et l'Hommage ?
Ouy, Seigneur, le culte de latrie[395], [113]
Deu seulement à vostre Majesté,
Veut purement esprit et verité,
Pour nous donner la celeste patrie.
C'est vous aussi, qui donnez ceste eau vive[396],
Qui jusqu'au Ciel rejaillit[a] ses ruisseaux,
Et faict mourir la soif des autres eaux,
Qui des humains rend la raison captive.
A vos saincts pieds, pres de ceste fontaine[397],
A deux genoux j'invoque vostre cœur,
De me donner ceste douce liqueur,
Que vous offriez à la Samaritaine.
Prenez, Seigneur, mon ame pour viande,
La rostissant[398] à vostre divin feu :
Las ! prenez-en l'effect avec le vœu,
Et de mon tout l'irrevocable offrande.
Donnez, Bonté, à vos enfans à boire[399]
Du grand torrent de vostre volupté,
Qui les submerge en la divinité,
Pour accomplir de vostre Croix la gloire[b].

---

a Corr. de rejallit.

b 1619 : suit *Amen*

## 75

Allusion de la Cananée, à l'ame affligée de tentation*[400].
Sur l'air, *Beaux yeux animez de l'amour, etc.*

Helas ! ô source de bonté,
Changez-vous pour moy de nature ?
Vous armez-vous de cruauté
Contre une pauvre creature,
Qui dans les accés du trespas
Va mourant, de ne mourir pas ?
Quoy donc, à mes tristes clameurs
Estouperez-vous vos oreilles, [114]
Pour ne ressentir mes douleurs
Et mes angoisses nompareilles ?
Vous qui courez et jour et nuict
Apres la brebis qui vous fuit[401].
Ma fille* en tourmens inhumains[402] * L'ame
Est en l'oppression du diable :
Las ! ce mal est entre vos mains,
A tout autre irremediable ;
Un seul rayon de vos beaux yeux
Revera cest enfer, de beaux cieux.
Ah ! Seigneur, je n'aspire pas[403],
Non, je n'ay pas tant d'arrogance
Aux mets exquis de vos repas ;
Mais au surplus de l'abondance
Que je les amasse, ô mon bien,
A vos pieds comme un petit chien.
Il y a desja tant de jours
Que ma Foy combat toute nüe,
Si vous ne luy donnez secours,
Je crains fort qu'elle diminüe :
Car nos ennemis vont croissant,
Parce qu'ils vous sentent absent.
Ces rodomonts, bravans vos loix,

Tiennent tout l'honneur en hostage,
Et ceux qui suyvent vostre voix
Ont la misere pour partage :
Monstrez-vous, Seigneur, il est temps,
Et renversez ces fiers autans.
Lors mesmes les plus obstinez,
Recognoissans vostre victoire,
Iront (à vos pieds prosternez)
Sacrifier à vostre gloire :
Et vos amis de jour en jour
Augmenteront leur sainct amour.

[115]

## 76

L'Ame cherche son Seigneur, s'en estant allé sur la mer,
et luy va demander le pain vif[404].
Sur l'air, *Belle qui m'avez changé*[a].

Helas ! mon[b] divin Soleil,
Cher[c] unique jour de mon ame,
Mon[d] grand flambeau sans pareil,
Digne source de ma flame ;
Vous estes-vous[e] esclipsé
Lors que je vous[f] ay laissé ?
Estes-vous dedans les[g] Cieux,
Au sein de vostre cher[h] Pere,
Ou dans le cœur precieux[i]

a 1619 : suit le titre CHANSON
b 1619 : Où est ce
c 1619 : L'
d 1619 : Ce
e 1619 : Helas ! il s'est
f 1619 : Parce que je l'
g 1619 : S'est-il retiré aux
h 1619 : A la dextre de son
i 1619 : Ou au sein delicieux

De vostre parfaitte[a] Mere ?
O Jesus, Amour tres-cher,
Où vous iray-je[b] chercher ?
Qui pourroit vivre sans vous,
O divine Sapience ?
Qui pourroit porter les coups
De vostre cruelle absence ?
Mon Dieu, revenez icy,
Ou bien m'en ostez aussi.
Preste-moy ton branlant dos,
Element* inexorable, *La Mer*
J'iray chercher mon repos
Malgré ton flux effroyable ;
Je[c] dompteray ta fureur
Par la divine faveur.
O excellente splendeur,
Qui vous cachiez à ma veuë :
Aux saincts rais de vostre ardeur [116]
Je m'en suis icy venuë,
Vous immoler pour tousjours
Tout le reste de mes jours.
Las ! je vous avois quitté,
Supreme source d'eau vive[405],
Pour suivre la liberté
Qui me retenoit captive,
M'esgarant dans les destours
De mille vaines amours.
Or mon cœur humilié,
Et tout contrit de sa faute,
De cet erreur deslié

a 1619 : De sa precieuse
b 1619 : iray-je vous
c 1619 : Et

Requiert vostre bonté haute,
De ne souffrir desormais
Qu'il vous delaisse jamais.
 Donnez-luy ce divin pain[406],
Qui tout esprit deifie,
Et oste à jamais la faim
De ceste mortelle vie,
Et qui guide à ce sainct port,
Où ne peut entrer la mort[a].

## 77

Allusion de la femme surprinse en adultere[407],
à l'ame qui s'est destournée de son Dieu.
Sur l'air, *Helas, que me sert-il d'aymer, si,* etc[b].

Voicy ceste pauvre ame, ô Bonté eternelle,
Qui vous a si souvent violée sa foy,
A vous, son Createur, son Pere, Juge, et Roy :
La voicy devant vous, confuse, criminelle.
 Elle, qui recevant l'onde sanctifiante, [117]
Print parole d'espoux de vostre Majesté,
S'en-arrant[c] de l'aneau de double charité,
Du brillant de la Foy, de la robbe innocente.
 Elle, à qui s'apprestoit ceste table celeste,
Où l'on mange avec vous les plus divins morceaux,
Se rangea miserable avecques les pourceaux[408],
Vivant de leur viande, encores de leur reste.
 Ha ! quelle aversion de la gloire infinie,
La Sagesse, Bonté, le pouvoir souverain,
Pour se tourner au monde ? helas ! ombrage vain,

a 1619 : suit *Amen*
b 1619 : ce poème porte aussi le titre de CHANSON
c 1619 : L'enarrant

Qui l'a de vostre Cour tres-justement bannie.
Qu'en dites-vous, Seigneur, cest Arrest Mosaïque[409]
Sera-il suffisant pour sa punition ?
Ah[a] ! non tres-doux Sauveur, vostre compassion
Luy fera mieux sentir son forfait tant inique.
Ses sens qui l'accusoyent ne l'ont pas condamnée,
Car ils sont partisans de ses funestes tours[b] :
Mais se voyans vaincus par vostre sainct discours[410],
Seulette devant vous ils l'ont abandonnée.
Ne la condamnez pas[c] non plus, ô Bonté haute,
Car vous n'estes venu que pour faire mercy :
Renvoyez-la en paix, qu'elle promette aussi,
Qu'elle ne commettra jamais semblable faute.
Mais faites-vous, Seigneur, vous-mesme la promesse,
Car sans vous tous ses vœux ne seroyent que du vent,
Son malheur deviendroit pire qu'auparavant,
Attirant justement vostre ire vangeresse.
Tant que je puis, mon Dieu, à vous je me redonne,
Las ! prenez-moy, autant qu'il vous plait que j'y sois ;
Liez-moy fermement à vos divines loix,
Et que vostre secours jamais ne m'abandonne[d].

[118]

## 78

Sur la resurrection du Lazare,
allusion à l'ame morte par le peché.
Sur l'air, *Je suis prisonnier arresté.*

Si vous eussiez esté icy,
O chere gloire de mon ame,

a 1619 : Non,
b 1619 : jours
c 1619 : *pas* manque
d 1619 : suit *Amen*

Cet esprit du peché transy,
Ne seroit pas dessous la lame.
Non, Seigneur, il ne fut pas mort,
L'on ne meurt pas avec la vie :
Vostre grace est l'asseuré port,
Qui la mort-mesme vivifie.
Mais cet Estre conservant tout,
Peut-il s'absenter à quelque heure ?
Non, car il n'a milieu ny bout,
Et toute place est sa demeure.
Donc, Seigneur, en ce mien trespas,
Vous estiez en mon habitacle :
Mais las ! vous n'y operiez pas,
Parce que j'y mettois obstacle.
Sors, mon ame, de ce tombeau[411],
A la chere voix de ton Maistre :
Oste ce drap, et ce bandeau ;
Pour pure, à ce beau jour, renaistre.
Ha ! faut-il que pour ta durté,
Ces beaux yeux troublent leurs[a] lumieres,
Et pour laver ta saleté
Ils te fournissent de rivieres ?
Pleure, pauvre ame, ton peché,
Qui attriste la mesme joye ;
Reconnois qui a empesché
Que tu sois de l'Enfer la proye.
A vos saincts pieds, ô doux JESUS, [119]
J'implore vostre saincte grace,
Helas ! ne me permettez plus
Esloigner vostre saincte face[b].

---

a Corr. de leur.
b 1619 : suit *Amen*

## 79

JESUS se part d'avec sa Mere, pour aller à sa Passion.
Sur l'air, *De mes ans la fleur se desteint, etc*[a].

O Feux, air, terre, mer, et cieux,
Donnez des ruisseaux à mes yeux,
Qu'en larmes se coule[b] ma vie,
Pour pleurer ce jour precieux,
Dont la clairté nous est ravie.
Mon ame, ne le laisse pas,
Suy-le tousjours jusques au[c] trespas.
Entre avec luy dans le Cenacle[412],
Où il fait, en ce grand repas,
De ses miracles le miracle.
L'Amour fait ce divin effort,
Pour braver la cruelle mort,
Et de Sathan la fiere rage,
Deleguer[d] ce puissant support
A nostre long pelerinage.
Cet Amour qui le tient pressé,
L'a desja tantost abbaissé
Aux pieds de sa trouppe fidelle,
Où à tous il nous a laissé,
D'humilité le vray modelle.
O nompareille affection !
Qui as treuvé l'invention
D'une si chere medecine,
Pour, de nostre imperfection, [120]
Oster le tronc, et la racine.
Celuy qui terre, et ciel contient,

a 1619 : suit le titre de CHANSON
b 1619 : j'escoule
c 1619 : jusqu'au
d 1619 : Delegue

Par qui tout estre se maintient,
Dont le pouvoir est sans limite ;
Ce grand Amour icy se tient
En une espace si petite.
Mon Dieu, que n'ay-je autant de voix,
Que ce cher Amour a de fois
Donné[a] de ses effets au monde,
Pour appeller dessous ses loix
Les peuples de la terre ronde ?
Venez, tous humains, à ce jour,
Sacrifier à cet Amour ;
Consommez-vous tous en loüanges,
Attendant qu'au plus haut sejour
Vous concertiez avec les Anges.
Amour, mon unique vainqueur,
Recevez mon ame et mon cœur,
Et tout mon estre en sacrifice :
M'accordant cest heureux honneur
De mourir[b] pour vostre service[c].

## 80

## JESUS va au Jardin des Olives.

Sur l'air, *Fy de la ligue, et de son nom, etc*[d].

Pleurons, mortels, le triste sort
Qu'Adam fit escheoir à sa race ;
Las ! il va battre nostre fort,
Et en s'accablant le terrace :
O funeste transgression !
Quelle est ta reparation ?

a 1619 : Produit
b 1623 : mouvoir
c 1619 : suit *Ainsi soit-il*
d 1619 : suit le titre de CHANSON

Ce grand Facteur de l'Univers, [121]
Bruslant d'une amoureuse flame,
Pour racheter l'homme pervers
A voulu donner sa propre ame :
O incomprehensible Bonté[a],
Combien vous avons-nous cousté ?
Voicy l'admirable duel,
De charité et de Justice :
Mais pour leur accord mutuel
JESUS se donne en sacrifice,
Payant sur l'Autel de la Croix
Le droict des paternelles loix.
Ceste nuict, unique en horreur[413],
D'une espouventable furie,
Frappera le divin Pasteur
En escartant sa bergerie,
Estonnant la terre, et les cieux
De ses effets prodigieux.
Mesme ce feu d'affection[414],
Ce grand pilotis* de l'Eglise, ** S. Pierre*
Triplera sa negation
En violant sa foy promise :
Helas ! Pierre, que ta ferveur,
A laschement trahy ton cœur.
Mais, ô mon Dieu, où entrons-nous ?[415]
En ce cruel champ de bataille,
Où vostre fils criant à vous
Pour l'esprit et la chair travaille :
Preuvant son extreme douleur
Par ceste sanglante sueur[416].
O Pere clement et benin,
Las ! que vostre Bonté l'escoute :

a 1619 : O mon cher Christ, mer de bonté

Voyez, que de ce sang divin[417],
Il suffit une seule goutte
Pour rendre plaisans à vos yeux [122]
Mille mondes, et mille cieux.
Le peché donc est ja deffait,
Et la Justice a son merite :
Mais l'amour n'est pas satisfait,
Parce qu'il n'a point de limite ;
C'est luy qui domine en tout lieu,
Sur toutes les œuvres de Dieu.
Poursuyvez, ô divin Amour,
Rangez tout sous vostre puissance,
Voicy desja à vostre jour
Vos ennemis sans resistance :
Mais las ! en ces puissans efforts
Vous abbattez le fort des forts[418].

## 81

### De la prinse de nostre Seigneur[a]. Sur l'air, *Cruelle despartie*[b].

Tremblez, ô ciel, et terre,
Changez de lieu,
Voyant faire la guerre
A vostre Dieu.
Ce grand Dieu des armées[419],
Tant redouté,
A ses mains desarmées
D'authorité.
Sa charité bruslante
L'a desja mis

a 1619 : De la prinse du Sauveur

b 1619 : *Cruelle despartie, malheureux jour*, etc. Le titre CHANSON suit.

En la main violente
Des ennemis.
Esveille-toy, mon ame,
De tout sommeil,
Et suis la vive flame [123]
De ce Soleil.
Ja la trouppe felonne[420]
Des creux enfers,
Fierement l'environne
De feux, de[a] fers.
Voy de quelle furie,
Mon pauvre cœur,
Ce cruel peuple lie
Ton Createur.
O monde plein de rage,
Engage-moy
Dans ce mesme cordage
Avec mon Roy.
Que mon esprit vous suyve,
Parfait Amant,
Que sans vous il ne vive
Un seul moment.
Tout luy est precipice,
Absent de vous,
Et pour vous tout supplice
Luy sera doux.
Adieu vie, richesse,
Plaisir, honneur,
Plustost que je delaisse
Mon cher Seigneur[b].

---

a 1619 : et

b 1619 : *le poème se termine par* Amen.

## 82

### De la flagellation.
### Sur l'air, *J'ay couru tous ces bocages*[a].

Helas ! puissance eternelle,
Vostre bonté paternelle
Peut-elle bien voir ce jour ? [124]
Les tourments insupportables[421]
Que ces gens abominables
Font à vostre chair amour.
Et vous, esprits Angeliques,
Qui de vos voix magnifiques,
Loüez son Nom sans sejour ;
Pouvez-vous souffrir l'outrage
Que ce peuple plein de rage
Fait à nostre cher Amour ?
A ces cruautez horribles,
Les choses plus insensibles
En gemissent tour à tour ;
Ayant horreur de l'injure
Que ces monstres de nature
Font à nostre cher Amour.
La grande lampe* celeste[422], ** le Soleil*
Ceste journée funeste,
D'effroy arreste son tour :
La terre bransle panchée,
Ne voulant estre touchée
Des meurtriers de nostre Amour.
Ha ! quelle injuste justice,
Que ce doux Agneau patisse
En ceste inhumaine Cour,
Des coups d'ardeur violente
Six mille six cents soixante[423],

---

a 1619 : *le titre* CHANSON suit.

Par son nompareil amour[424].
Desja ses sacrées veines[425]
Ruissellent comme fontaines
Son divin sang à l'entour :
Mais son ame languissante
N'est pas encore contente
De preuver son pur amour.
O Jesus, amour supreme, [125]
Je vous requiers par vous-mesme,
Qu'à vostre dernier retour,
Ce grand Jour[a] de vos vengeances[426],
Vous consommiez[b] nos offences
Au feu de ce grand Amour[c].

## 83

### Du couronnement et sentence de JESUS.

Sur l'air, *Helas, il faut bien que je porte des*[d] *fueilles.*

Helas ! il faut bien que je pleure,
Fleuve[e] de sang pour mes meffaits[427],
Les voyant produire à ceste heure
De si lamentables effets.
Sors, ô mon ame, hors de toy-mesme,
Sortez, ô filles de Sion,
Pour voir le Royal diadéme[428]
Qui pare nostre Salomon.
Las ! que font ces rudes espines
Sur ce chef, l'ornement des Cieux ?
Elles reparent les ruïnes,

a 1619 : Qu'à l'heure
b 1619 : Brusliez toutes
c 1619 : le poème se termine par *Ainsi soit-il.*
d Corr. de de.
e 1619 : Fleuves

De mes desseins audacieux.
Et ceste pourpre imperiale[429],
Ce throsne, et le sceptre mocqueur ?
Mon inconstance desloyale,
Et les vanitez de mon cœur.
Helas ! ces infernaux ministres[430],
L'environnant de toutes parts,
De mots et blasphemes sinistres
Percent son cœur de mille dards.
Mais voyons pourquoy ce faux Juge[431]
A tant de cruautez consent,
Et l'abysme en ce grand deluge ? [126]
C'est parce qu'il est innocent.
Tu n'ignores pas, ô Pilate,
La rage, et complots inhumains
De ceste race tant ingratte,
Qui te l'a mis entre-[a]mains.
Penses-tu effacer ta faute[432]
D'un exterieur lavement ?
Ha ! ceste Puissance tres-haute,
Va bien d'un autre jugement.
Lave, lave, plustost ton ame,
D'une juste contrition,
Pour nettoyer ta[b] tache infame
De ta meurtriere ambition.
Voy sur[c] ceste face benigne
Que nul fleau n'a peu estonner,
Un vray, un infallible signe
Que luy-mesme veut se donner.
Sathan a prins telle[d] espouvante[433]

a 1619 : entre les
b 1619 : la
c 1619 : en
d 1610 : belle

De sa constante humilité,
Qu'il incite la gouvernante
De procurer sa liberté.
Mais ces ames par luy seduittes,
Pleines de son mortel poison,
Ne peuvent plus estre reduittes
Dessous le frein de la raison.
O cruel peuple, voicy l'Homme[434],
Ton Roy puissant et souverain,
Qui fournit la totale somme
Que devoit tout le genre humain.
Au moins ce triste aspect t'esmeuve,
Et ce sien nompareil tourment,
Si ja plus en toy ne se treuve,
De ses biens-faits nul sentiment.
Ses cheveux sont pleins de rosée[435], [127]
Des goutes de ta noire nuict,
Et son ame toute embrasée,
De t'en faire gouster le fruict.
Hé ! quoy ? ô pestilente envie[436],
Tu preferes[a] un larron à luy ?
O chere vie de ma vie,
Las ! vous mourrez donc aujourd'huy ?
Voylà la sentence effroyable[437],
Qui tonne sur ce chef divin :
Engence ingrate, et miserable,
Ton supplice en sera sans fin.
Puis donc que le Monde vous chasse,
Mon tout, mon bien, mon cher Seigneur,
Mon Dieu, faites-moy ceste grace,
De vous retirer en mon cœur[b].

a Corr. de prefere.
b 1619 : suit *Ainsi soit-il.*

## 84

### JESUS porte sa Croix.

Sur l'air, *Des maux si deplorables,* etc[a].

Destourne-toy, ô Monde,
Laisse passer ton Roy,
Qui d'une amour profonde,
Accablé de ton faix,
S'en va mourir pour toy,
Son espaule est chargée[438]
De sa principauté :
Mais son ame affligée
Ressent moins son tourment
Que ton adversité.
Cité infortunée[439],
Qui chasses tout ton bien[b],
Las ! tu t'es destournée [128]
Du sommet de tout heur,
Pour te reduire à rien.
Jadis haute Princesse
De toutes nations,
Ores ta gloire cesse,
Changeant ton heureux sort
En maledictions.
Ceste lumiere insigne,
Dont tes actes pervers
Te rendant tant indigne,
Sur le grand chandelier,
Va luire à l'Univers.
Ha ! Mere nompareille
Parlez pour vostre enfant,

---

a 1619 : ce poème porte le titre de CHANSON.

b Corr. de bieu.

Qui, ô triste merveille,
Est de tous offencé,
Et nul ne le deffend.
    Voyes, Vierge tres-saincte,
Si vous le cognoissez,
Ayant sa robbe teinte[440]
Du jus des raisins noirs,
Qu'il a tout seul pressez.
    Ses yeux, Soleil[a] des Anges,
Ont perdu leur clarté,
Et ses peines estranges
L'ont du tout difformé,
Et privé de beauté.
    Helas ! ma chere Dame,
Quel glaive de douleur
Perce vostre saincte ame,
Voyant ce peuple ingrat,
Si prompt à son malheur ?
    Suy, mon cœur, ta Maistresse,
Et à sa triste voix, [129]
Malgré la fiere presse[441],
Ayde au Cyrenien
A porter ceste Croix.
    Baise la chere trace
De ce sang precieux[442],
Qui te remet en grace,
Et rompant ta prison
S'en va[b] ouvrir les Cieux.
    Pleure la peine extreme,
De ce tres-cher Amour :
Mais pleure sur toy mesme,

---

a 1619 : Soleils
b 1619 : Te doit

Qui causes les tourments,
Qu'il endure ce jour.
Croix, mon espoir, et[a] gloire[443],
Cher lict de mon Espoux,
Phanal de sa victoire,
Vien m'attacher à toy
De ses amoureux cloux[b].

## 85

L'arrivée de JESUS en Calvaire, et son crucifiement.
Sur l'air, *O beau laurier, que n'ay-je comme vous*, etc[c].

Venez esprits pleins de compassion,
Voir nostre espoux au sommet de Calvaire,
Où sa cruelle passion,
Pour nos pechez va satisfaire.
Las ! le voicy ce grand verbe eternel,
Qui terre, et ciel maintient en sa puissance,
Seul parmy ce peuple cruel[444],
N'ayant aucun pour sa defence. [130]
Où sont, Seigneur, ces esclattantes voix,
Applaudissans vos œuvres admirables ?
Las ! je les entens cette fois
Chanter des airs fort dissemblables.
O peuple ingrat ! tant de biens qu'il t'a faits,
Sont-ils desja sortis de ta memoire ?
Luy qui t'a fait, tu le defaits,
Et l'accables en ta victoire.
Monde pervers, ouvrier d'iniquité,
Ce sont des fruits de tes belles caresses,

a 1619 : ma
b 1619 : suit *Amen.*
c 1619 : ce poème porte le titre de CHANSON.

Tu nous suis en prosperité,
Et au besoin tu nous delaisses.
  Hé ! doux amour, ainsi las et rompu[445],
L'on vous presente un cruel refrigere,
Un verre de vin corrompu,
Du fiel, et de la myrrhe amere.
  Fuyons, mon cœur, ce monde seducteur,
Qui n'a que fiel, dont il nous puisse paistre :
S'il n'est fidelle à son Facteur,
Comment nous le pourroit-il estre ?
  Ha ! Monseigneur sont mes detractions,
Mon inutil[a], et superflu langage,
Et mes immoderations,
Qui vous composent ce breuvage.
  L'ambition dont mon cœur s'est soüillé,
Mes vains atours, et mes effronteries
Vous tiennent ainsi despoüillé,
Chargé de honte et moqueries[446].
  Las ! je vous voy, bel Amant des amants[447],
Vous grand Autheur de toute la nature,
Ne vouloir en ces griefs tourments
Secours d'aucune creature.
  L'air plein de froid vous perce jusqu'aux os,
Le feu d'amour vous consomme les vaines,
La terre de son rude dos[448], [131]
Augmente vos cruelles peines.
  Et l'eau[449] encor à ces[b] extremitez,
Va desniant son coustumier office,
Pour vous rendre de tous costez
Un grand, et parfait sacrifice.
  Mesme l'appuy[c] de vostre estre divin,

a 1619 : subtil
b 1619 : Et mesmes l'eau, à vos
c 1619 : Encore l'apas

Est pour vous faire endurer d'avantage,
Et vostre aspect plus que benin,
Accroit de vos bourreaux la rage.
  Mais, ô mon Dieu, ce n'est pas encor tout,
Vostre bonté ne peut estre assouvie,
Si vous ne donnez jusqu'au bout,
Et vostre sang, et vostre vie.
  Je vois ouvrir ces invincibles bras,
Pour assembler aux hauts cieux nostre terre,
Et le coup de ce grand trespas
La mort, et le peché atterre[a].
  Voicy grand Roy[450], le lict paré de fleurs,
Que vostre sang tres-precieux[451] arrouse,
Parfumé des sainctes odeurs[452],
Où vous invitez vostre Espouse.
  Saute, mon ame, en ce beau lict d'amour,
Où ton espoux, vaincu d'amour sommeille,
Et ne quitte point ce sejour,
Si ce mesme amour ne t'esveille.

## 86

Des dernieres paroles du Sauveur[453],
Sur l'air, *Belle main dont amour,* etc[b].

Aprochez-vous icy, tous enfans de lumiere,
Venez voir nostre pere avant son partement :
Remarquons ses propos à son heure derniere [132]
Gravans dedans nos cœurs son divin testamment.
    *Pere, pardonne leur*[c][454].
  A vous Pere tres-haut, ce premier cry s'eslance,

a 1619 : enferre
b 1619 : ce poème porte aussi le titre de CHANSON.
c 1619 : les paroles du Christ ont été omises.

Admettez ceste excuse en faveur de nous tous,
Il doit estre exaucé, et pour sa reverence
Vostre bras desarmé de son juste courroux.
Oyez, ô Souverain, les vœux de vostre unique,
C'est à vous d'approuver sa disposition :
Helas ! remettez-luy ceste cedule antique[455],
Dont il voulut vers vous nous estre caution.
*Tu seras aujourd'huy avec moy en Paradis*[456].
Voicy des-ja le fruit de ce precieux baume,
Que cest arbre divin[457] produit de tous endroicts,
Il promet au larron le souverain Royaume,
Et aux vrais penitens assigne mesmes droicts.
*Femme, voicy ton filz*[458].
O femme, grand Soleil, et gloire de ce sexe,
Voicy un nouveau fils qui vous est presenté :
Ce n'est pas changement, non ce n'est qu'un annexe,
Qui nous met tous au sein de vostre charité.
S'il ne vous dit rien plus, ô puissante Princesse,
Vous ne craignez pourtant qu'il manque à[a] vous pourvoir[b] ;
Vostre foy n'a besoin de plus grande caresse,
Car où regne un tel Fils, la Mere a tout pouvoir.
*Mon Dieu, mon Dieu, pourquoy m'as-tu delaissé*[459] ?
Helas ! mon cher Sauveur, en cette peine extreme,
Vous estes delaissé de la terre et des cieux,
Privé de tout[c] secours, de vostre Pere mesme,
Qui ne peut voir sur vous nos maux contagieux.
*J'ay soif*[460].
Seigneur, vostre soif est nostre beatitude,
Et cette soif vous fait oublier vos douleurs,
Et nous vous abreuvants de pure ingratitude,

---

a 1619 : ce mot manque.
b Corr. de pouvoir.
c 1619 : tous

Allons nous engageans[a] aux eternels malheurs. [133]
*Tout est consommé*[461].
Pardonnez-nous, Seigneur, consommez, tous nos crimes
Dans le brasier ardant de vostre tres-sainct cœur,
Qui consomme la fin de ces hautes victimes,
Et vous rend de l'Enfer, et du peché vainqueur.
*En vos mains je recommande mon Esprit*[462].
Recevez mon esprit en vos mains pitoyables,
Alors qu'il vous plaira le sortir de prison :
Qu'il entonne sans fin ces hymnes admirables,
Resonnantes par tout vostre saincte Maison[b].

## 87

Autre de la Passion,
Sur l'air, *Berger en passant, etc.*

Pelerin passant[463],
Ton œil gemissant,
En larmes se fonde
Dessus le cercueil,
Tout rempli de dueil,
Du Sauveur du monde.
Voy les cieux couverts[464],
Les tombeaux ouverts,
Les pierres fendues,
Les corps r'animez,
Et des enfermez
Les prisons rompuës.
La terre fremit[465],
Le Soleil gemit,
Destournant sa face

a 1619 : engager
b 1619 : le poème se termine par *Amen.*

De ces gens pervers :
Laissant l'Univers
Tout horreur, et glace. [134]
    Tous les elemens
Sentans les tourmens
De leur grand Monarque,
Semblent se renger,
Et vouloir venger
De la fiere Parque.
    La foy chancelant,
Les cœurs va gelant
De la trouppe chere,
Et n'a plus recours,
Ny autre secours
Qu'en la Vierge Mere.
    Le Disciple aymé[466]
S'estant conformé
A sa chere Dame :
Au pied de la Croix
Offre encor sa voix,
Son cœur, et son ame.
    Magdeleine aussi[467],
Le cœur tout transi,
Aux pieds de son Maistre,
D'un amour bruslant,
Va contribuant
Sa vie et son estre.
    Un rayon ardant[468]
Au larron pendant,
Les deux yeux dessille,
Le rend confesseur
Et grand professeur
Du sainct Evangile.
    Sors, mon ame, sors

Du tombeau des morts,
Quitte ceste terre,
Viens chercher ton jour, [135]
Et fais ton sejour
Au creux de la pierre.
  Puise la liqueur
En ce divin cœur,
Pour guerir ta playe ;
Là gist le thresor,
Et precieux or
Qui ta debte paye.
  Puis donc que Longis[469],
De ce cher logis
T'a ouvert la porte :
Loges-y en paix,
Et que desormais
Rien plus ne t'en sorte.

## 88
## *Sur le* Stabat*.

La Reyne de Sion[470] estant au pied de la Croix[471],
Son cœur crucifié, son ame transpercée,
La tristesse l'abat, l'amour la tient dressée[472] :
Mais pour plaindre son mal elle n'a point de voix[473].
  Vous, qui d'un œil benin admirez son malheur,
Et les tristes effets de ce jour plein d'alarmes,
Jugez si un tel dueil peut s'exprimer par larmes[474],
Et s'il y a douleur égale à sa douleur.
  Son Pere, son Espoux, son Fils et son Seigneur[475],
La coulpe luy ravit, ô nompareille perte !
En ce triste moment elle reste deserte
De gloire, de repos, de plaisir et d'honneur.
  Elle pleure pourtant, mais d'un pleur genereux[476],

Payant le droict humain, et le divin ensemble ;
Ces contraires accents, puissamment elle assemble,
De dueil, d'espoir, de crainte, et d'amour glorieux. [136]
Mon ame, que fais-tu, que tu ne viens icy
Suyvre en ces saincts devoirs ta divine Maistresse ?
Las ! c'est toy qu'elle plaint, c'est ton mal qui la blesse,
Et l'espoir de ton bien qui la r'anime aussi.
Suy tous ses mouvements, invoque sa bonté,
Qu'elle te face part de sa Croix douloreuse,
Qu'elle brusle ton cœur de sa flam'amoureuse,
Et purge ton esprit de toute impureté.
Chere tour de David[477], puy des vivantes eaux[478],
Parfaict Temple de Dieu[479], ô Cité de refuge,
Vraye Arche de Noé, sauvez-moy du Deluge[480],
Où me vont submergeant mes crimes et mes maux.
Belle Estoille de mer[481], palme de sainctеté[482],
Grand Cedre du Liban[483], excellent lys des pleines[484],
Mettez-moy à couvert des eternelles peines ;
Pour loüer à jamais vostre alme Majesté.

## 89

De la douleur de saincte Magdeleine au pied de la Croix,
n'ayant aucune parole de son cher Maistre[485].
Sur l'air, *Ou donnez*[a]*-moy la mort, ou rompez-moy mes fers.*

Quand je voy Magdeleine aux pieds de Monseigneur[486],
Defaisant tous ses maux par penitentes larmes,
J'admire son amour, sa foy, et son bon-heur[b],
Qui tous luy ont fourny[c] de si puissantes armes.
Quand je la vois apres en son divin loisir,

a 1619 : Ordonnez
b 1619 : Lors j'admire sa foy, son amour, son bonheur
c 1619 : Qui luy fournirent tous

Enviée[a] par sa sœur[b], au mesme amour portée[487] ;
Je brusle de pouvoir avec elle choisir
Ceste tres-bonne part qui ne peut estre ostée.
Quand je la vois encor de ce nard precieux [137]
Oindre ce chef sacré embaumant tous[c] les Anges[488],
Effect qui la rendra, en la terre et aux Cieux[d],
Es siecles infinis, immortelles aux loüanges[e],
Que je la treuve heureuse en ses inventions,
Qui la font triompher du monde, et de soy-mesme :
Mais que ne peuvent pas telles affections,
Pour preuver de leur feu, la violence extreme ?
O heureux changement ! ô Dieu plus que benin !
Hé ! que n'espargneroit-on pour gagner[f] un tel gage ?
Vous luy faites gouster et le laict et le vin[489],
Et la rendez maistresse à son apprentissage.
Mais las ! quand je la vois[490] au pied de ceste Croix,
Où elle voit languir et expirer sa[g] vie,
N'attendant plus pour soy ceste divine voix,
De trois cruelles morts je la juge ravie[h].
N'est-ce pas une mort de sentir ces[i] douleurs ?
N'est-ce pas une mort d'attendre ceste absence ?
N'est-ce pas une mort de n'avoir en ses pleurs,
De ceste chere bouche une seule allegeance ?
Le moindre de ces coups[491] estoit plus que mortel,
La moindre de ses morts assassine son ame :
Mais son amour naissant d'un sujet immortel,

a Corr. de envié.
b 1619 : Par sa sœur enviée
c 1619 : qui embaume
d 1619 : Je vois lors, ce me semble, et la terre et les cieux
e 1619 : Qui chantent à l'ennuy, ses divines loüanges
f 1619 : l'espoir d'
g 1619 : son innocente
h 1619 : transie
i 1619 : ses

Malgré tous ses[a] efforts, l'anime de sa flame.
Helas ! Amant sans pair, qui mourez pour l'amour[492] !
N'aurez[b]-vous point pitié de ceste triste Amante ?
Pourquoy vos divins yeux, son cher unique jour,
N'arrestent-ils l'espoir de son ame mourante ?
Que ne luy dites-vous un mot à ce depart,
Qui l'asseure estre encor vive en vostre memoire ?
Vous avez bien parlé à celuy qui si tard,
Mourant aupres de vous, confessa[c] vostre gloire.
Mais las ! il n'est plus temps, car la pasle Atropos,
Va desja ternissant les lys de vostre face[493] :
Offrant à un tombeau[d] ce nompareil depos, [138]
Qui à son grand reveil nous doit rendre la grace.
Ja la terre, d'horreur, en esbranle son corps[494],
Les Cieux prennent le dueil, et les pierres en[e] fendent,
Les poudreux monumens en ont rendus leurs mors,
Et tous à ceste mort leur hommage[f] ils rendent.
Pleurez donc, Magdelaine, aupres de ce tombeau[495],
Jusqu'à ce que (l'enfer despoüillé de sa[g] proye)
Cest excellent vainqueur, tout triomphant et beau[h],
En son corps glorieux vous rende vostre joye[i].
Mais ne le touchez-plus comme un homme mortel,
Alembiquez ce feu dans sa passion saincte,
Aimez[j]-le homme-Dieu, d'un amour supernel,

---

a 1619 : ces
b 1619 : avez
c 1619 : confesse
d 1619 : La fiere offre au tombeau
e 1619 : s'en
f 1619 : leurs hommages
g 1619 : l'enfer perde sa chere
h 1619 : Et que ce grand Alcyde, agreablement beau
i 1619 : Comme il vous a promis vous rendre vostre joye
j 1619 : Cherissez

Lors il vous changera[a] en gloire vostre plainte.
  Et quand vous jouyrez de ses[b] divins baisers,
Souvenez-vous de moy, belle ame Seraphique,
M'envoyant de là haut ces celestes brasiers,
Qui font mourir vivant, de la mort Angelique.

## 90

### De la descente du Sauveur aux Lymbes.
### Sur l'air, *Cessez mortels de souspirer, etc*[c].

Les Cieux sont aux ames ouverts[496],
Les demons ont quitté leurs armes :
Ce grand jour peuple les enfers
D'effroy, de craintes, et d'alarmes,
Sentans les divins feux
Penetrer ces funestes lieux.
  Fuyez, fuyez, cruels hyboux[497],
Devant ce Soleil de Justice[498],
Craignans que son juste courroux[499]
Vous redouble vostre supplice,
Et que les luysans yeux, [139]
Vous chassent encor de ces lieux.
  Vous, saincts Peres, approchez-vous,
Baisez ses mains victorieuses,
Embrassez ses sacrez genoux,
Entonnans Hymnes amoureuses
A ce grand Dieu des Dieux[500],
Qui vient de vous gagner les Cieux.
  Vous, grand Mere de ce vainqueur,

---

a 1619 : Si vous voulez qu'il change
b Corr. de ces.
c 1619 : ce poème porte aussi le titre de CHANSON.

Qui vous apporte tant de gloire,
Adorez ce celeste cœur,
Et prenez part à sa victoire :
Voicy le jour heureux,
Qui accomplit tous vos saincts vœux.

Venez, cher tuteur de ce Roy,
Tesmoin de ses œuvres parfaites,
Venez, lumieres de la Foy,
Saincts Patriarches, et Prophetes,
A ce grand Dieu des Dieux,
Qui vient pour vous mener aux Cieux.

O Dieu ! quel heureux changement[a][501]
Sentoyent ces[b] ames prisonnieres,
Quand vostre dextre puissamment
Forçoit leurs antiques barrieres,
Rendant, de ses beaux yeux,
Ces noirs cachots des luysans Cieux ?

Las ! vous ne pouvez plus souffrir
L'exil de sa chere presence :
Mais ce sainct Jour vous vient offrir
Le fruict de vostre patience ;
Ouvrez doncques vos yeux
Pour voir ce beau present des Cieux.

Sortez tous de ce lac sans eau[502],
Quittez cet ombre mortuaire ;
Suyvez[c] ce nompareil flambeau[503], [140]
Qui si rayonnant vous esclaire,
Et jamais plus vos yeux
Ne perdront ce jour radieux.

---

a 1619 : cette strophe est placée avant les deux précédentes.
b Corr. de ses.
c 1619 : Fuyez

## 91
## De la Resurrection.
### Sur l'air, *Quand je voy ce bel œil vainqueur*[a].

Quand je voy ce divin vainqueur[504],
Roy de mon cœur,
Sortir tout triomphant et beau,
Si plein de gloire,
Et de victoire,
Hors du tombeau.
J'entens les celestes espris,
D'amour épris,
Eslevant leurs divines voix
En leurs musiques,
Et doux Cantiques,
Au Roy des Roys[505].
Je sens les divines ardeurs[506],
Et les odeurs,
Qui remplissent tout ce doux air :
O jour illustre,
Ha ! que ton lustre
Est pur[b] et clair.
Mon Dieu, que ce corps glorieux
Est radieux,
Ha ! quelle brillante clarté
Sort de ses playes,
Images vrayes
De sa bonté.
Il a r'amené ce matin, [141]
Son cher butin,
Ayant despoüillé tout l'enfer,

a 1619 : ce poème porte aussi le titre de CHANSON.
b 1619 : bel

Et la puissance[a],
Et resistance[b]
De Lucifer.
Marie*, ne le cherchez pas[507] * *Magdelaine.*
Dans le trespas,
La mort, seulement à le voir,
Pleine d'alarmes
Quitte[c] les armes,
Et son pouvoir.
Or sus donc, loüez l'Eternel,
Reyne du ciel,
Car vostre Fils, par sa valeur,
Qui tout surpasse,
Aujourd'juy chasse
Nostre malheur.
Priez-le, Reyne des humains,
A jointes mains,
Que par son Fils ressuscité,
Il nous bien-heure
A l'extreme heure
D'un *Venité*[d].

## 92

Magdelaine va au sepulchre chercher son ame[e508].

Esveille-toy, Astre du jour,
Las ! avance-toy de me suivre,
A chercher mon unique Amour,

---

a 1619 : La resistance
b 1619 : Et la puissance
c 1619 : Quitta
d 1619 : le poème se termine par *Amen.*
e 1619 : ce poème est placé à la fin des *Chansons spirituelles* et porte aussi le titre de CHANSON.

Sans lequel je ne veux plus vivre.
    Pourquoy quittay-je[a] ce tombeau,
Où je vois[b] enserrer mon ame ? [142]
Las ! qui a-il pour moy de beau,
Que l'air de ceste heureuse lame ?
    Ah[c] ! je n'ay plus ame ny cœur[d],
Memoire, ny intelligence,
Que pour ressentir la douleur
De ceste insupportable absence.
    Las ! je ne vois, ny n'entends plus[e],
Que dueil, et que plaintes funebres ;
Despuis que mon Soleil reclus[509]
Me livre aux mortelles tenebres.
    Sus doncques, pauvre ombre, courons[f][510]
A ceste chere sepulture,
Allons, et derechef mourons,
Malgré l'ordre de la nature.
    Ouy, JESUS, mon cher Amant[g],
L'object de vostre[h] chere veüe,
Donnera la mort au tourment,
Qui m'animant, tousjours me tuë.
    Mais, ô pauvre cœur abbatu[i][511],
Voicy pour ton Seigneur, un Ange :
Hé quoy ! pauvrette, feras-tu
Un si desavantageux change ?
    Non, non, mon souverain Espoux[j],

---

a 1619 : Quitteray
b 1619 : vis
c 1619 : Non,
d 1619 : 8e strophe
e 1619 : 9e strophe
f 1619 : 3e strophe
g 1619 : 4e strophe
h 1619 : ceste
i 1619 : 6e strophe
j 1619 : 7e strophe

Unique source de ma flame,
Il n'y aura jamais que vous,
Qui puisse consoler mon ame.
Tu as, ô temeraire mort[a],
Faisant ceste effroyable breche,
Changé ton implacable sort :
T'enferrant de ta propre fleche.
Pleurez donc sans cesse mes yeux,
Exhalant ma cruelle peine,
Et dans ce tombeau precieux,
Transformez-moy toute en[b] fontaine.

[143]

93

De l'Ascension.

Sur l'air, *En fin celle que j'ayme tant*[c].

En fin nostre divin Seigneur,
Plein d'amour et de grace,
Ayant atterré le malheur
De nostre humaine race,
Remonstant[d] haut des Cieux
Glorieux.
Ayant donné sa saincte paix[512]
A sa trouppe cherie,
Il s'en retourne en son Palais,
Beau sejour de la vie :
Transcendant tous les Cieux

---

a 1619 : 5e strophe

b 1623 : toute fontaine. *De toute apparence une coquille.*

c 1619 : ce poème se trouve à la suite du poème intitulé De la Resurrection et il porte aussi le titre de CHANSON.

d 1619 : Remonte au

Glorieux.
Il traverse d'un pas leger,
Les voutes azurées,
Et va son cher butin* loger ** les Peres tirez des Lymbes.*
Aux sales empyrées,
A l'aspect de ses yeux
Glorieux.
Il sied en son throsne Royal[513]
Tout chargé de victoire,
Estant à son sainct Pere égal
En puissance, et en gloire[a],
Dominant tous les Cieux
Glorieux.
Pures ames, égayez-vous,
Voicy vostre refuge[514],
Vostre Seigneur, et vostre Espoux,
Qui sera vostre Juge[515] ;
C'est le grand Dieu des Dieux[516] [144]
Glorieux.
C'est luy, qui apres vos combats[517],
Et sanglantes alarmes,
Eternisera vos Sabbats,
Et sechera vos larmes,
Vous colloquant aux Cieux
Glorieux.
Ma Muse quitte le sejour
De ceste terre basse,
Va chercher ce Divin Amour,
En son sacré Parnasse,
Sacrant à ses saincts feux
tous tes vœux.

---

a 1619 : Et tout égal en gloire

## 94

### De la descente du S. Esprit.

Sur l'air, *Amans et Mariniers, nous avons adoré, etc*[a].

Sus loüez l'Eternel[518], tous peuples, à ce jour[519],
Loüez le Pere sainct, loüez sa Sapience,
Loüez le Paraclet[520], dont la douce clemence
Communique aux mortels son triomphant amour.
Magnifiez son Nom, ô toutes nations,
Son pouvoir infiny, sa bonté, sa sagesse,
Et ce divin pourtraict de sa haute richesse,
Le magnifique esclat de ses affections.
Voyci ce jour heureux, si cherement promis,
Voyci le tres-haut don de l'Olympe divine ;
Essuyez-donc vos yeux, pauvre trouppe orpheline[521],
Vos vœux sont exaucez, vos desirs sont admis.
Ce son tout excellent[522] resveille vostre foy,
Ceste saincte splendeur chasse toute ignorance,
Et ce feu consumant vous apporte puissance, [145]
De renger l'Univers sous la divine Loy.
Venez, ombrage doux au plus cuisant Esté,
Venez, vent precieux, escartant toute poudre,
Guerissez les blessez, et les rompus du foudre,
Nettoyez toute crasse et immundicité.
Donnez à vos enfans, se confians en vous,
De vos excellents dons le nombre septenaire[523] ;
Donnez aux trespassez le repos salutaire,
Distilant vos faveurs et sur eux et sur nous[b].

---

a 1619 : ce poème porte aussi le titre de CHANSON.
b 1619 : et en eux, et en nous

## 95

*A mon cher Fils.*
Sur l'apprehension de la mort[*524].
Sur l'air, *Dy moy volage amour, etc.*

Mon fils, hastons le pas,
Devançons le trespas,
Sortons de ce lieu ;
Cherchons de la faveur,
Pour le jour de terreur[525],
Aupres de Dieu.
Parlons à ces mignons[526],
Rendons-les compagnons
De tous nos travaux ;
Ils nous soulageront,
Et puissans changeront
En biens nos maux.
Lors du supreme arrest,
Leur secours sera prest
A ce grand danger,
Et du thresor divin
Remplira le bassin[527] [146]
Resté leger.
O celeste Sion[528],
Vostre protection
Nous treuve sans fin,
Pendant ce triste exil,
Et l'éminent peril
De son chemin.
Ame de mon JESUS,
Qui decretez là sus
En dernier ressort :
Soyez nostre element,
Et nostre unique aymant,

Et lot, et sort[529].
Vierge,* dont la bonté ** la S. Vierge.*
N'a rien de limité ;
Vous, son chaste Espoux,* ** S. Joseph.*
A ce dernier moment,
Tenez-nous cherement
Aupres de vous.
Ne nous delaissez point
En cet extreme point,
Nos chers gouverneurs :* ** Anges Custodes.*
Vous tous esprits aislez[530],* ** tous les Anges.*
Helas ! soyez zelez
A nos bon-heurs.
Geniteurs* de mon Roy, ** S. Joachim, et S. Anne.*
A ceste heure d'effroy
Vos benins adieux :
Vous, nos Legislateurs,* ** les Peres d'Ordre.*
Soyez les protecteurs
De tous nos vœux.
Tous heureux citoyens* ** tous les Saincts.*
Changez en vos saincts biens
Nostre infirmité, [147]
A fin qu'à ce grand jour
Nous soyons tout amour
Et pureté.

96

*A Madame de la Benissons-Dieu,*
Du Jugement*.
Sur l'air de *la Valette.*

A ce grand jour tout remply d'alarmes[531],
Ma chere sœur que ferons-nous ?
Cherchons de bonne heure des armes

Dans l'arcenal de nostre Espoux ;
La charité,
L'humilité,
Nous ouvriront ce cœur,
Nostre vainqueur.
De ce divin havre de grace[532]
Nous admirerons l'Univers,
Et tout son corps changer de place,
Les bons separer des pervers ;
Et ce grand Dieu,
De son sainct lieu
Marier la bonté
A l'equité.
Lors l'insupportable destresse[533]
Possedera les nations,
Et l'universelle tristesse
Amortira leurs fonctions :
Les animaux[534],
Par monts et vaux,
De ce grand feu bruslans [148]
Iront hurlans.
La mer, horriblement bruyante,
Cedera au pur element,
Et la terre toute tremblante[535]
Renversera son fondement ;
Ses habitans[536],
Tous haletans,
Paroistront sans vigueur,
Morts de langueur.
L'on verra encores les signes[537],
Que nous donneront à leur tour[a],
Ces deux luminaires insignes

a Corr. de tours.

Qui marquent la nuict et le jour,
Et leurs flambeaux,
A grands monceaux,
L'on verra s'abysmer
Dedans la mer.
L'on oüyra le son effroyable[538]
Du grand clairon de l'eternel,
Joint à la voix espouvantable
De l'inevitable cartel,
Levez-vous, morts,
Prenez vos corps,
Assistez promptement
Au jugement.
Le Roy en son lict de Justice[539],
Tenant ses generaux Estats,
Pour le loyer et le supplice
N'a pas affaire d'advocats :
Son œil luysant[540]
A tout presant.
Les cœurs dissimulez
Sont desvoilez.
Là les injustes calomnies, [149]
En leurs jugements trop hardis,
Se verront justement bannis
Du veritable Paradis :
Là les mocqueurs,
Et les trompeurs,
Où ils se sont gagez,
Seront logez.
O l'ame ! mille fois heureuse,
A qui se tiendront ces propos,
Vien t'en, ma Colombe amoureuse[541],
Posseder l'eternel repos :
Quand j'ay eu faim[542],

Ta douce main
M'a donné sainctement
Allegement.
Mes maladies, et captures,
Soifs, et peregrinations ;
Mes nuditez, et mes froidures,
Et mes autres afflictions,
Tes pieux soins,
A ces besoins
Ont tousjours accouru,
Et secouru.
Vien donc du Liban, ma mignonne[543],
Vien t'en les palmes en tes mains[544],
Vien t'en recevoir ta couronne,
Entre en mes plaisirs souverains ;
Cueille les fleurs[545]
Nées en tes pleurs,
Et possede à jamais.
Ma saincte paix.
Mais vous, ô ingrats et rebelles[546],
Qui avez mesprisé ma loy,
Et mes graces continuelles, [150]
Allez, departez-vous de moy :
Courez au feu,
Qui vous est deu,
Preparé en l'enfer
A Lucifer.

## 97
## De l'Enfer et des damnez*.

Ce n'est pas pour eux que tu sors,
Grand Soleil du milieu de l'onde.
Car tu ne luis pas pour les morts,

Et ils sont plus que morts au Monde[547] ;
Vifs à leurs douleurs seulement,
Et morts à tout allegement.
  Pendant que ta belle splendeur
Les honnoroit de son service,
Ils en usoyent à leur malheur,
Contre le soleil de Justice[548] :
Bastissans leur impieté
Sur sa patiente bonté.
  Le doux joug de ses sainctes loix[549],
Estoit leurs communes risées,
Et les plus exhortantes voix
Par leurs audaces mesprisées,
Siegoient leur jugement tortu
En la place de la vertu.
  L'amour propre estoit le guidon
De ces deplorables cohortes,
Qui exposoit à l'abandon
La liberté en toutes sortes ;
Les temeraires jugemens
Soldoyent leurs noirs regimens.
  Mais les temps de douceur passez, [151]
Voycy la supreme Justice[550],
Qui les a tous bouleversez
Dans l'horreur d'un juste supplice :
Separant le vray bien du vain,
Et la triste paille du grain[551].
  Helas ! qu'est devenu l'orgueil[552]
De ceste fiere Babylonne ?
Le court songe d'un faux sommeil,
Son sentier n'est veu de personne ;
La terre ne luy bastoit pas,
Et rien suffit à son trespas.
  O grand Dieu qu'il est dangereux

Se vouloir joüer à son Maistre !
Gens perfides et malheureux,
Ah ! fussiez-vous encor à naistre,
Ou plutost ô infortunez,
Las ! ne fussiez-vous jamais nez.
   Que ferez-vous en cet estang[553],
Regorgeant de feu et de souffre,
Où vostre miserable sang
Sans consommer brusle et s'engouffre,
Et tous vos sens incessament
Ressentent leur propre tourment ?
   Une eternelle nuict d'horreur[554]
Reside dans ce cruel antre,
La faim, la soif, le froid, l'ardeur,
La mort penetrant tout son centre,
Mort, sans mort[555], qui les broutera
Tant que l'eternité sera.
   Eternité, Eternité,
Abbregé objet de la rage,
O juste Juge, ô equité
Helas ! quel desastré partage,
Estre privez de vostre paix, [152]
Et de vostre amour à jamais.
   Peine insupportable du dam[556],
Que tes rigueurs sont excessives,
Rude transgression d'Adam,
Helas ! de quel heur tu les prives,
D'avoir jamais en son sainct lieu
La belle vision de Dieu.
   Les pleurs et grincements de dents[557],
Les reproches et mocqueries,
Et les vers tousjours remordants[558],
Les insatiables furies[559] :
Sans que jamais l'on puisse voir

Là bas un seul rayon d'espoir.
  Là les rouës des Ixions[560],
Là les vautours des Promethées,
Des Tantales les passions,
Là des Sysiphes les montées,
Là l'abbregé de tous les maux,
Là la peine de tous deffaux.

## 98
## Du Paradis*, *A mon Fils.*
Sur l'air, *Cette Anne si belle, etc.*

Quittons, mon unique,
Tout ce monde bas,
Que son fard inique,
Ne nous charme pas.
  Changeons sa minutte
A l'eternité ;
Que nostre amour bute
A l'immensité.
  Ayons donc commune [153]
Nostre ambition,
De faire fortune
Là haut en Sion[561].
  Mais fortune stable,
Fortune de prix,
Fortune capable
De braves esprits.
  Là plus nulle roüe[562],
D'inégalité :
Tout bon-heur s'y clouë
A l'infinité.
  Là nulle discorde,
Ny ambition[563],

Là chascun s'accorde
De sa mansion.
Là est l'assemblage
De tous les vrays biens,
L'heureux heritage
Que Dieu donne aux siens.
O palais aymables
De mon grand Espoux,
Quels biens admirables
Nous sont dits de vous ?
Cité triomphante[564],
Cité des desirs,
Cité qui enfante
Tous les vrays plaisirs.
Cité illustrée[565]
Du divin Agneau,
Qui de la contrée
Est le clair flambeau.
La Reyne sa Mere[566]
Sied à son costé,
Unique en lumiere, [154]
Et en Majesté.
Elle est couronnée
D'un nouvel atour,
Et environnée
Du Soleil d'amour.
Ah ! que de beaux astres[567]
En ce Firmament,
Exempts de desastres,
Et de changement.
Là de tous les âges,
Par ordre rengez,
En divers estages,
Se verront logez.

O Cité choisie[568],
Tiens-nous en depos
Droit de Bourgeoisie,
Dans ton sainct enclos.

99

*A Ma. d. T.* Sur le mesme*.
Sur l'air, *O quel heureux contentement.*

Puisque la nuict est passée,
Et l'hyver s'est retiré,
Courons, chere Phenicée
A nostre air tant desiré,
Pour voir les doux contentements
Des celestes Amants.
En ce beau païs de gloire[569]
N'entrent que les seuls vainqueurs,
Qui de la triple victoire[570]
Ont fait triompher leurs cœurs :
Ah ! quels heureux contentements
Ont ces braves Amants ?
Sont ces terres colombines
Qui ne portent point de fiel ;
Mais de leurs belles colines
Coulent le laict et le miel[571].
Ah ! que de vrays contentements [155]
Ont ces divins Amants ?
Jerusalem nostre Mere[572],
O vous, heureux mille fois !
Si de nostre heure derniere
Nous passons dedans tes lois,
Pour joüyr des contentements
De tes fidels Amants.

Tes fondements immuables[573]
Sont des precieux Saphirs,
Et tes parterres aymables
Tout rians de doux Zephirs.
Ah ! que de saincts contentements
Reçoyvent tes Amants ?
Tes fossez sont pleins d'eaux vives[574],
Cavez dans le roc d'aymant,
Et tes murailles massives[575]
De pointes de diamant.
Oh ! quels heureux contentements
Ont ces parfaits Amants.
Tes portes de perles fines[576],
Ton pavé d'or espuré,
Où l'on chante les doux hymnes[577]
D'un concert bien mesuré.
O ! de quels purs contentements
Entonnent tes Amants ?
Illustre fille de ce Prince,
Sois pleine de gayeté,
Le grand Roy de ta province [156]
Est espris de ta beauté.
Ah ! quel heureux contentement,
D'avoir un tel Amant ?
Nostre Monarque admirable,
Au cœur de ses legions
De son throsne incomparable
Assigne les mansions.
Ah ! quel heureux contentement
Ont ses plus chers Amants ?
Et ce monde de merveille,
Grand chef d'œuvre de ses mains,
Sa Colombe[578], sans pareille,
Tient l'Empire des humains.

Ah ! quels heureux contentements
Ont ses devots Amants ?
  Là les belles aureoles,
Là les beaux dots eternels,
Pour les cruelles geoles
Et les travaux temporels :
O quel heureux contentement,
De ce doux changement ?
  Là les fidelles espreuves[579]
Se changent en vrays plaisirs,
Les chastes Vierges et Vefves[580]
Contentent leurs saincts desirs :
Ah ! quel heureux contentement,
Qui les va transformant ?
  O triomphante contrée,
Fais que nous puissions un jour
Faire nostre heureuse entrée
En ton glorieux sejour,
Parmy les doux contentements
De tes plus purs Amants.

[157]

### 100

Sur la naissance de nostre Seigneur,
et les troubles de France 1622*[581].
Sur l'air, *En fin je ne veux plus avoir d'apas.*

Helas ! ô Cieux benins, escoutez-nous,
Et veüillez appaiser vostre courrous,
    Que ce beau jour,
    Tout plein d'amour,
    Vous rende moins juste que doux.
  L'Averne tient desja nostre horison,

Infecté de l'horreur de son poison,
Et les François,
Hors de vos lois,
S'opposent à leur guerison.
L'on n'entend plus icy autres propos,
Que des sanglans effets de l'Atropos ;
Nos pauvres cœurs,
Morts de langueurs,
Ont immolez tout leur repos.
Vos lambris sont parez de nouveaux feux,
Qui plus que le Soleil sont lumineux ;
Et leurs ardeurs
Percent nos cœurs,
Comme leur bel esclat nos yeux.
Un concert glorieux ravit nos sens,
Et nos esprits par ses divins accens :
O chere paix[582],
Vien desormais,
Chassant les astres meurtrissans.
Puis que nous vous tenons, thresor du Ciel,
Esloignez de nos jours ce cruel fiel ;
Faites-nous voir [158]
En ce terroir
Des torrents de laict et de miel[583].
Ah ! c'est assez souffert, mon cher Seigneur,
Venez un peu secourir vostre honneur :
Car on l'a mis
A compromis,
Des ennemis de son bon-heur.
Altiere Babylon, baisse ton col[584],
Qui va desja panchant dans le licol :
Sus donc, dessens,
Et te ressens
De ton trop audacieux vol.

Amour, changez ces loups en doux agneaux[585],
Pour renger tout en vos heureux troupeaux :
Que mesmes loix,
En mesme voix,
Nous guident en vos saincts coupeaux.

## 101

Autre Noel*, *Sur l'air d'une courante.*

*Au sainct Esprit*

O Grand Soleil des esprits,
Chere gloire de mes escrits;
Ma part, mon sort, mon heritage, et mon seul prix[586],
Venez accorder ma lyre
Et ma voix,
Pour bien dire
La venuë du Roy des Roys[587].

*L'Annonciation*

Les Anges ont apporté[588]
Les Articles du grand Traicté,
Qui dedans la Cour souveraine s'est arresté :
La Vierge toute parfaicte, [159]
Aquiesçant,
Se voit faite
Vraye Mere du Tout-puissant.

*Visitation*

Ayant en son pur enclos[589]
Ce celeste et divin depos,
Elle commence de combattre tout vain repos :
Elizabet sa cousine
Visitant,
Illumine
Pere et mere avec l'Enfant.

*Nativité*

En fin ces bien-heureux jours[590]
Terminent leur aymable cours ;
Elle produit l'object unique de ses amours
Dans une caverne sombre,
Où ses yeux,
Malgré l'ombre
Fait paroistre l'esclat des Cieux.

*Adoration*

De là il donne ses loix
Et sa douce et puissante voix
Des extremitez de la terre tire les Roix[591].
Estant de sa gent plus chere
Le rebut,
A l'enchere
Il expose son deu tribut.

*Circoncision*

Ce grand Dauphin est nommé[592]
D'un sainct nom qui tout anime,
Contre la mort et tous ses vices s'en vient armé ;
Beau nom la seule esperance
Des mortels,
Que la France [160]
Se restaure sur vos autels.
Mais admirons ce Poupon
Colé sur ce sacré teton,
Succant de sa bouche divine ce cher bouton :
Ces deux immenses fournaises
S'allumans
En leurs braises,
Vont sans cesse se transformans.
Appendons icy nos vœux,
Et mourons dedans ces beaux feux,
Engageons-y encor la suitte de nos neveux :

Jamais n'entrent autres flames
Dans nos cœurs,
Et nos ames
Que les vostres, beaux yeux vainqueurs.

## 102
## CHANSON*.

Sur l'air de la Pavane.
*Au sainct Esprit.*

O Puissant, Dieu vainqueur,
Helas ! bruslez mon pauvre cœur
De vostre pure et vive flame,
Et transversez mon ame,
Du beau trait qui entame
Vos amis plus cheris,
Et favoris,
Dont ils ne sont jamais gueris.
Vivre sans vostre amour,
C'est mourir mille fois le jour,
C'est un supplice de Tantale[593], [161]
Une vie brutale,
Qui miserable, estale
L'horreur de tous les maux ;
Et les deffauts
Qui rendent vains tous les travaux.
Amour est nostre fin,
Amour est l'unique chemin,
Guidant en la celeste plage :
Amour est le cher gage
Du Royal heritage ;
C'est l'aymant et l'essor,
Et le thresor

Qui change tous metaux en or[594].
Amour est nostre but[595],
Amour est le plus beau tribut
Que nous rendons à vostre gloire :
Amour est la victoire
Qui faict les amans boire
Au Cellier[596] de l'Espoux,
D'un moust si doux,
Que tout le Ciel en est jaloux.
Amour est le vray nord,
Amour est le centre et le bord
De la celeste beatitude :
Amour est l'amplitude
De toute gratitude
C'est le lict precieux
Et glorieux,
Où reposent tous les heureux.
O mon cher element !
Transformez-moy incessamment
En vostre simple et nuë essence :
Par vostre alme puissance,
Ostez la resistance [162]
Qui se trouve en mes sens,
En tous les sens ;
Car de tout mon cœur j'y consens.
Cher Amour, prenez donc
Arbres, fleurs, feüilles, fruicts, et tronc[597],
Que nos paroles et pensées,
Et nos œuvres dressées,
Soyent par vous rehaussées
Au plus esclattant jour,
O bel amour !
De vostre glorieux sejour.

## 103
## CHANSON*.

Sur l'air, *Philis qui sans dessein de me vouloir plaire.*

JESUS, Roy de mon cœur, dont la dur'absence
Me va submergeant dans un abysme de malheurs :
Helas ! où cachez-vous la douce influence,
Qui chere germoit pour vous tant de soüefves fleurs ?
Pourquoy privez de tel secours
Ne finissent mes tristes jours ?
Sans vous, mon grand Soleil, ma terre deserte,
Ne pousse plus rien que de l'espine et du chardon[598],
Et les tristes horreurs dont elle est couverte,
Tesmoignent par tout la rigueur de vostre abandon.
Chetive, il ne me reste de cœur
Que pour prolonger ma langueur.
Ces vents, qui s'esclatans, menacent d'orage
Ce pauvre desert, ne l'estonnent qu'à vostre ardeur[a]
Car ne vous sentant plus je perds le courage,
Abandonnant tout au fer, au pillage, et au feu ;
Je ne demande pas de guerir ; [163]
Mais vostre amour pour en mourir.
O cœur, qui vas semant en sanglantes larmes[599],
Prends garde pourtant que tu ne sois point abattu :
Amour, par le milieu de ses durs alarmes,
Façonne pour toy un beau theatre à la vertu,
Apres les neiges et froids glaçons,
Les riches et amples moissons.
Pressée jusques à la mort de ses fiers reproches,
Dy moy, Israël, où donc est maintenant ton Dieu ?
Alors tu sentiras ses faveurs plus proches,
Et son sainct secours (te bien-heurant au mesme lieu)
Renversera de ces pervers osts

a Corr. de adueur.

Les chevaux et les chariots.
Adonc l'incirconcis, saisi de merveilles,
Ira s'escriant, que le Dieu de ce peuple est grand,
Qu'il fait en sa faveur d'œuvres nompareilles,
Heureux mille fois qui s'est choisi un tel garand :
Helas ! il vient ravir de nos mains
Et nos butins, et nos desseins.
Ainsi passant des pleurs aux chants d'allegresses,
Adoreras Dieu en levres d'exultations,
Voyant de quel proffit te sont les tristesses,
Qui t'ont merité si grandes consolations,
Tes noires nuicts ayans faict leurs cours,
Tu n'auras plus que des beaux jours.

## 104
### Autre*.
### Sur l'air, *Margot voicy l'heure.*

Mon Dieu, voicy l'heure
De me secourir,
Plus longue demeure
Me ſeroit perir :
Que ma longue peine [164]
Et triste langueur,
Bonté souveraine
Touche vostre cœur.
Je suis icy seule
Sans aucun secours,
Quasi dans la gueule
Des loups et des ours,
Que ma longue peine, etc.
Ma vie poussée
Au milieu des airs,

Tousjours menacée
De foudre et d'esclairs.
Que ma, etc.
  Ces traistres harpies[600]
Qui succent mon sang,
De dures orties
Me piquent le flanc.
Las ! que tant de peine, etc.
  Mon pauvre Tobie[601]
Esloigné de moy,
Accable ma vie
D'un mortel émoy.
Las ! que ceste peine, etc.
  Sa trop longue absence
Me va saccageant,
Et mon esperance
Sans cesse outrageant.
Las ! que, etc.
  Province cruelle
Qui me le retient,
Donne-m'en nouvelle
Au moins s'il ne vient.
Las ! que, etc.

FIN.

## APPROBATION.

Je soussigné Docteur en Theologie de l'Ordre des Freres Prescheurs, certifie avoir veu les presentes *Odes spirituelles, de la vertueuse* ANNE PICARDET, que j'ay jugé dignes d'estre imprimées, pour ne contenir rien qui ne soit conforme à la Religion Catholique, en tesmoignage de quoy, j'ay apposé mon seing. Faict ce cinquiesme Septembre, 1618.

Fr. JEAN CHAVANON.

## ATTESTATION.

Veu l'Attestation, et Approbation du Docteur Theologien, nous permettons l'impression des presentes *Odes spirituelles, composées par* ANNE PICARDET. Faict à Lyon, ce 5. Septembre, 1618.

MESCHATIN-LA-FAYE, V.G.

## CONSENTEMENT*.

Apres les Attestations cy-dessus, je n'empesche que le present livret, intitulé *Odes spirituelles*, soit imprimé par Claude Morillon, et requiers que deffences soyent faictes à tous autres Libraires, et Imprimeurs de l'imprimer pendant cinq années, à peine d'amende arbitraire.
Faict ce 5. Septembre, 1618.

DU FRESNE.

Permission de Monsieur le Lieutenant General en la Seneschaussée, et Siege Presidial de Lyon*.

Il est permis audict Morillon, d'imprimer les presentes *Odes spirituelles*, avec les deffences requises.
Faict ce cinquiesme Septembre, 1618.

SEVE, Lieutenant General.

## POÈMES PARUS UNIQUEMENT DANS L'ÉDITION DE 1619 [64]-[67]

### 31
### Sur le De profundis.
### Sur l'air, *En quel desert, en quel bois plus sauvage.*

Des lieux profonds, vostre troupe fidelle[602]
Crie, Seigneur, incessamment à vous :
O doux JESUS, ayez pitié de nous,
Et abregez nostre peine cruelle.
  Oyez les voix de ces pauvres victimes,
O cher amour de vos supremes Cieux :
Las ! ouvrez-leur vos thresors precieux,
Et les canaux de vos graces sublimes.
  De vos labeurs la valeur infinie,
Et les douleurs de vostre passion,
N'ont-ils assez de satisfaction
Pour rappeller ceste trouppe bannie ?
  Et tous les biens dont vostre espouse chere[603],
A herité de la Vierge sans pair ;
Ne peuvent-ils changer ce brûlant air,
En un benin et soüef refrigere ?
  De vos Mignons les abondans merites,
Tous[a] leurs travaux, leurs palmes et lauriers
Puissent gagner ces pauvres prisonniers,
Leur franchissant les tenebreux limites.
  Par tous les vœux de la Sion celeste,
Et par l'amour des celestes esprits,
Par vostre sang d'inestimable prix,
Remettez-leur ce debte qui leur reste.

---

a Corr. de Tout.

Changez, Seigneur, ces antiques ruines,
Que l'orgueil fit en vostre ciel des Cieux[604],
Au beau concert d'un air melodieux,
De vos bontez et loüanges divines.
Contrepesez, Sauveur, en la balance,
Tous les delits de tous ces oppressez,
De vos tourments, et des puissans excez,
De vos bontez, et Royalle clemence.

## 32
## A M. P.
## Au doux JESUS.
### Sur l'air *Nymphes qui de ces*[a] *bois.*

JESUS mon cher amour,
Ma lumiere[605], et mon jour,
Mon los, et ma victoire[606] :
Purgez mes passions,
Remplissez ma memoire
De vos perfections.
O indignes sujets !
O trop fresles projets !
N'occupez plus mon ame :
Mon ame desormais,
Dans la divine flame,
Soit épurée en paix.
Las ! mes maux abismez,
Seront tous enfermez
Dans l'eternel silence :
Et l'ennemy confus
Par ma perseverence,
Ne m'attaquera plus.
Ainsi, ô chere mort,

a Corr. de ses.

Par un divin effort,
Tu logeras ma vie
Dans la Divinité,
Pour n'estre plus suivie
D'aucune infirmité.
    Et vous, Vierge sans pair,
Qui estes le doux air
Que respire mon ame,
Sacrifiez mon cœur
Dans vostre pure flame
A ce divin vainqueur.
    Et vous, mon cher tuteur,
Soyez mon protecteur
A mon heure derniere :
Et m'assistez tousjours
De force, et de lumiere,
Le reste de mes jours.

## POÈMES PLACÉS À LA FIN DU RECUEIL DANS L'ÉDITION DE 1619 [144]-[165]

### 1
### Au doux Jesus.
### SONNET.

Je vous cherche, Seigneur, en cette solitude[607],
Où pour vous obeyr j'ay tout plaisir quitté ;
Et immolant mon estre à vostre volonté,
Je donne à vostre honneur mon plus fervant estude.

Je cerche à m'advancer par frequente habitude
Au sentier de vos loix : mais vostre Majesté,
Qui remplit l'univers des faits de sa bonté,
Semble, ne m'écoutant, à moy seul estre rude.

Sept revolutions ont ja borné leur cours,
Depuis que mon cœur est mendiant vos amours,
Heurtant, et souspirant sans cesse à vostre porte.

Las ! ouvrez-moy, Seigneur, voicy venir la nuict,
Qui exclud tous les biens, et tous les maux apporte,
Et qui rend les desirs, vuides d'effets, sans fruict.

## 2
## Autre.

Que de gouffreux torrents tu passes or' à nage,
Ma pauvre ame, servant ce monde empoisonné !
Quels foudres regrondants sur ton chef n'ont tonné ?
Et quels cruels liens n'accroissoyent ton servage ?

Que de feux, que de fers, tronçonnoyent ton courage,
Que d'animaux cruels l'avoyent environné,
Et combien contre toy l'air si fort acharné,
Et la terre tremblante asseuroyent ton naufrage ?

Mais la haute Bonté, te gardant cependant,
Saine entre tant de maux, son secours te tendant,
T'arracha puissamment d'entre tant d'adversaires.

Cette Bonté, qui change en un beau jour ta nuict,
En escartant de toy ceux qui t'estoyent contraires,
T'oblige à luy donner, et feuille, et fleur, et fruict[608].

## 3
## Autre.
## Sur le mespris du monde.

Fy du monde trompeur, fy de son inconstance[609]
Fy de ses faux appas, fy de sa vanité,
De son hypocrisie, et son iniquité,
De son fard emmiellé, plein de vaine apparence.

En rien qu'en mon JESUS, je n'auray plus fiance,
Je ne veux plus agir que par sa volonté :
Je ne veux plus rien voir que sa saincte clairté,
Et de luy seul aussi attendre recompense.

O mon uniqu'object, ma chere ambition,
Esloigne de mon cœur l'humaine affection,
Fais le brusler sans fin dans ta celeste flame.

Efface mes[a] mesfaits par ton sang precieux,
Et que ton sainct amour, à qui j'offre mon ame,
Luy bastisse un sejour eternel dans les cieux.

## 4
## Au doux Jesus.
## SONNET.

Allons mon cher Espoux, me voicy toute preste,
Ha ! c'est trop resister à vostre douce voix :
Attachez-moy si bien au pied de vostre Croix,
Que jamais un moment ça bas je ne m'arreste.

Desja du monde ingrat la frequente tempeste[610]

---

a Corr. de me.

Me pousse incessamment hors de ses vaines loix :
J'ay secoüé son joug, et son injuste poix,
Dressant à vostre amour l'honneur de ma conqueste.

A luy seul tous mes vœux, et desirs immortels,
Pour luy seul fumera l'encens sur nos autels
Tous mes sens luy seront journalieres victimes.

Ce grand feu bruslera mes imperfections,
Et de vostre bonté les profondes abismes
Netoiront tout à coup mes maux, mes passions.

## 5
## Autre à M. P.

Puisque vous l'ordonnez, sainct Phare de mon ame,
Que mon esprit soit sain au milieu de ses maux ;
Qu'il se conserve entier sous tant et tant de fleaux,
Qu'il vive dans la mort, qu'il gele dans la flame.

Qu'immobile aux efforts que mon destin me trame.
Invincible aux enfers, et à tous ses assaux,
Le dueil soit son jouët, son repos les travaux,
Le mespris son honneur, et son air, et sa game.

Je veux vous obeyr, quoy qu'il couste à mon cœur,
Ouy, il faut qu'il meure, ou qu'il reste vainqueur
De tous ses ennemis qui sans cesse m'assaillent.

Non, non, je ne crains plus aucune infirmité,
Ayant son divin chef tousjours de mon costé,
Et ses saincts escadrons, qui tous pour moy bataillent.

## 6

## Sonnet funebre de M.A.P. sur la mort de son mary, en forme de Dialogue.

M.A.P.

Dis-moy, fiere Atropos, cruelle, inexorable,
Pourquoy m'as-tu ravi le lustre de mes jours,
Abandonnant ma vie à cent cruels vautours[611],
Pendant mon triste exil en ce val miserable[612] ?

La Mort

Tu te pleins à grand tort de mon dard equitable :
Qui te l'ayant laissé un long et heureux cours,
Par l'eternel arrest aux etherés sejours,
L'a logé triomphant en la paix perdurable.

A.M.P.

Las ! tu me l'as surprins, l'emportant de ce lieu[613],
Sans me donner moyen d'en avoir un adieu ;
Regret, qui nuict et jour martyrise mon ame.

La Mort

Quoy ? mes journels courriers, qui alloyent invitant
Son esprit dans le ciel, et son corps dans la lame,
N'ont ils peu disposer ton cœur d'estre constant ?

## 7

## Sonnet acrostic[614]. L'esprit de F. M. parlant à sa F.M.A.P. [615]

Franc de tant langueurs qui atteroyent ma vie,
Reüny à mon Tout, je vis tout glorieux[616],
Ayant vaincu la mort, et ses coups glorieux,
Nature, et tous les traits de la bruslante envie.

Console-donc ton cœur, ma tres-fidelle amie,
O ! ne me trouble plus par tes plaints douloureux ;
Je te garde ta place en ces paisibles cieux :
Sus-donc, avance-toy à ta chere patrie[617].

Mais, avance-toy, nos tres-chers nourrissons,
(Ouvrages du tres-Haut) aux divines leçons,
Les eslevant tousjours, à la tres-pure gloire[618].

J'ay tousjours recogneu que ton intention,
Estoit de les porter à la perfection :
Rien ne t'arreste donc au cours de la victoire.

## 8
## Sonnet du Mariage.

Mon Dieu, combien de fleaux, que de dures espines[619],
Que de fers acerez, que de pesantes croix,
Se treuvent, ô Hymen, sous tes cruelles loix ?
Las ! qu'amers sont tes fruicts, et dures tes racines.

Heureuse mille fois sans cesse, ames divines,
Qui pour les saincts conseils vont mesprisant ta voix,
Et fuyans de ton joug l'insupportable poix,
Evitant de tes traits les fatales ruines.

O saincts Religieux, helas ! combien j'envie
La paix, et la douceur de vostre heureuse vie,
Glorieux celibat, seul regret de mon cœur :

Je meurs pour ton amour, et languis en ta perte,
Perte[620] qui ne pouvant estre en moy recouverte,
Eternise mes jours d'une extreme douleur.

## 9
## De l'amour de la Chasteté.
## SONNET.

Tres-saincte Chasteté, que mon ame respire,
N'avez-vous pas tousjours regi mes passions,
Et gardé le haut bout en mes affections,
Mesme lors que j'allois dans l'infernal empire[621] ?

Et bien que des mortels mon humeur fust la pire,
Que je fusse la mer des imperfections[622] :
Vous gouverniez pourtant toutes mes actions,
Et sans vous, tout plaisir[623] ne m'estoit que martyre.

Vous estiez mon amour, ma gloire, et mon object,
Vostre nom de mes vers le plus riche sujet ;
Mais, ô Royne des Cieux, mon unique Maistresse,

Je meurs du souvenir que j'allois reverant,
Au lieu de vous, Madame, une feinte deesse[624],
Qui alloit d'un tel bien la grace devorant.

## 10
## SONNET.
## Sur sa conversion en une predication.

Aussi-tost que ta voix eut touché mon oreille[625],
M'appellant des enfers à ce jour radieux :
Mon esprit engourdy[626] se dessila les yeux,
Contemplant, estonné, ceste saincte merveille.

Mais comme peu à peu, en fin il se resveille,
Il mesprise la terre, et s'élevant aux cieux,
Juge par ton moyen le thresor precieux,
Que l'amour de JESUS par les siens appareille.

Lors consacrant mon ame à ce divin amour,
Je desdaigne pour luy, et la vie et le jour,
Reservant de combattre avec ce fort Alcide[627].

Sous sa riche auriflame, et ses saincts estendarts,
Ardente, je m'enrolle avecque ses soudarts ;
«Heureux qui prend ça bas JESUS-CHRIST pour sa guide»[628].

## 11
## Sonnet à la Vierge.

Admire qui voudra du Soleil la clairté,
Ou les cours mesurez de cieux, et leur distance,
Le reflus de la mer, et les flots qu'elle élance,
Et tant, tant d'animaux, et leur diversité.

Pour moy j'admireray ceste alme Majesté,
Qui domine à jamais l'Angelique puissance,
De laquelle l'amour, et simple obeyssance,
Ont sorty les humains hors de captivité.

Celuy seul peut sçavoir ces graces excellentes,
Qui peut compter du Ciel les estoilles brillantes,
Et qui d'un seul fiat forma ce Tout de rien.

Moy, humble, l'adorant, la suppliray sans cesse,
Par son humilité s'advouer ma Maistresse,
Et m'ostant tout mon mal, m'enrichir de son bien.

## 12
## Sonnet pour un Religieux.

Miracle de nos jours, astre de l'univers,
Don precieux du ciel, à ceste pauvre France,

Pour nous faire revoir la fleurissante enfance
Du bel aage doré en ce siecle pervers.

Vous pourroit-on assez exalter par des vers,
Vous, duquel tient l'honneur ceste belle science ?
Non, quand de tous les temps l'admirable éloquence
Emploiroit tous ses sens, et langages divers.

Non content des thresors d'Hypocrate et Bartole[629],
Apollon, et sa seur, vostre esprit qui s'envole,
Puise avec un sainct Paul tous les secrets des Cieux[630].

O chef d'œuvre immortel ! abregé des merveilles,
Que vous peut-il manquer, fors ce bien precieux,
Qui vous a prodigué ses graces nompareilles ?

## 13
## SONNET.
### Pour un serviteur de Dieu calomnié[631].

Belle ame égayez-vous en vostre sacrifice,
Et chantez au fourneau de vos afflictions,
Puis que vous endurez ces persecutions,
Pour avoir sainctement parfaicte la Justice.

Le temps descouvrira le pervers artifice
De ces suppots d'enfer, et leurs inventions,
Qui voulans obscurcir vos belles actions,
Verront bouleverser le fort de leur malice.

Mais combien de lauriers en reçoit vostre honneur ?
« Le serviteur n'est pas par dessus son Seigneur[632] :
Le disciple est parfait qui égale son Maistre ».

La bouche du Sauveur va vostre heur éxaltant,
Si l'on mesdit de vous, pour son nom, en mentant,
N'estre parfaictement son cher mignon paroistre ?

## 14
## Pour mettre au devant d'une Croix.
## SONNET.

Catholique passant[633], d'un cœur devotieux,
Flechissant les genoux à ce bois honorable,
Contemple de ton Dieu l'amour incomparable,
Qui te laisse en secours ce signe precieux.

C'est l'estendart Royal, puissant, et glorieux ;
C'est ce grand lict d'honneur où fut vaincu le diable,
Le peché et la mort ; c'est où ton Prince aymable
A satisfait pour toy, lors qu'il t'ouvrit les Cieux,

Ayme donc ceste Croix, grave-la dans ton ame,
Elle te gardera de l'éternelle flame,
Et de tous les dangers de ce monde trompeur.

Mais, ayme plus que tout ceste Bonté divine[634],
Qui par son propre sang repara ta ruine ;
Donne-luy pour jamais ton esprit, et ton cœur.

## 15
## De l'excellente Compagnie de JESUS.
## SONNET.

Quand je voy, Monseigneur, ceste troupe choisie,
Ces excellents agents de vostre Majesté ;
Ces foudres brise-enfers, ces Soleils d'equité[635],

Qui rendent à nos jours la lumiere et la vie.

Mon ame l'admirant, se sent estre ravie,
Contemplant de vos dons la prodigalité,
Dans le celeste enclos de leur societé,
Qui remplit tous les temps d'une divine envie.

Mais, que sont ces Heros, sinon un abregé
De tout ce que jamais l'univers a logé,
De grand, de sainct, de pur, et de force indomptable ?

De toutes les vertus ils sont vrais professeurs,
Apostres et Martyrs, Docteurs et Confesseurs :
Heureuse pour jamais la troupe incomparable.

## 16
## QUATRAIN[636].

Tres-chers Enfans du ciel, flambeaux des belles ames,
Permettez que mon cœur, qui vous honore tant,
S'alume aux saincts rayons de vos divines flames,
Malgré vos ennemis, vostre loz exaltant.

## 17
## Sur l'arrivée du Pere Ignace en Religion.
## SONNET.

Le monde perissoit, ja la cruelle rage
De l'ennemy juré du salut des humains[637],
Versoit de tous costez de ses traistresses mains[638]
Des pestes, des poisons, des feux, et du carnage[639].

La pluspart flechissoit sous son cruel servage[640],

Et Luther son aisné, practiquoit ses desseins,
Quand ce grand Loyola des sejours souverains,
Amena son secours en si brave équipage.

A ce divin aspect tout l'enfer en trembla,
L'heresie transit, et d'effroy se combla,
Voyant les clairs flambeaux descouvrir sa malice

Et ne pouvant souffrir l'effort de leur clairté,
Hybous[641] envenimé de fraude et d'injustice,
S'enfuit dedans son fort d'opiniastreté.

## 18
## QUATRAIN.

O L'Azyle sacré de la foy Catholique !
O divin Arsenal de la Religion !
Source alme des vertus, et de devotion,
Preservez-nous tousjours du poison heretique.

## 19
## Sur la mort du Roy Henry IV
## et les calomnies des RR. PP. Jesuistes.
## SONNET.

Le tyran des enfers pensoit meurtrir la France[642],
Tranchant son sacré Chef d'un coup prodigieux,
Et de mesme dessein ce monstre furieux,
Des mignons de JESUS, attaquoit l'innocence.

Mais il est bien descheu de sa fiere esperance[643],
Car l'estat refleurit sous un Roy precieux,
Et ces divins palmiers rehaussent glorieux,

Par le faix ensoulphré de cette medisance.

C'est à vous, ô grand Dieu, que le los en est deu,
Qui avez à nos maux si promptement pourveu
En nous conservant tous par signalez miracles.

Las ! achevez, Seigneur, et que vostre bonté,
Conservant nostre Roy et ses sages Oracles,
Faites-nous refleurir la Paix et l'Equité.

## 20

## Sur la defaitte d'un Ministre par un Jesuiste[644].

## SONNET.

Aux palmes, aux lauriers, chers nourriçons des Cieux,
N'espargnez nul travail pour celebrer la gloire
De ce divin guerrier, dont la saincte victoire
Renverse, des errans, les desseins vitieux.

Faites, braves esprits, faites tous à qui mieux ;
Vos escrits soyent gravez au front de la memoire,
A fin qu'à nos neveux reste cest heur de croire
L'honneur de nostre siecle en ce[a] bien precieux.

Monstrez-nous ce Soleil, esclattant de lumiere,
Atterrer d'un clin d'œil cette troupe meurtriere,
Defaisant ce grand Hydre[645], et ses chefs renaissans.

Haussez doncques vos voix, nos vers, et vos loüanges,
Eslevez ce vainqueur au plus haut cœur des Anges,
Rendant la gloire à Dieu en ses faits si puissant.

a Corr. de se.

## 21

## Epitaphe en Dialogue, d'un Passant avec la Mort, sur le tombeau de F. M. m. m.[646]

Le Passant

De qui est ce tombeau, dis-moy Parque cruelle ?[647]
Las ! helas ! qu'as-tu fait ? quelle playe mortelle
Produit tant de souspirs qui émeuvent les cieux ?
Qui fait ainsi gemir ceste pauvre affligée,
Qui de nul des humains ne peut estre allegée ;
Las ! quels torrens de pleurs versent ses tristes yeux[648] ?

La Mort

C'est d'un homme qui fut en constance admirable,
Malgré tous accidens, tousjours à luy semblable,
Sage, judicieux, plein d'une vive foy.
Moy, ny tous mes agents, n'eusmes jamais puissance,
De marquer en son front un traict d'impatience ;
Il partit triomphant en despit de ma loy.
Et celle que tu plains au pied de ceste lame,
Est celle qui restoit la moitié de son ame,
Sa fidelle compagne, et son unique bien :
Elle meurt sans mourir de ceste rude absence,
Et bien que dans le ciel soit sa ferme esperance,
Elle ne peut souffrir l'éclat de ce lien.

Le Passant

Vrayement tu es donc bien de pitié despourveuë,
De voir ceste pauvrette, et n'estre point esmeuë
Par tous les plus forts traits de son affliction.
Hé ! que n'enserres[a]-tu ceste pauvre colombe
Avec son cher Espoux, sous une mesme tombe,
Honorant tes lauriers de leur affection ?

La Mort

Deux petits rejettons de leur pure alliance[649],
La font icy rester par la haute ordonnance :

---

a Corr. de enserre.

Afin de les dresser pour le culte divin :
L'Eternel les a prins tous trois en sa tutelle,
Parce que leur object est sa gloire immortelle,
Et ses loix et conseils leur unique chemin.

## 22

### Consolation à soy-mesme, sur le decés de M. S. mary[650].

Mon cœur, cessons ces pleurs, et ces tristes regrets,
Gardons-nous d'irriter les celestes decrets :
Dieu veut, il faut vouloir d'un amour deiforme :
Ton espoux estoit sien, puis l'appellant aux cieux,
Luy fait ores gouster son miel delicieux :
Rends donc ta volonté à la sienne conforme.
   Delivrez-moy, Seigneur, de ceste infirmité,
Qui a mon pauvre esprit si long temps agité :
Donnez-moy, ô mon Tout[651], une force invincible ?
Las ! attachez mon cœur, et tous ses mouvements
Dans le havre sacré de vos biens permanents ;
Et qu'à tout autre object il soit inaccessible.
   Prosternée à vos pieds, ô mon unique bien,
Je confesse humblement l'abisme de mon rien,
Ostez ce qui est mien, prenez ce qui est vostre :
Ruinez, abbatez, rien ne resistera,
Seul vostre saint vouloir dedans-moy agira,
Comme il faisoit jadis en vostre grand Apostre[652].
   Donc, que vos ennemis me choisissent pour blanc,
Qu'ils devorent ma chair, qu'ils épuisent mon sang ;
Qu'ils me froissent les os, et reduisent en cendre :
Je boiray le torrent des tribulations,
Et dans les feux ardents des persecutions
Ma pauvre ame sera une autre Salemandre[653].

FIN.

# NOTES

1. Le terme « odeur » est associé ici à la notion d'offrande comme on le voit souvent dans la Bible, voir Lév. 2, 2.

2. Voir Gen. 43, 32 ; Ex. 8, 26.

3. Peut-être une allusion à Ex. 7, 19.

4. Objets très en faveur dans les vieilles civilisations méditerranéennes éprises de beauté, d'où l'assimilation du miroir aux notions de luxure, amour de soi, vanité féminine, etc. Il est fait allusion ici à un passage de l'Ancien Testament (Ex. 38, 8) où il est dit que les miroirs d'airain généralement utilisés par les femmes furent réquisitionnés par Besaleél afin de construire la cuve d'airain contenant l'eau des ablutions.

5. Sur la place de la prière dans les *Exercices spirituels* de saint Ignace, voir Introduction, p. 34. Pour d'autres traitements de ce thème, voir Desportes, « La Priere en forme de confession » ; Bertaut, « Le Cantique en forme de confession », etc.

6. Réminiscence du Ps. 101/102, 1-3.

7. Cette imagerie des liens, des nœuds, des cordes comme symboles des péchés et des concupiscences est une constante dans la Bible. Voir entre autres Ps. 101/102, 21 ; 106/107, 10-14 ; Prov. 5, 22, etc.

8. Dans les *Exercices spirituels,* ce retour sur soi constitue la deuxième étape de la première semaine. L'usage du passé (« avoir donné » ; « avoir passez » ; « J'ay veu », etc.) car ce sont les péchés de la vie entière qui sont rappelés en mémoire comme le recommande Ignace (Première semaine, deuxième exercice), souligne l'opposition entre hier et aujourd'hui, annonçant de la sorte la conversion du cœur dont il est question par la suite (v. 39-48) et dont l'une des manifestations est la confiance que la méditante place désormais en Dieu, dans son pouvoir de disperser les ennemis tout à l'heure menaçants (v. 49-54). Toutes les références aux *Exercices spirituels* proviennent de l'édition de 1548, trad. et éd. J.-C. Guy, Paris, 1982.

9. Le hibou est un oiseau nocturne qui ne peut supporter la lumière du soleil, ce qui lui confert une valeur négative dans la tradition chrétienne. On pense ici au « hibou des ruines » du psaume 101/102 (verset 7) qui veille et qui gémit.

10. Ces images de lumière et d'ombre, chères aux platoniciens qui y voient un symbole du combat de l'esprit et de la matière, appartiennent également au vocabulaire des poètes spirituels (voir entre autres Jean de Sponde, *Stances de la Mort*, v. 1-6, 24-30). Voir J. Rousset, « Les images de la nuit et de la lumière chez quelques poètes religieux », *CAIEF*, 10, 1958, p. 58-68.

11. Réminiscence du Ps. 68/69, 2-6. Le thème de la mer dangereuse symbolisant les périls qui guettent l'âme errante et toutes les images qui s'y rattachent comme celle de l'homme qui se noye ou celle de la nef à la dérive exploitée ailleurs, sont vraisemblablement issus du fameux épisode des Évangiles, où Jésus calme la tempête : Mt. 8, 23-27 ; Mc 4, 35-41 ; Lc 8, 22-25.

12. Dans l'édition de 1619, la répétition du mot « estat » de part et d'autre de la césure produit un effet d'insistance comme pour évoquer la fâcheuse stagnation de l'homme en sa misérable condition.

13. Toutes ces images servent à la composition de lieu que recommandait saint Ignace dans ses *Exercices spirituels* (Première semaine, premier exercice). Le dragon est symbolique du Mal, des tendances démoniaques, du diable. Voir Ap. 12 et 20, 2 ; et Pierre de Beauvais, *Bestiaires du Moyen Âge*, éd. G. Bianciotto, Paris, 1980, p. 58-59.

14. Nombre d'odes sont construites sur cette opposition entre un Dieu qui prend pitié et pardonne (Ex. 34, 6 ; Ps. 77/78, 38 ; 85/86, 15, etc.) et celui qui condamne et châtie (Is. 59, 18). Sur ces deux attributs voir encore Ps. 102/103, 8 ; 114-115/116, 5 ; 104/105, 105/106, etc.

15. C'est-à-dire la mémoire, l'entendement et la volonté. Comparer cette strophe au psaume 118/119, 25-41.

16. La Chair, le Monde et Satan sont les trois ennemis de l'homme, voir ode n° 11.

17. Anne Picardet semble reprendre ici la première strophe du sonnet intitulé « Sur sa conversion en une predication » dans l'édition de 1619. Comparer à la *Vie* de sainte Thérèse, ch. 2 et 3, p. 28, 29 *sq.* et ch. 25, où est exposée la manière dont le Seigneur fait entendre sa voix.

18. Pour les catholiques, les sens demeurent le seul mode d'accès à Dieu. Voir J. Maréchal, « Application des sens (méthode d'oraison) », in *Dictionnaire de spiritualité*, Paris, 1937, t. 1, col. 810-828. Dans ses *Exercices spirituels*, Ignace demande d'appliquer successivement les cinq sens à la méditation sur la vie du Christ. Voir deuxième semaine, cinquième contemplation, « application des sens ».

19. Anne Picardet se plaît à rappeler la grande bonté de Dieu en dépit de l'ingratitude de l'homme. On peut voir là une réminiscence biblique, voir entre autres Is. 63, 7 ; Ps. 24/25, 5 ; 30/31, 20, etc.

20. Le fer, symbole d'inflexibilité, s'oppose naturellement à l'aimant, symbole de l'attraction cosmique, affective et mystique.

21. Allusion au Christ en Croix venu racheter l'homme pour ses péchés. Pour les vers 49-52, voir Is. 41, 14 ; Ps. 21/22, 7 ; Jb 26, 2.

22. Ce terme implique en général la notion d'un Dieu immanent au monde, voir par exemple Marguerite de Navarre, *Les Prisons*, Livre III, v. 1765-1772 : « Car Tout auquel inseparablement / Il est uny est son seul sentement. / Et ce Tout là ne sçauroit estre pris, / Car tout le monde est dedans luy compris. / Ce Tout est tel que on ne le peult

comprendre, / Et tout comprent ; de nul ne peult aprendre, / Et tout aprent ; tout le monde environne / Ce Tout qui est de ses œuvres couronne », etc. (éd. S. Glasson, Genève, 1978, p. 194). Ici ce terme désigne tout simplement le Tout divin par opposition au Rien humain, voir *infra* n° 23, v. 31.

23. C'est-à-dire la coupe des délivrances évoquée entre autres dans le Psaume115/116, 13-14, etc.

24. Sang précieux que le sang versé par le Christ, puisqu'il délivre l'homme de ses péchés, le rachète et le réconcilie avec Dieu, voir 1 Pe 1, 19.

25. Sur Jésus venu donner sa vie en rançon pour l'homme pour que soit accompli ce qui avait été dit, voir Mt. 20, 28 ; Mc 10, 45 ; Lc 22, 24-27 ; 1 Tim. 2, 6, etc.

26. Cette louange à Dieu pour ses bienfaits rappelle le ton de certains psaumes, voir 102/103 parmi tant d'autres.

27. Réminiscence des Évangiles (voir *supra* n. 11) et du Psaume106/107 (23-30) où il est dit que Dieu calma la tempête et ramena les marins sains et saufs au port.

28. Autre image symbolisant la puissance protectrice et salvatrice de Dieu.

29. C'est-à-dire les trois vertus théologales infusées par Dieu dans l'âme des fidèles pour les rendre capables de vivre en relation avec la Sainte Trinité (1 Cor. 13, 13). Voir J.-M. Aubert, *Abrégé de la morale catholique,* Paris, 1987, p. 176-197.

30. L'aptitude à voir est signe de la Grâce accordée par Dieu, voir Ps. 12/13, 4 : « Éclaire mes yeux ». Le Juste dans les psaumes cherche toujours à voir la face de Dieu, gage de sa bienveillance, ou il exprime le regret d'être privé de la voir : Ps. 10/11, 7 ; 16/17, 15 ; 104/105, 4, etc.

31. Voir n. 14.

32. La métaphore et l'antithèse du feu et de la glace sont on ne peut plus banales dans la poésie profane.

33. L'édition de 1623 omet l'image biblique et profane (Pétrarque, *Rime,* CLXXXIX) de la nef emportée par la tempête, dont les poètes baroques de la fin du seizième siècle comme Jean de Sponde (*Sonnets de la Mort,* III, V) et Jean-Baptiste Chassignet (*Le mespris de la vie et consolation contre la mort,* LIX, CCLXV, etc.), entre autres, s'étaient appropriés pour décrire le voyage périlleux de l'âme.

34. Dieu est la Lumière du Monde. Qui le suit aura la Lumière de la Vie, voir Jn 8, 12.

35. Réminiscence des psaumes, voir à titre d'exemple 37/38, 16 ; 38/39, 8, etc.

36. Ce poème et ceux qui suivent décrivent le long travail de préparation avant que l'âme ne puisse s'élever au désir parfait et jouir des délices de la céleste Sion.

37. Dans les *Exercices spirituels,* l'examen de conscience fait l'objet du deuxième exercice de la Première semaine. Les répétitions dans les premières strophes (« Je voy… Je voy ») font sentir davantage le regard implaçable du Juge qui pèse sur l'homme pécheur.

38. Symbole de la bonté et de la protection divines. Dans la description paulinienne de l'armure, le bouclier réprésente la foi contre laquelle se briseront tous les traits du mauvais. Voir Prov. 30, 5 ; 2 Sam. 22, 31.

39. Dieu voit tout (Ps. 7, 10), il scrute le juste et le méchant (Ps. 10/11, 5).

40. Sur l'antithèse aimant/fer voir *supra* n. 20.

41. Symbole de l'impureté, de l'abomination dans Lév. 11, 17-18 ; Deut. 14, 16-17.

42. Dieu est pour l'âme la lumière de ses yeux : voir Ps. 17/18, 29 ; 26/27, 1 ; 35/36, 10, etc.

43. Lieu idéal de la retraite spirituelle. Par l'isolement et l'austérité de vie qu'il impose, le désert incite à la méditation salutaire et rapproche de Dieu (Mt. 4, 10-11).

44. En raison de sa désolation, le désert est également un lieu maudit qui est souvent donné pour le domaine des mauvais esprits (voir Mt. 4, 1).

45. C'est au désert que Yahvé se manifeste à Moïse et à son peuple, et fait subir à celui-ci une cure de quarante jours et quarante nuits : Ex. 15, 22 ; 16,1 ; 19, 1-24.

46. Jésus après avoir vaincu le Diable est servi au désert par les Anges : Mc 1, 13.

47. Peut-être faut-il voir ici une référence à l'oracle dans Isaïe (29, 17-18 et 32, 15-16), où la transformation de la nature (« Le désert deviendra un verger, / et le verger passera pour une forêt ») correspond à la fin de la cécité spirituelle ?

48. Voir Ap. 21, 2, 10, 12.

49. Réminiscence du *Te Deum* et de maints versets des psaumes. Voir à titre d'exemple Ps. 32/33, 22, etc.

50. Sur la question abordée aux vers 9-16, voir Jean de la Croix, *La Montée du Mont Carmel*, Livre II, ch. 6, « où il est traité comment les trois vertus théologales doivent établir en la perfection les trois puissances de l'âme et comment ces vertus font en elle du vide et des ténèbres » (éd. L.-M. de Saint-Joseph, Paris, 1967, p. 137).

51. Symbolique de l'ardeur de l'amour que Dieu porte à l'homme et qu'il inspire à ses zélateurs, cette image du feu d'amour est un véritable lieu commun chez les auteurs spirituels.

52. C'est-à-dire le Christ Jésus à qui s'adresse ce poème.

53. Le refrain s'inspire des images de lumière si fréquentes dans les psaumes lorsque le Juste se sentant abandonné lance un appel désespéré à son Dieu : « Fais lever sur nous la lumière de ta face » (Ps. 4, 7) ; « C'est toi qui éclaires ma lampe/mon Dieu illumine mes ténèbres » (Ps. 17/18, 29) ; « Yahvé est ma lumière et mon salut » (Ps. 26/27, 1), etc.

54. *Helleborus niger*. Plante toxique qui paralyse le système nerveux, mais qui a également des propriétés tonicardiaques. Cette plante est connue aussi sous le nom de rose de

Noël. La légende veut que cette fleur soit miraculeusement née la nuit de la naissance du Christ pour consoler la bergère Madelon qui n'avait rien à offrir à l'enfant Dieu.

55. Le terme «estrennes» désigne le présent à l'occasion d'un jour de fête. Le poème d'étrennes était généralement offert aux puissants princes du royaume. La faveur que connut ce genre au seizième siècle (pratiquement tous les poètes de cour, de Marot à Ronsard, s'y exercèrent) montre combien la poésie des siècles passés fut influencée par les conditions d'existence du poète et par les goûts de ceux à qui elle s'adressait.

56. Comme il est dit par la suite, ce sont les vertus qui avec l'aide de Dieu disposent toutes les puissances de l'être humain (l'entendement, la mémoire, la volonté) à communier avec l'amour divin.

57. Hébraïsme (génitif du superlatif) refait sur la très fréquente formule, «Seigneur des Seigneurs». Les merveilles de Dieu sont partout évoquées dans la Bible, voir Ps. 9, 2 ; 25/26, 7 ; Jb 37, 14, etc.

58. Sur ce Dieu d'amour voir entre autres 1 Jn 4, 7-8, etc.

59. Au nombre de trois, les vertus théologales (*Pisris, Helpis, Agapè*) sont le gage de la présence et de l'action divine dans les facultés de l'être humain (1 Cor. 13, 13). Elles informent et rendent plus parfaites les vertus morales.

60. Les vertus morales acquises par l'éducation ont pour objet le bien commandé par Dieu. Les vertus d'humilité, de crainte, de chasteté et de modération, préconisées dans tous les manuels de comportement, règlent la bonne conduite.

61. D'origine grecque et donc païenne (Platon, *République*, livre IV, 427*sq.*), les quatre vertus cardinales (la sagesse ou la prudence, le courage ou la force, la tempérance et la justice) sont le fondement des vertus morales (Sag. 8, 5-8). Elles constituent avec les vertus théologales les sept vertus catholiques (Aubert, *Abrégé de la morale catholique, op. cit.*, p. 169 *sq.*). Voir *Summa Theologiae*, II, I (*Prima Secundae*), quest. 61 et surtout 62, où s. Thomas d'Aquin établit la théorie des vertus théologales.

62. La bonté de Dieu est partout rappelée dans la Bible (Is. 63, 7 ; Ps. 24/25, 5 ; 30/31, 20, etc.).

63. V. 1-4 : souvenir des psaumes, voir en particulier Ps. 43/44, 26, 118/119, 26, 7, 6 où l'on retrouve cette image de l'âme prostrée dans la poussière.

64. Les images du vent, de la fumée, de la poudre, emblématiques de la fragilité de la vie, de l'évanescence, de la mort prochaine, servent en général à opposer l'être et le paraître. Ici, l'image de la «poudre infame» dénonce la volonté de paraître autre et plus grand qu'on n'est. Sur l'image de la poudre voir tout particulièrement le *Songe* de Joachim Du Bellay : «Je vy hault eslevé sur columnes d'ivoire, /… / Le double front d'un arc dressé pour la memoire. /… / Las je ne veulx plus voir rien de beau sous les cieux, / Puis qu'un œuvre si beau j'ay veu devant mes yeux / D'une soudaine cheute estre reduict en pouldre» (in *Les Regrets*, éd. J. Jolliffe et M. A. Screech, Genève, 1979, p. 310, n° 4).

65. Jn 19, 17. La Croix rappelle le rôle salvifique du Christ et représente aussi l'espérance de mériter le salut.

66. La « fausse Loy » est celle des pécheurs qui s'oppose en tout et pour tout à la Loi de Yahvé qui elle est parfaite, sûre, claire, droite (voir Is. 5, 24 ; Ps. 18/19, 8-9 ; 118/119, 1-8 ; 1, 1-2, etc.).

67. Les épines, les croix, les clous sont évidemment les symboles de l'immense amour de Dieu, tandis que les fléaux envoyés à l'homme pour le punir évoquent la colère redoutable de celui-ci.

68. Synérèse pour obtenir le compte juste du mètre.

69. Sur cette notion d'héritage voir entre autres Ps. 15/16, 5.

70. Autre souvenir biblique : Deut. 32, 8-10 ; Ps. 15/16, 5 ; 72/73, 25, etc. ; Lam. 3, 24.

71. Cette image s'inspire sans doute de l'image biblique bien connue, « à l'ombre de tes ailes ». C'est « à l'ombre des ailes » du Seigneur que s'abrite le Juste, Ps. 16/17, 8 ; 35/36, 8 ; 56/57, 2 ; 62/63, 9, etc.

72. Dans l'Ancien Testament, Sion est la ville de l'Éternel et le nom poétique de Jérusalem (Is. 60, 14).

73. Comparer cette image des yeux voilés à celle-ci tirée du verset 18 du psaume 118/119 : « Dessille mes yeux pour que je regarde les merveilles de la Loi ».

74. Le psalmiste utilise fréquemment cet appellatif pour désigner la sainte Cité, voir Ps. 47/48, 2-3, 9-15 ; 131/132, 13 ; 36/37, 4, etc.

75. C'est-à-dire l'Agneau de Dieu, voir Jn 1, 29 et 36.

76. Jean a tout spécialement traité de la charité dont l'objet est l'amour de Dieu pour lui-même et l'amour du prochain, voir entre autres 1 Jn 4, 7-11, etc.

77. C'est-à-dire ce Dieu qui fit merveille et fit connaître de la sorte sa puissance parmi les peuples, voir Ps. 76/77, 15 ; Is. 25, 1, etc.

78. Réminiscence discrète des huit Béatitudes, Mt. 5, 3-11.

79. Dans la Bible, la ville est souvent perçue comme un lieu de violence, de querelle, de perdition, voir Ps. 55, 10 ; Mt. 13, 44, etc.

80. C'est-à-dire l'intelligence et la mémoire qui avec la volonté constituent les trois puissances de l'âme.

81. Anne Picardet s'inspire ici de la parabole qui définit de façon symbolique le Royaume des Cieux : Mt. 13, 44-46. La leçon enseignée par cette parabole dit que le Royaume des Cieux est préférable aux biens les plus précieux.

82. C'est-à-dire la Chair, le Monde et Satan. Des trois ennemis de l'homme, le Diable serait selon s. Paul l'ennemi le plus redoutable à cause de ses méthodes insidieuses

(voir Éph. 6, 11-18). Pour un autre traitement de ce thème, voir Jean de Sponde, *Sonnets de la Mort*, XII.

83. Allusion au péché d'Adam et d'Ève.

84. L'image de la prison a inspiré à Marguerite de Navarre une longue méditation allégorique sur la condition humaine intitulée *Les Prisons*. On trouvera dans l'introduction à l'édition critique de cet ouvrage par S. Glasson des éclaircissements sur les origines de l'image de la prison (*op. cit.*, p. 15-18).

85. La forme dialogique de la chanson a été abandonnée.

86. Les métaphores ovidiennes de la flèche, des traits, des «lacs» (*Métam.* I, v. 468) servant ici à désigner les moyens insidieux de Satan s'opposent à l'image du feu divin qui réchauffe l'homme de sa dilection et l'éclaire de sa lumière.

87. Souvenir de l'allégorie selon Jean (10, 1-16), où Jésus se présente comme le bon berger.

88. Saint François de Paule (1436-1507) est le fondateur de l'ordre des Frères minimes, voués au carême perpétuel. Toute sa vie il rechercha le dépouillement absolu.

89. Implicite à cette allusion aux plaies de la Passion (Jn 19, 34) est l'idée que Jésus a souffert à cause des péchés de l'homme. Sur cette névrose de culpabilité et ses conséquences dans la société catholique de la fin du seizième siècle, voir J. Delumeau, *Le péché et la peur*, *op. cit.*, p. 338-330.

90. Les figures extatiques remplissent les tableaux religieux de la Contre-Réforme. Voir Mâle, *op. cit.*, p. 151-201 ; Bréhier, *op. cit.*, p. 392, 398-400.

91. Cette formule de supplication rappelle celles qu'on rencontre dans les psaumes : voir Ps. 16/17, 1 ; 3, 8 ; 38/39, 13 ; 85/86, 6, etc.

92. Le thème de la pitié de la nature supposée inciter l'aimée à se montrer plus humaine fait partie des lieux communs de la poésie profane.

93. Allusion à la quête de Déméter qui erra neuf jours et neuf nuits dans les bois avec des torches et des flambeaux en quête de sa fille Perséphone que Pluton avait enlevée (*Hymne homérique à Déméter*). C'est en souvenir de cette légende que fut créée à Rome la fête des lumières. À cette fête fut superposée par la suite une fête en l'honneur de la Vierge Marie avec des cierges allumés et des chandelles bénites, qu'on appela Chandeleur. Voir *La Légende dorée*, trad. J.-B. M. Roze, 2 vol., Paris, 1967, vol. 1, p. 193.

94. Ex. 13, 7-15, 27 et plus particulièrement 15, 4-5 et 22-23 ; Ps. 105/106, 7-12.

95. L'image du désert où l'homme oublie les merveilles de son Dieu est vraisemblablement tirée des psaumes. Voir entre autres Ps. 77/78, 40 ; 105/106, 14-15.

96. C'est le rôle de *la vertu de force* qui peut se manifester dans la patience, la constance, la persévérance, d'aller au-delà des passions inhibitrices, en une attitude de courage (on paraphrase Aubert, *op. cit.*, p. 175). La patience s'avère nécessaire pour être sauvé : Mt. 10, 22.

97. Épisode de l'Exode (32), repris dans Ps. 105/106, 19-20.

98. Crésus, fils d'Alyatte II, dernier roi de Lydie (-561 à -546), réputé pour ses richesses fabuleuses.

99. Réminiscence des psaumes (voir Ps. 66/67, 1 ; 79/80, 4, 8, etc.).

100. Seul le titre de ce poème rappelle la méditation sur le triple péché suggérée par Ignace dans ses *Exercices spirituels,* Première semaine, premier exercice.

101. Cette expression rappelle le verset 11 du psaume 37/38.

102. Expression familière synonyme de : pour tout l'or du monde.

103. Jésus est vu en général comme le protecteur du faible et de l'innocent, voir à titre d'exemple Deut. 10, 18.

104. Supplication qui rappelle celles du psalmiste (voir entre autres Ps. 27/28, 1).

105. Le thème évoqué dans le titre fait aussitôt penser au psaume 119/120 « Contre les calomniateurs » mais seule l'image des traits est reprise ici.

106. Outre ce terme d'« heresie », fréquemment employé à l'époque pour désigner les hérétiques luthériens, la violence verbale qui se déploie tout particulièrement dans les deux premières strophes – les images violentes (« lance », « esclatte », « brusle », « pousse »), le saccadement des occlusives et des vélaires (*d, p, t, v*), le rythme haché des vers, la sollicitation des sens (la vue, l'odorat, le toucher) par le champ lexical de la salissure (« puante », « vieille crasse moisie », « poison », « detestable », « vilains ») – rappelle certains des procédés rhétoriques employés dans la littérature pamphlétaire. Sur la propagande imprimée de cette époque, on consultera à titre d'exemple la belle étude de D. Pallier sur l'organisation de la propagande ligueuse (*Recherches sur l'imprimerie à Paris pendant la Ligue,* Genève, 1976) ou celle de L. Racaut sur la polémique catholique et la conquête de l'opinion (*Hatred in Print,* Aldershot, 2002, ch. 3).

107. Cette hydre, c'est évidemment le serpent de la Genèse 3, 1, mais aussi et surtout le Satan de Job (1, 6-11) et de Zacharie (3, 1-2), le Calomniateur par excellence. Voir aussi le passage de l'Apocalypse (12, 3-11) où le serpent hideux s'acharne non contre Dieu, mais contre l'Ange et contre la femme.

108. L'image de la foudre s'inspire vraisemblablement des images qu'on rencontre dans les psaumes et dans le livre de Job : « la voix de ton tonnerre » (Ps. 76/77, 19 ; 103/104, 7) ; « le tonnerre de sa puissance » (en référence à la colère de Dieu lorsqu'il tue le serpent fuyard et le serpent tortueux, Jb 26, 1-16).

109. L'une des dernières paroles du Christ : Lc 23, 34.

110. Le thème des fiançailles mystiques et les métaphores sponsiales qui s'y rattachent se rencontrent en de nombreux passages de l'Écriture. L'Évangile désigne le Christ comme le divin époux à qui l'âme chrétienne s'unit par engagement de fiançailles. Voir Mt. 9, 15 et 25, 1-13 ; Mc 2, 19-20 ; Lc 5, 34-35 ; Jn 3, 29 et 2 Cor. 11, 2.

111. Comparer à Hébr. 1, 3.

112. Détail qui indique la perspicacité du noir volatile comme il est dit dans la Genèse (8, 7). La couleur noire du plumage et le croassement funeste, évoqué au vers 16, nous rappellent qu'il s'agit là d'un oiseau de mauvaise augure.

113. L'idée que rien n'échappe à l'œil de Dieu se rencontre fréquemment dans les psaumes, voir Ps. 7, 10 ; 93/94, 11 ; 138/139, 1-2, etc.

114. Cette expression indique la clémence et la bienveillance de Dieu à l'égard de l'homme. Comparer à Ps. 85/86, 15 : « Dieu, lent à la colère ».

115. Anne Picardet s'inspire ici de Luc (23, 34). Comparer à Mt. 27, 39-56 et à Mc 15, 29-41.

116. Voir Ps. 62, 8 où se rencontrent à la fois la notion de gloire et l'image du rocher en référence à la protection que Dieu offre à celui qui place sa confiance en lui. Le terme « rempart » ou ses synonymes (forteresse, château fort, citadelle, tour puissante, etc.) pour désigner Dieu est fréquent dans la Bible, dans les psaumes tout particulièrement. Voir Is. 17, 10 ; Ps. 9/10, 10 ; 17/18, 3 ; 30/31, 3-4 ; 60/61, 4 ; 93/94, 22 ; Prov. 18, 10, etc.

117. Sur cette idée que rien n'est secret à Dieu, voir Ps. 93/94, 11 et surtout 138/139.

118. La succession d'exemples servant à illustrer la Grâce divine rappelle le mouvement du psaume 106/107. L'exemple de la tempête calmée pourrait faire référence aux versets 23-30.

119. Sur les rameaux de palmiers, symbole de victoire préfigurant la Résurrection du Christ à l'issue du drame du Calvaire, voir Jn 12, 13 ; Ap. 7, 9.

120. L'image des « celestes esseims » fait référence à l'infatigable abeille qui sublime en miel immortel le parfum éphémère des fleurs. Le miel qu'elle produit, symbole de la douceur la plus exquise (voir Cant. 4, 11), s'oppose traditionnellement à l'amertume du fiel.

121. Le lis dont la beauté ressort en contraste avec les épines est le symbole de l'élection, du choix de l'être aimé. L'image provient du Cantique des Cantiques 2, 2 : « Tel un lis parmi les épines, / telle ma compagne parmi les filles ».

122. Pour une description détaillée des matériaux précieux qui ont servi à la construction de la sainte Cité, voir Is. 54, 11-12 ; et surtout Ap. 21, 18-21.

123. V. 1-3 : souvenir de l'épisode où Jésus calme la tempête (Mt 8, 25-27, etc.) si souvent évoqué dans les psaumes (Ps. 106/107, 23-29 ; 17/18, 17 ; 28/29, 3 ; 31/32, 6 ; 68/69, 2-4 et 15-16). Mais ici, on le voit, Anne Picardet insiste moins sur l'intervention divine que sur le fait d'être submergé par les eaux, voire sur la sensation de suffoquer. Pour elle, c'est en effet ce sentiment d'impuissance lors des sècheresses spirituelles qui reste au centre de ses préoccupations.

124. Susceptibles d'éveiller l'amour mais aussi d'inspirer la crainte, ces deux attributs (la grande bonté de Dieu *vs* l'exercice de sa justice) sont mis en parallèle partout dans la

Bible (voir à titre d'exemple Ps. 144/145, 7 et 17). On trouvera dans les *Odes spirituelles* de nombreux passages construits sur cette antithèse.

125. L'image des tristes os désirant la mort est peut-être dérivée de certaines images des psaumes, par exemple de l'image des os qui se disloquent ou encore de celle des os qui brûlent : Ps. 21/22, 15 et 101/102, 4.

126. Cette phrase est vraisemblablement reprise du verset 3 du psaume 106/107.

127. Le « Rien » désigne la conscience que l'homme a de son néant. Pour d'autres exemples du paradoxe du Tout et du Rien, voir Marguerite de Navarre, *Les Prisons,* Livre III, v. 3049-3056 : « Mais qui congnoist le Tout en tout n'a garde / De se tromper en chose qu'il regarde. O contant Riens, qui plus Riens t'apperçoys / Et plus le Tout tu congnoys et conçoys, / Las ! que ce Tout plus ardant que nul cierge / Tu as congneu en la benoiste Vierge, / Mere du Filz qui à rien nous a mys / Pour à la fin au Tout estre remis » (éd. S. Glasson, *op. cit.*, p. 236).

128. On trouve dans les psaumes ce type de reproches adressés à Dieu lorsqu'il semble ne pas vouloir répondre aux appels de l'homme, voir entre autres Ps. 12/13, 4 ; 16/17, 6 ; 21/22, 2 ; 27/28, 1.

129. Ce poème s'inspire d'assez près de l'hymne *Ad cœli reginam.*

130. Symbole de l'arrogance (Ovide, *Métam.*, I, 151-162).

131. Toute cette strophe est prise des hymnes à la Vierge, *Regina cœli, Salve Regina.*

132. On rencontre cette notion du sang précieux du Christ donné en rançon pour l'homme dans les Évangiles, voir par exemple 1 Pe 1, 19 ; Mt. 20, 28 ; 1 Tim. 2, 6.

133. Saint Joachim, époux de Sainte Anne et père de Marie ; et Sainte Anne, mère de Marie et grand-mère de Jésus. L'histoire de ces personnages et les circonstances de la nativité de Marie sont évoquées dans le Protévangile de Jacques 1-5, dans le *Livre* (apocryphe) *de la Nativité de Jésus* (1-5, 3) et dans *La Légende dorée, op. cit.*, vol. 2, p. 171-182.

134. Allusion au fait que Joachim n'avait pas fait naître de postérité en Israël (Protév. Jc. 1, 2).

135. Allusion à la Grâce accordée à Joachim par le Seigneur et à la conception de Marie par Anne (Protoév. Jc. 4, 2-5).

136. C'est-à-dire la manne qui nourrit les Israélites dans le désert : Ex. 16, 14 ; Ps. 105, 40 ; Jn 6, 31, etc.

137. L'expression provient vraisemblablement de Jn 6, 33.

138. Peut-être un souvenir du Cant. 4, 8 ; 5, 15. Le cèdre du Liban, le plus estimé des cèdres car c'est Yahvé qui l'y a planté (Ps. 103/104, 16), est le symbole de la grandeur, de la noblesse et surtout de l'incorruptibilité (Cant. 1, 17). Sur la comparaison de Marie au cèdre voir *La Légende dorée, op. cit.*, vol. 1, p. 194 : « la vertu de sa chasteté pénétrait tous ceux qui la regardaient et écartait d'eux toute concupiscence : ce qui l'a fait comparer au cèdre dont l'odeur fait mourir les serpents ».

139. Sur cette image de la lumière comme signe de l'illumination de la Grâce, voir les hymnes *Ave Regina cœlorum* (... *Ex qua mundo lux est orta*), etc.

140. Lc 1, 26-38.

141. C'est-à-dire l'Ange Gabriel chargé d'annoncer la venue de Jésus à Marie. Au dix-septième siècle, dans la scène de l'Annonciation, sa présence est toujours signalée.

142. Allusion aux sept dons du Saint-Esprit (Is. 11, 2) et aux mystères de la Vierge, à ses progrès de vertu en vertu. Sont mentionnés ici les quatre premiers degrés : sa justification (ou parure), c'est-à-dire le fait qu'elle a mérité d'être parée de toutes les vertus – sa charité, son humilité, sa pureté, etc. sont fréquemment évoquées dans les Évangiles, voir Lc 1, 38 et 48 ; 2, 7, etc. ; l'alliance nuptiale par laquelle elle a été unie au Saint-Esprit, union qui provient d'une piété inouïe ; son enfantement (ou la nouvelle descendance) qui a été évoqué dans la strophe précédente ; le martyre ou la force de l'âme (« resignation ») manifestée dans la mère qui contemple son fils mourant.

143. Is. 59, 20-21 et 27, 9, repris par Paul dans Rom. 11, 26-27.

144. Réminiscence des hymnes (*Ave Regina cœlorum... Virgo gloriosa, Super omnes speciosa...*) et du Cant. 1, 8 ; 6, 1, etc., « O la plus belle des femmes ». Cette strophe évoque les cinquième et septième degrés : la joie ou l'admiration (Marie jubile en son Fils qui ressuscite pour aller s'asseoir à la droite de Dieu) et l'accès à la plénitude et à la perfection lorsque toutes les nations d'Israël seront sauvées.

145. Cette strophe évoque les sixième et septième degrés : l'Assomption ou exaltation lorsque Marie est ravie à ce monde et que le Seigneur lui donne place au-dessus de tous les habitants des Cieux ; et la perfection qui vient avec le salut de tous les élus.

146. Coiffée d'une couronne d'étoiles sur la tête, cette figure rappelle la femme qui vit saint Jean dans l'Apocalypse (12, 1). Elle inspira de très nombreux artistes au cours des siècles, voir Vloberg, *La Vierge et l'enfant*, *op. cit.*, p. 288-298.

147. Il s'agit dans cette strophe du troisième degré, c'est-à-dire de l'enfantement sans tache de la Vierge et du nouveau rejeton. La virginité de Marie est l'une des constantes des hymnes, voir *Ave, maris stella, Dei Mater alma, Atque semper virgo ; Inviolata, integra et casta es, Maria*, etc.

148. C'est-à-dire Élisabeth, la cousine de Marie, dont il est question dans le poème suivant.

149. Lc 1, 39-45.

150. Mère de Jean-Baptiste.

151. Ces trois dernières strophes s'inspirent des hymnes à la Vierge, voir entre autres *Ave, maris stella* : *Virgo singularis, / Inter omnes mitis / Nos culpis salutos / Mites fac et castos...*

152. La fête de la Dormition ou de l'Assomption fut célébrée le 15 août par suite de l'adoption du rite romain. Ce poème s'inspire de Lc 11, 1-7 et de l'hymne *Assumpta est Maria in cœlum*.

153. C'est-à-dire les apôtres.

154. Ces images des chaînes brisées, des captifs libérés (v. 31-34) ont leur source dans les hymnes : *Ave, maris stella / … Solve vincla reis…*

155. V. 35-42 : vraisemblablement une allusion aux rites antiques des lustrations (c'est-à-dire des purgations) célébrés au moment de l'acquittement du cens. La Purification chrétienne fut d'abord superposée à cette coutume païenne, puis la remplaça. Voir D. Iogna-Prat, « Le culte de la Vierge sous le règne de Charles le Chauve », in *Marie. Le culte de la Vierge dans la société médiévale,* études réunies par D. Iogna-Prat *et al.*, Paris, 1996, p. 82-84.

156. Les écrits apocryphes dont le Protévangile de Jacques où se trouve ce récit, avaient été écartés par les théologiens de l'époque post-tridentine. La Naissance de la Vierge n'en resta pas moins dans le répertoire iconographique. Voir Stubbe, *op. cit.*, p. 133-134.

157. L'image de l'étoile de la mer provient de l'hymne de Venance Fortunat (530-600), *Ave maris stella.* V. 5-8 souvenir aussi du Cant. 6, 10.

158. Ces métaphores d'ordre sensoriel et surtout le parfum, ici à cause de l'estime et de la bonne renommée, sont sans doute inspirées du Cant. 4, 10-13.

159. Allusion à l'Ève nouvelle qui effaça la faute de l'Ève ancienne en écrasant la tête du serpent, Gen. 3, 15.

160. L'allusion à l'acte criminel semble renvoyer à l'épisode où Joas, le seul rescapé du massacre de la famille royale de David ordonné par Athalie, quitte, après le meurtre d'Athalie, le temple de Yahvé par la porte méridionale de l'enceinte, dite « la porte des Coureurs » (voir 2 Rois 11, 1-20). L'image de la porte scellée renvoie aussi à la porte de l'Orient par laquelle Ézéchiel dit avoir vu la gloire de Yahvé sortir du temple puis y entrer : Éz. 10, 18-19 ; 43, 1-9 ; 44, 1-3. La tradition y a situé la rencontre entre Anne et Joachim et les Pères de l'Église ont appliqué cette image à la virginité de Marie et à son immaculée conception.

161. La fourrure d'hermine, d'un blanc immaculé, est symbolique de l'innocence et de la pureté. Dans l'Apocalypse, les vêtements blancs évoquent la pureté, la dignité de ceux qui ont mérité d'entrer au Royaume des Cieux ainsi que l'éclat de la lumière éternelle (Ap. 3, 4-5).

162. La Vierge aux lis et aux roses fait partie des figures symboliques de la Vierge-Mère. Les images qu'on rencontre ici proviennent vraisemblablement du Cantique des Cantiques qui était alors familier aux âmes religieuses (Cant. 2, 1-3). Sur l'art qui s'inspire de ces symboles de fraîcheur, d'éclat et de fécondité, voir Vloberg, *La Vierge et l'enfant, op. cit.*, p. 277-280.

163. Sainte Anne, la patronne d'Anne Picardet. Sur sainte Anne, mère de la Vierge, et l'intérêt que sa fonction de mère éducatrice suscita dans l'iconographie post-tridentine, voir E. Ruiz-Calvez, « Religion de la mère, religion des mères. Sainte Anne éducatrice », in *La religion de ma mère,* sous la dir. de J. Delumeau, Paris, 1992, p. 148 *sq.* et

P. Sheingorn, « The Wise Mother : The Image of St. Anne Teaching the Virgin Mary », *Gesta*, 32, n° 1, 1993, p. 69-80.

164. Les sept dispositions permanentes apportées par la Grâce divine, appelées par les chrétiens les dons du Saint-Esprit.

165. Génitif du superlatif absolu caractéristique du style hébraïque.

166. Sur cet épisode voir Lc 2, 21-32 ; Protév. Jc. 6, 2 et *La Légende dorée* (*op. cit.*, vol. 1, p. 188-195). Introduite en France à la fin du quatorzième siècle, cette fête eut jusqu'au courant du dix-neuvième siècle une coloration plus christique que mariale.

167. *Astrée* en souvenir du nom de *Marie*, c'est-à-dire étoile de la mer, mais peut-être la Vierge est-elle également assimilée à la dame aimée qui dans la littérature profane de l'époque, porte souvent le nom d'*Astrée*. Voir Vincent Voiture, « Ce soir que vous ayant seulette rencontrée / Pour guerir mon esprit et le remettre en paix : / J'eus de vous, sans effort, belle et divine Astrée, / La première faveur que j'en reçeus jamais » (Stances, V, *Poésies*, éd. H. Lafay, 2 vol., Paris, 1971, vol. 1, p. 27). Et bien évidemment Honoré d'Urfé qui fait le récit des amours de la bergère Astrée et du berger Céladon dans *L'Astrée* (1607-1628). Ce roman connut un grand retentissement dans le premier tiers du dix-septième siècle. Le premier volume, publié en 1608, était dédié à Henri IV, le roi vert-galant.

168. L'olivier est un symbole de paix dans la tradition chrétienne. Peut-être une allusion au rameau d'olivier qu'apporta la colombe à la fin du déluge (Gen. 8, 11).

169. Cette strophe fait valoir la matrilinéarité et le rôle prééminent des femmes dans le mystère de l'Incarnation. Selon la tradition, Anne serait la racine féconde, d'où sort l'arbre de vie qui porte sur sa branche centrale (en latin, *virga*) la Vierge (*Virgo*) et l'Enfant. Sur l'association entre l'arbre de Jessé et la lignée de sainte Anne (la Sainte Lignée), voir Stubbe, *La Madone dans l'art, op. cit.*, p. 135. Sur l'iconographie illustrant la souche féminine, voir Ruiz-Calvez, art. cité, p. 136-139.

170. Réminiscence de Cant. 7, 3. Dans la tradition biblique, le lis est symbole de l'élection.

171. Allusion à la porte du temple qui demeurera toujours scellée et par laquelle seul le Seigneur d'Israël est passé, voir 1 Rois 6, 33-34 (et *supra*, n° 30, v. 27). Demeurée vierge avant et après avoir enfanté Jésus, Marie est comme cette porte dont il est dit dans le livre d'Ézéchiel (44, 2-3) : « Elle restera fermée, elle ne sera pas ouverte et personne n'y entrera, car Yahvé, Dieu d'Israël, y est entré ».

172. Image de Marie comme la nouvelle Ève, Gen. 3, 15-19.

173. Mère de la Vierge Marie, absente des évangiles canoniques. La fête de sainte Anne (le 28 juillet) avait été annulée sous le pontificat de Pie V. C'est Grégoire XIII qui la rétablit en 1584. Étroitement associé au culte de la Vierge, le culte de sainte Anne brilla d'un vif éclat au dix-septième siècle, surtout sous la régence d'Anne d'Autriche qui était très attachée à sa patronne. En l'honneur de l'une et de l'autre fut ouverte la rue Sainte-Anne à Paris. L'iconographie post-tridentine la représente en général avec

la Vierge et l'Enfant. C'est cette image de l'aïeule du Christ, de la grand-mère tendre et douce qui est évoquée ici. Sur cette image, voir Ruiz-Calvez, art. cité, p. 144-155.

174. Anne est la grand-mère du Christ, le nouvel Adam vainqueur dans l'ultime combat : 1 Cor. 15, 45-57.

175. Née à Rodez dans les années 1500, la dévotion à l'Ange gardien se propagea tout au long du seizième siècle, en partie en réaction contre Luther et Calvin qui la condamnaient. La Compagnie de Jésus se montra particulièrement favorable à ce culte nouveau. Voir Mâle, *op. cit.*, p. 303-309.

176. Sur saint Michel, voir *La Légende dorée, op. cit.*, vol. 2, p. 232-234. Sur la dévotion aux archanges (Michel et Gabriel) et leurs représentations dans l'art de la Contre-Réforme voir Mâle, *op. cit.*, p. 297-301 et R. Giorgi, *Saints in Art,* Los Angeles, CA, 2003, p. 274-278.

177. V. 16-20 : saint Michel est le protecteur angélique d'Israël et le vainqueur du dragon (Ap. 12, 7-9).

178. Saint Michel est généralement considéré comme une manifestation du Dieu d'Israël, comme le protecteur du peuple israélite (Dan. 12, 1). Il figure comme le chef des armées de Yahvé qui apparaît à Josué près de Jéricho (Jos. 5, 13-15). On le reconnaît encore dans l'Ange de Yahvé qui marche devant le peuple de L'Exode (Ex. 14, 19 ; 23, 20 ; 32, 34 ; 33, 2).

179. Les images de saint Gabriel évoquées ici se retrouvent dans la tradition iconographique. Voir Giorgi, *op. cit.*, p. 140-143.

180. Le messager de l'annonce à Marie appelée à devenir la mère de Jésus : Dan. 9, 21 ; Lc 1, 26-28 et 31-32. La fête de l'Annonciation célèbre le souvenir de ce jour.

181. Gen. 3, 17-19.

182. Sur la place que tiennent alors les Anges dans la pensée chrétienne et dans l'art, voir Mâle, *op. cit.*, p. 301-309.

183. *Cf. Sanctus, Sanctus, Sanctus Dominus Deus sabaoth. Pleni sunt cœli et terra gloria tua, hosanna in excelsis.*

184. Dieu siège sur les Chérubins au dessus de l'arche d'Alliance : 1 Sam. 4, 4 ; 2 Sam. 6, 2 ; 2 Rois 19, 15 ; Ps. 79/80, 2 ; 98/99, 1, etc.

185. Une référence à Col. 1, 16.

186. Divinations (v. 16), Vertus, Principautés, Puissances, Archanges, tous ces titres servent à montrer que le Christ par sa divinité même domine toute créature aussi parfaite qu'elle soit et que « tout a été créé par lui et pour lui ». Voir Col. 1, 16 ; Éph. 1, 21 ; 1 Th. 4, 16.

187. La douce odeur : image traditionnelle pour signifier l'heureux effet du sacrifice sur les narines, qui sont le siège de la colère : Gen. 8, 21 ; 2 Cor. 2, 15 ; Eph. 5, 2 ; Ph. 4, 18.

188. Symbole de l'attraction cosmique et mystique.

189. C'est à partir de la publication du livre du dominicain Isodorus Isolanus, dédié au Pape Adrien VI, *Summa de donis s. Joseph* (Pavie, 1522), qu'on commence à s'attacher à saint Joseph. Sainte Thérèse, on l'a vu, contribua considérablement à la diffusion du culte de saint Joseph ainsi que François de Sales. C'est à saint Joseph et à la Vierge que celui-ci dédie son *Traité de l'amour de Dieu.* Il consacre aussi le XIX$^{e}$ de ses *Entretiens spirituels* à ce saint et c'est encore lui qu'il donne comme patron aux religieuses de la Visitation. Le culte de saint Joseph atteindra tout particulièrement l'élite mystique. En tant que patron de « la bonne mort », ce saint suscita aussi la fondation de diverses confréries comme celle des agonisants. Voir R. Sauzet, « Présence rénovée du catholicisme », art. cité, p. 133 *sq.* Sur la place que tient saint Joseph dans l'art post-tridentin, voir Mâle, *op. cit.*, p. 309-325 et Giorgi, *op. cit.*, p. 205-211.

190. Lc 3, 23.

191. Dans sa *Vie* (ch. 6, p. 58-59), sainte Thérèse décrit les avantages que retireront ceux qui se recommanderont au glorieux saint Joseph : « Il fait progresser d'une manière admirable les âmes qui se recommandent à lui. Depuis plusieurs années, ce me semble, je lui demande une grâce le jour de sa fête, et je l'ai toujours obtenue ; et lorsque ma supplique est quelque peu de travers, il la redresse pour le plus grand bien de mon âme. [...] ».

192. Anne Picardet s'est vraisemblablement inspirée de sources variées parmi lesquelles les Évangiles (Mt. 1, 18-25 ; Lc 1, 27 et 38), les antiennes de la Vierge où l'on trouve l'expression « Reine des Anges » (*Ave, Regina cœlorum : Ave, Domina Angelorum*) et peut-être aussi la *Vie* de sainte Thérèse. Voir par exemple ch. 6, p. 59 : « Je ne sais d'ailleurs comment on pourrait penser à la Reine des Anges et à toutes les souffrances qu'elle a endurées en compagnie de l'Enfant Jésus, sans remercier saint Joseph de les avoir si bien aidés alors l'un et l'autre ».

193. Comparer à sainte Thérèse, *Vie*, ch. 6, p. 59 : « Que celui qui n'aura pas de maître pour lui enseigner l'oraison prenne ce glorieux saint pour guide, et il ne risquera point de s'égarer ».

194. Les trois vertus théologales sont le signe de l'authentique conversion.

195. Comparer à sainte Thérèse, *Vie*, ch. 5 et 6, où elle fait le récit de ses maladies et de la patience que le Seigneur lui a donnée pour les supporter.

196. Allusion à la pleine soumission de Job qui, en dépit des malheurs qui lui ont été envoyés de Dieu, ne conteste ni sa justice, ni sa puissance, ni son éternelle sagesse : Jb 1, 8 et 10-11 ; 2, 3 et surtout 42, 1-6.

197. La palme que les élus portent à la main dans Ap. 7, 9.

198. Jb 1, 8-22 ; 2, 1-11.

199. V. 19-22, Jb 1, 11 et 2, 4-6.

200. C'est-à-dire les habits de sainteté, le pectoral et l'éphod, d'après Ex. 25, 3-4 et 7 ; et 28, 2-8.

201. Il s'agit de l'encens des parfums d'après Ex. 25, 6 et 30, 7.

202. Bernard (1090-1153) naquit à Fontaine-lès-Dijon en Bourgogne dans une petite famille de seigneurs. Il entra à Cîteaux à l'âge de 22 ans et fonda Clairvaux trois ans plus tard.

203. C'est dans la mystique bernardine qu'apparaissent les premières méditations de la Passion. Destinées à éveiller l'amour, le désir d'un contact intime avec le Christ souffrant, elles prendraient peu à peu la place de la méditation sur l'enfer et le jugement dernier.

204. Allusion à l'influence que Bernard exerça sur les papes et les rois. Entre autres, il fut chargé par Louis VII de la prédication de la deuxième croisade et désigné par le pape Urbain II comme porte-parole de l'Église romaine. Voir A. Latreille *et al.*, *Histoire du catholicisme en France*, vol. 1, *Des origines à la chrétienté médiévale*, Paris, 1957, p. 320-329.

205. Durant toute sa vie, saint Bernard donna l'exemple du renoncement le plus complet. Cette austérité de vie ne tarda pas à épuiser son organisme. La vue de cet homme au corps émacié par les jeûnes a exercé une véritable fascination sur ceux de son entourage. Ainsi lit-on dans *La Légende dorée*, *op. cit.*, vol. 2, p. 115 : « Il n'était porté à manger par aucun plaisir de contenter son appétit ; c'était la crainte de défaillir qui le faisait se mettre à table, comme à un lieu de supplice. [...] Il avait tellement dompté les attraits de la friandise qu'il avait perdu en grande partie le sens du goût [...]. »

206. D'origine italienne, saint François d'Assise (1181-1226) est le fondateur de l'ordre des Frères mineurs ou Franciscains.

207. Dans *La Légende dorée* (*op. cit.*, vol. 2, p. 258), saint François est représenté comme celui qui commande aux démons.

208. C'est-à-dire les stigmates du Christ : les marques semblables à celles que portait Jésus sur les mains et les pieds, rappelant les plaies causées par les clous ; sur la tête, rappelant les plaies causées par la couronne d'épines ; sur le dos, rappelant les coups de fouet ; et au côté, rappelant la plaie causée par la lance (voir *La Légende dorée*, vol. 2, p. 259-260). Les stigmates, dans lesquelles on reconnaît le signe de l'élection, sont le principal attribut de ce saint dans l'art de la Contre-Réforme. Voir Giorgi, *op. cit.*, p. 130-136 et Mâle, *op. cit.*, p. 478 *sq.*

209. *La Légende dorée* (vol. 2, p. 254-258) rapporte plusieurs anecdotes illustrant cet amour de la pauvreté et l'auteur de constater : « Il aimait à tel point la pauvreté en lui et chez les autres qu'il appelait toujours la pauvreté sa dame : mais quand il voyait quelqu'un plus pauvre que lui, il en était jaloux et craignait d'être dépassé en cela par autrui » (p. 257).

210. Saint François s'était dépouillé de tout. Voir *La Légende dorée*, *op. cit.*, vol. 2, p. 256-257.

211. Sur sa dévotion à Jésus-Christ voir *La Légende dorée*, vol. 2, p. 255.

212. Originaire de Cologne, en Allemagne, saint Bruno (1030-1101) est le fondateur de l'ordre des Chartreux. Il n'a jamais été ni canonisé, ni béatifié. Sa légende a été représentée en vingt-deux tableaux par Eustache Lesueur (1616-1655).

213. Prédicateur castillan, Domingo Núnez de Gusmán Garcés (1170-1221) est le fondateur de l'ordre des Frères Prêcheurs, plus connu aujourd'hui sous le nom de Dominicains.

214. Peut-être une référence à la détermination qu'il montra, au risque de sa vie, à convertir les hérétiques ou au fait qu'il triompha du démon lorsque celui-ci lui apparut. Voir *La Légende dorée*, vol. 2, p. 47-48, 57-58.

215. Anne Picardet évoque ici le don miraculeux de la Vierge à saint Dominique : un chapelet, qu'on appela la couronne des roses de Notre-Dame ou le Rosaire. La Contre-Réforme exalta le culte au Rosaire : elle voyait dans le Rosaire un moyen de salut pour les âmes des vivants et pour celles des morts et surtout une arme contre l'hérésie et contre l'Islam. Le Pape Pie V attribuait la victoire de la chrétienté à Lepante en 1571 à la Vierge du Rosaire et comme le Rosaire avait triomphé de l'hérésie albigeoise, on pensait qu'il triompherait aussi de l'hérésie protestante. On représentait parfois la Vierge qui donnait un rosaire à saint Dominique alors que l'Enfant Jésus, qu'elle portait sur ses genoux, en donnait un autre à sainte Catherine. Sur les représentations de saint Dominique dans les églises des Frères Prêcheurs, voir Mâle, *op. cit.*, p. 464.

216. Sur ses miracles durant sa vie et ceux opérés à l'élévation de son corps, voir *La Légende dorée*, vol. 2, p. 50-56, 59-63.

217. Sa piété, sa pauvreté évangélique, sa grande charité, son humilité et son égalité d'âme sont généralement reconnus comme ses attributs les plus remarquables.

218. Catarina Benincasa, plus connue sous le nom de Catherine de Sienne (1347-1380), mystique italienne canonisée en 1461. À l'âge de sept ans, Catherine fit le vœu de virginité perpétuelle. Sur une révélation divine, elle embrassa la règle du Tiers-Ordre de la Pénitence du bienheureux Dominique, dont elle reçut l'habit à l'âge de quinze ans. Elle prêcha passionnément l'amour de Dieu et fut appelée à travailler à la paix de l'Église. Elle accomplit deux missions en Avignon, puis convainquit le Pape Grégoire XI de retourner à Rome. Sa vie unit au plus haut point les deux aspects de la vie dominicaine : l'action (elle prit une part active aux affaires les plus graves de l'Église) et la contemplation. Elle a laissé un *Dialogo della Divina Providdenza*, dicté deux ans avant sa mort, 382 lettres adressées à de hauts personnages et à des gens du peuple et des poèmes d'une rare beauté, dans lesquels elle raconte ses visions et ses extases. L'édition la plus exacte et la plus complète de ses œuvres est celle de Jérôme Gigu sous le titre *Opere della serafica santa Catarina*, 4 vol., Sienne et Lucques, 1707-1713.

219. Le *Libro de la Oración y Meditatión* (1566) de Louis de Grenade, traduit en français en 1575 par François de Belleforest sous le titre *Le vray chemin*, contribua à la diffusion dans l'Europe toute entière de la discipline dévotionnelle. À la différence des *Exercices spirituels* d'Ignace, ce manuel avait été conçu à l'intention de l'exercitant et pouvait s'utiliser sans l'aide d'un directeur.

220. Voir n. 88.

221. Sans doute les Pères Jésuites.

222. Assez fréquents dans les recueils d'inspiration jésuite, ces cantiques en hommage aux grands saints de l'Ordre témoignent d'une certaine méthode de propagande de la Compagnie de Jésus (voir G. Pau, art. cité, p. 27-28). En 1616 étaient parus sous la direction du Père Guillaume Marci les *Rossignols Spirituels*, où figuraient plusieurs cantiques consacrés à saint Ignace de Loyola, saint François-Xavier, saint Louis de Gonzague, etc. Dans leurs églises, dit É. Mâle, les Jésuites faisaient une large place à leurs saints qu'ils offraient à la vénération des fidèles. Parmi ceux-ci, Saint Ignace occupait la première place. On fit représenter sa vie, ses visions, ses miracles (*op. cit.*, p. 432-438).

223. Conformément à l'idée salésienne selon laquelle il n'y a pas incompatibilité entre le devoir d'état (la vie professionnelle) et la volonté de se rendre parfait à laquelle tout dévot aspire. Cette «laïcisation de la piété» (Labrousse et Sauzet, p. 354) répondait aux aspirations de l'époque.

224. C'est-à-dire le porte-parole du Christ mais aussi le protecteur contre la corruption. L'expression «le sel de la terre» vient de Mt. 5, 13.

225. Grand prophète du temps des Rois, dont le nom hébreu proclame «Yahvé est mon Dieu»; fondateur de l'Ordre des Carmes. Les principales scènes de sa vie se voyaient dans les couvents des Carmes. Parmi celles-ci, l'enlèvement du prophète sur le char de feu évoqué plus bas, la scène de la Transfiguration où Hélie figure à côté du Christ en même temps que Moïse, et l'épisode où Hélie, l'épée à la main surmontée d'une flamme, se montre le redoutable champion de Dieu (1 Rois 18, 40) étaient les plus fréquemment représentées (voir Mâle, *op. cit.*, p. 446 *sq.*). Les Carmes portaient une ardente dévotion à la Vierge Marie. Ils disaient qu'elle avait appartenu à leur Ordre et portaient un vêtement blanc en son honneur. Sainte Thérèse qui réforma le Carmel fut l'une des grandes saintes des Carmes.

226. V. 4-8, 2 Rois 2, 1-14.

227. Allusion à la miraculeuse ascension du prophète relatée dans 2 Rois 2, 11 et 6, 17; et 1 Mac. 2, 58.

228. La congrégation des Feuillants (Folietani) est une branche réformée de la grande congrégation de Cîteaux, qui n'était elle-même qu'une autre branche réformée de l'ordre de saint Benoît. Elle prit son nom de l'abbaye de Feuillants, dans l'ancien diocèse de Rieu aux environs de Toulouse. Fondé en 1577 par Jean(-Baptiste) de la Barrière, le premier abbé de ce monastère, cet ordre très austère qui conduisit plusieurs religieux à la mort fut illustré par saint Bernard. En 1608, l'autel de l'Église de Feuillants lui fut consacré. Voir W. Duckett et P. Louisy, *Dictionnaire de la conversation et de la lecture*, t. 15, Paris, 1835.

229. Il s'agit de *La vie de la Mere Terese de Jesus* composée par le R.P. Francisco de Ribera... Nouvellement traduict d'espagnol en François. Par I.D.B.P. et le P.G.D.C.C. [Jean de Bretigny et G. de Chevre], Paris, chez la veufve Guillaume de la Nouë, 1602.

230. Ex. 3, 1-3.

231. Gen. 17, 4-6.

232. La Sagesse est l'apanage de Dieu ; c'est Dieu qui l'a créée et qui seul la détient : Ecq.1, 1 et 8-10 ; Jb 12, 13.

233. *Le Chateau de l'Ame ou le Livre des Demeures, Les œuvres de la Sainte Mere Terese de Jesus, fondatrice de la reforme des Carmes et Carmelites Déchaussez*, Paris, chez Denys de la Nouë, 1644. Cet ouvrage retrace les grandes étapes que l'âme parcourt depuis ses premiers efforts jusqu'à l'union mystique.

234. L'existence canonique de la Compagnie de Jésus remonte au 25 septembre 1540, date de la première bulle d'approbation de Rome. Sur la Compagnie de Jésus et l'humanisme, voir F. de Dainville, *La naissance de l'humanisme moderne*, t. 1, Paris, 1940 ; sur sa mission apostolique voir R. Taveneaux, *Le catholicisme dans la France classique, op. cit.*, 1994, p. 72-78.

235. L'omission de *que* dans l'expression de souhait (« Vos douces passions... / Facent fondre ma glace ») montre que cet usage n'était peut-être pas encore entièrement généralisé.

236. Anne Picardet fait allusion ici aux oppositions très fortes et très diverses (clergé seculier, universités, haute magistrature, etc.) auxquelles se heurtèrent les Jésuites, voir R. Taveneaux, *op. cit.*, p. 76-78.

237. Sur l'œuvre scolaire des Jésuites voir F. de Dainville, *ibid.*, et *L'éducation des Jésuites (XVIe-XVIIIe siècle)*, Paris, 1978 ; R. Taveneaux, *op. cit.*, p. 271-278.

238. Réminiscence de Hébr. 13, 20 ; Lc 15, 3-7, etc.

239. Mercigny ou Marsigny, l'une des branches de la Compagnie de sainte Ursule.

240. L'aigle est unique en ce sens qu'il regarde le soleil bien en face sans crainte de se brûler les yeux. Cet attribut est partout évoqué dans les bestiaires (voir, à titre d'exemple, Guillaume le Clerc de Normandie, *Bestiaire divin*, Brunetto Latini, *Livre du Trésor*, in *Bestaires du Moyen Âge, op. cit.*, p. 77 et 186-187) ainsi que dans l'Apocalypse où l'aigle est rangé au nombre des « quatre animaux pleins d'yeux par devant et par derrière » qui paraissent devant le trône au jour seigneurial (Ap. 4, 7). L'image de l'aigle sert donc généralement à désigner une élévation spirituelle hors du commun, dont la manifestation essentielle serait précisément la capacité à contempler la Lumière.

241. Allusion au jour seigneurial tel qu'il est décrit dans Ap. 1, 10-16.

242. S. Hugues de Grenoble (1053-1132) et s. Benoît (pape de 684 à 685) sont tous deux réputés pour leur piété exemplaire. Fervent partisan de la réforme grégorienne, s. Jérôme contribua avec son maître, Bruno de Cologne, dont il a été question plus tôt, et quelques autres, à la fondation de l'ordre des Chartreux. Sur la vie de saint Benoît voir *La Légende dorée*, vol. 1, p. 236-245.

243. Réminiscence de l'Apocalypse (21, 10-21).

244. V. 17-18, comparer Ap. 20, 10.

245. Voir ici une allusion au mystère des sept étoiles : Ap. 1, 20 ; 2, 1, etc.

246. C'est-à-dire les Anges hiérarchisés en neuf chœurs.

247. Souvenir de Cant. 2, 1.

248. C'est Angela Merici qui dès 1530 fonda en Italie les Ursulines mais c'est un groupe de jeunes filles dévotes comme Sybille de Mazan, Françoise de Bermond, etc., qui en 1592 constitua en Avignon l'ébauche de la première communauté d'Ursulines pour enseigner la «petite doctrine» aux filles. C'était le premier institut féminin de vie active. C'est à partir de la communauté de Paris à la fondation de laquelle Mme de Sainte-Beuve, cousine de Barbe Acarie, participa, que s'opéra la transformation de la congrégation séculière en *Religion* avec clôture et vœux solemnels. Sur l'histoire des Ursulines et l'établissement des monastères en France sous l'Ancien Régime, voir Mère Marie de Chantal Gueudré, *Histoire de l'Ordre des Ursulines en France,* 2 t., Paris, 1960; S. J. Stier, *The Role of Women Religious, op. cit.*, p. 39-136; E. Rapley, *The* Dévotes, *op. cit.*, p. 42-60; Ph. Annaert, *Les collèges au féminin,* Namur, 1992, p. 23-33.

249. Sur les rapports entre le *grand couvent,* le premier monastère établi dès 1607 au Faubourg Saint-Jacques à Paris, et la cour, voir E. Rapley, *The* Dévotes, *ibid.*, p. 56-57. Une des conséquences de la clôture, selon Rapley, fut l'«aristocratization» (p. 59). Comme les congrégées venaient, pour la grande majorité, des milieux aristocratiques, on vint à identifier les Ursulines avec l'élite locale.

250. C'est François de Sales qui en 1610 fonda la Visitation Sainte-Marie avec Jeanne Frémyot, veuve du baron de Chantal (1572-1641). En 1618, cette communauté fut érigée en ordre monastique conformément aux normes tridentines. Voir S. J. Stier, *The Role of Women Religious, op. cit.*, p. 141-155; E. Rapley, *The* Dévotes, *op. cit.*, p. 34-41.

251. La *Vulgate* de s. Jérôme et les épîtres de s. Paul avaient été reconnus comme textes canoniques à l'issue du Concile de Trente. Sur la position du Concile vis-à-vis de l'enseignement paulinien, voir P. B. Sesboüé, «Saint Paul au Concile de Trente», *Recherches de science religieuse,* 94, n° 3, 2006, p. 395-412.

252. C'est-à-dire François de Sales (1567-1622) qui fuit Genève lorsque s'y répandit le protestantisme pour venir s'installer à Annecy. Son *Introduction à la vie dévote* (Lyon, 1609) connut un immense retentissement dans la France dévote du premier tiers du dix-septième siècle : plus de 40 éditions en français entre la date de sa parution et 1622 ainsi que de très nombreuses traductions en latin et dans plusieurs langues européennes. Il est aussi l'auteur d'un *Traité de l'amour de Dieu* (1616) et d'une vaste correspondance avec les grandes figures de son temps.

253. Le monastère de Sainte Marie de Lyon, en l'honneur de la reine Marie de Médicis, fait partie des toutes premières fondations de l'ordre. Sa supérieure, la Mère Marie-Aimée de Blonay, entretint une correspondance suivie avec Jeanne de Chantal. C'est dans le Lyonnais que se trouve, avec la Savoie, le plus grand nombre de fondations. Voir D. Julia, «L'expansion de l'ordre de la Visitation aux XVII^e^ et XVIII^e^ siècles», in *Visitation et Visitandines aux XVII^e^ et XVIII^e^ siècles,* éd. B. Dompnier et D. Julia, Saint-Étienne, 2001, p. 112-176.

254. Jacqueline Favre faisait partie, avec Jeanne de Chantal et Charlotte de Bréchard, du premier groupe de Visitandines. Le petit groupe s'était installé à Annecy, où M. de Genève s'était réfugié, dans la maison de la Galerie que le duc de Savoie avait mise à leur disposition.

255. Ces images du nouveau-né rayonnant qui éclaire les ténèbres et apporte la lumière dans les âmes se retrouvent dans les hymnes (*Jesus Redemptor omnium*, *Tu lumen*), les litanies du saint nom de Jésus et évidemment dans l'iconographie (voir Mâle, *op. cit.*, p. 247 *sq.*). Elles évoquent l'âge d'or inauguré par le Messie, voir Is. 9, 1 ; 52, 10 ; 42, 6 ; 49, 6 ; Lc 2, 32.

256. Cette expression se trouve dans Is. 9, 5.

257. Le regard se porte avec complaisance sur tous les attributs du « Poupon ». Peut-être est-ce là un souvenir du Cantique 4, 1-6, où le bien-aimé s'extasie sur la beauté de la bien-aimée et en décrit tous les détails ?

258. Gen. 1-2, 3.

259. Lc 2, 12.

260. Lc 2, 16.

261. Les diminutifs (drapelets, membrelets) sont un trait caratéristique des noëls.

262. Sur le motif de la Vierge nourricière et sa fortune, voir Stubbe, *La Madone dans l'art, op. cit.*, p. 67-74 et Vloberg, *La Vierge et l'enfant, op. cit.*, p. 67-98.

263. Sur le plan spirituel, Jésus est en effet le Père de Marie et son Dieu.

264. Lc 2, 13-14.

265. Lc 2, 8-12 et 15-16.

266. V. 57-60, Is. 60, 6 ; Ps. 71/72, 10-11 ; Mt 2, 11. Sur le terme de Messie voir Lc 2, 10-11 ; Jn 4, 42 ; Ac. 5, 31.

267. Voir *supra*, n° 18, v. 45.

268. V. 1-8, Is. 7, 16.

269. L'orgueil n'est pas en général considéré comme caractéristique de l'éléphant. Dans les bestiaires, les éléphants sur le point de s'accoupler sont comparés à Adam et Ève. La femelle mange la première du fruit de la mandragore, puis en donne au mâle pour qu'il en mange aussi (voir à titre d'exemple P. de Beauvais, *Bestiaires, op. cit.*, p. 59-60). Peut-être faut-il donc voir dans cette image une allusion à la faute originelle ? Tout le poème est construit sur l'opposition entre la faiblesse physique de l'Enfant Jésus et sa toute-puissance sur laquelle viennent se greffer toutes sortes de variations, Obscurité *vs* Lumière, Stérilité *vs* Fécondité, etc. La combinaison de vers courts et de vers plus longs (4 – 4 – 6 – 6 – 4 – 4) avec pour clore la strophe un vers deux fois plus long que le vers d'ouverture (8 – 4) est particulièrement apte à nous faire sentir, c'est-à-dire apprécier par les sens (l'ouïe et la vue), les oppositions au niveau du vocabulaire et des images.

270. V. 9-14, Is. 9, 1-4.

271. La rosée provoque la fertilité, Gen. 27, 28 ; Deut. 33, 28 ; Os. 14, 5.

272. Symbole de douceur qui s'oppose à l'amertume du fiel. Cette image évoque celle du miel qui coule en ruisseaux sur la Terre Promise et renvoie à la prédiction d'Isaïe 7, 14-15 (voir aussi Mt. 1, 23).

273. V. 23-28, Is. 11, 6-7.

274. Symbole de pardon, de paix, de salut comme on le voit dans Gen. 8, 11. Mais aussi la venue du Messie est présentée comme la naissance d'un rameau sur la souche de l'arbre abattu : Is. 11, 1-2 et 10.

275. V. 9-15, Is. 9, 2.

276. V. 17-22, Is. 9, 3.

277. Souvenir de Lc 2, 9-11.

278. Is. 9, 6-7.

279. V. 35-36 : Le rapport de synonymie entre les premiers termes des compléments déterminatifs (couche/lict) semble inviter le lecteur à faire un rapprochement entre les deux seconds (delice/Justice) afin d'éclairer cette notion si souvent évoquée dans les odes de «Justice divine», le fait que Dieu punit le méchant mais aussi qu'il apporte consolations et récompenses au Juste.

280. Is. 9, 6. Toutes ces notions de sagesse éternelle, de bonté infinie, de toute-puissance se retrouvent aussi dans les litanies du saint nom de Jésus.

281. D'après le recensement fait par Bruce W. Wardropper, les contrafactures pieuses en forme de pastourelle auraient été assez fréquentes au Moyen Âge. Voir «The Religious Conversion of Profane Poetry», in *Studies in the Continental Background of Renaissance English Literature*, art. cité, p. 209. L'idée d'associer l'Adoration des Bergers à la Nativité remonte à la fin du Moyen Âge, mais ce sont les artistes de renom comme Le Corrège qui contribuèrent à la consacrer (voir Mâle, *op. cit.*, p. 243 *sq.*). Sur la place que tiennent l'Adoration des Bergers et l'Adoration des Rois Mages dans les Nativités de l'âge baroque, voir Stubbe, *op. cit.*, p. 143-145.

282. Souvenir de Is. 9, 2.

283. C'est-à-dire la voix de l'archange Mikaïl qui annonce le suprême avènement du Christ à la fin des temps, 1 Th. 4, 16.

284. V. 1-6 : Lc 2, 14. L'expression «Dieu des Dieux» revient partout dans la Bible, voir entre autres Deut. 10, 17; Ps. 135/136, 2.

285. Lc 2, 8-12.

286. Nom riche de promesses qui signifie «Dieu est avec nous». La destinée de l'enfant est de remplacer la lignée messianique défaillante. Voir Is. 7, 14; Mt. 1, 22-23.

287. Réminiscence d'Os. 14, 7.

288. Is. 9, 2.

289. Zach. 2, 10 ; 9, 9 et souvenir de l'hymne *Lauda, Sion, Salvatorem.*

290. Hebr. 2, 14-15 ; Ap. 12, 10-12.

291. Le fer est l'instrument satanique de la guerre et de la mort, d'où son interdiction dans la construction du Temple de Salomon (1 Rois 6-7). En tant que force impure, satanique (notion mise en relief par la rime Enfer/fer), le fer s'oppose à l'or (doré, v. 14), le premier dans la hiérarchie des métaux et l'un des symboles de Jésus. Rappelons la primordialité de l'âge d'or sur les âges suivants, parmi lesquels le fer qui marque le triomphe de la puissance impure et donc l'une des étapes descendantes du cycle.

292. Peut-être une allusion à l'autel des parfums, d'après Ex. 30, 1-8.

293. Lc 2, 7.

294. C'est-à-dire tout ce qu'il y a de meilleur. La Terre Promise est généralement décrite comme un pays ruisselant de lait et de miel. Voir Ex. 3, 8.

295. La vue est réputée le sens le plus noble et donc le plus apte à introduire à la Connaissance. Le sentiment de plénitude alors que la vue s'affranchit (« Je vous voy »), se détournant du « nous » / « je » pour se fixer sur « Jesus », remplace le sentiment de vide, évoqué dans la première strophe, en l'absence du Soleil. Le choix des termes référentiels – on passe de « Vous » à « *ce* Dieu regnant » au nom de « Jesus » qui est répété neuf fois à partir du v. 17 – donne l'impression que le « je » se rapproche petit à petit de son Dieu. Alternant entre la supplication (« O Jesus », « Soyez, Jesus ») et la minutieuse description des attributs et des rôles de Jésus, les trois dernières strophes adoptent la forme de l'hymne blason, blason d'un style nouveau auquel Rémy Belleau donna le jour dans les années 1576 avec ses *Petites Inventions* et *Pierres précieuses*. L'antonomase à la fin de poème (v. 26 et 28) contribue à renforcer l'impression de plus grande proximité, voire de familiarité avec le divin.

296. Dans la strophe 5, le nom de Jésus n'apparaît qu'une seule fois et est précédé de l'apostrophe. La strophe 6, en revanche, est entièrement construite sur la répétition en tête de vers du nom de Jésus. La strophe 7, quant à elle, alterne entre ces deux types de structures et entre la louange et l'imploration. La variété dans la répétition paraît apte à traduire, avec la structure litanique typique du blason, l'impression que Dieu est partout présent, qui est l'un des signes de la foi renouvelée.

297. C'est-à-dire le fleuve de vie dont il est si souvent question dans la Bible, Gen. 2, 10 ; Jn 4, 14 et 7, 39 ; Ap. 22, 1.

298. Jésus est le protecteur et le refuge de la veuve et de l'orphelin. Voir Deut. 10, 18 ; 14, 29 ; 16, 11 et 14 ; 24, 19-21, etc.

299. Allusion au supplice de la lapidation subi par Saint-Étienne (Deut. 17, 5 ; Ac. 7, 59), puis inventaire de tous les supplices subis par les saints martyrs.

300. Dans la Bible, les taureaux symbolisent en général les ennemis puissants, voir Is. 34, 7 ; Ps 21/22, 13-14. Dans la mythologie, les sabots d'airain des taureaux forgés par Héphaïstos sont la marque de leur férocité.

301. Sur l'invention du premier martyr, voir *La Légende dorée, op. cit.*, vol. 2, p. 40-45. Le 26 décembre, l'Église catholique célèbre la fête de Saint-Étienne, le premier des martyrs ; le 3 août, elle commémore l'Invention ou la découverte du corps de ce saint.

302. Sur la symbolique de la figure de l'aigle, voir *supra*, n. 240. V. 41-48, Jean est souvent décrit comme le disciple que Jésus aimait, voir Jn 21, 20 ; 13, 23 ; 21, 7 ; 1, 6-9.

303. Cette image, très fréquente dans les *Odes spirituelles*, est un souvenir des psaumes. Voir Ps. 79/80, 4, 8, 15 et 20 ; 30/31, 17 ; 66/67, 2, etc.

304. Peut-être s'agit-il d'une réminiscence de Jn 8, 12, où Jésus dit aux scribes et pharisiens : «Je suis la lumière du monde. Qui me suit ne marche pas dans les ténèbres, il aura au contraire la lumière de la vie». Il serait difficile de préciser la source exacte. De telles images abondent dans la Bible, voir par exemple Dan. 12, 3 ; Mt. 13, 43 ; etc.

305. Ce nom qu'il reçut le huitième jour, celui de sa circoncision, Lc 2, 21. Sur l'imposition d'un nom nouveau annonçant le salut de l'homme voir *La Légende dorée, op. cit.*, vol. 1, p. 106-109.

306. Mt. 2, 1-2.

307. Lc 2, 8-18 ; Mt. 2, 9-11.

308. Lc 2, 22-24. C'est-à-dire la loi de Moïse (ou la loi du Seigneur) selon laquelle tout jeune garçon juif est supposé être circoncis pour être racheté.

309. Lc 2, 25-26.

310. Lc 2, 22-24. Les tourterelles désignent l'offrande prévue pour celui qui n'a pas de quoi se procurer un agneau, Lév. 12, 8.

311. Lc 2, 29-32 : Siméon reçut la consolation qu'il attendait. Il vit le Christ avant de mourir.

312. V. 112-115 : paraphrase des paroles de Siméon (Lc 2, 29-32) : « Maintenant, maître, renvoie ton esclave en paix, selon ta parole, / car mes yeux ont vu le salut / que tu as apprêté à la face de tous les peuples, / lumière de dévoilement pour les nations et gloire de ton peuple d'Israël ».

313. Allusion aux paroles de Siméon à Marie (Lc 2, 34) : « Quant à lui, il est là pour la chute et pour le relèvement de beaucoup en Israël et pour être un signe de contradiction ».

314. Lc 2, 35. Parole adressée à Marie : « et toi, une épée te passera au travers de l'âme ».

315. Souvenir du Ps. 118/119, 34-40, où le Juste implore son Seigneur pour qu'il dispose les puissances de l'âme à le recevoir : « Donne-moi l'intelligence pour que je garde ta Loi / … / Incline mon cœur… »

316. L'importance de l'espérance et de la crainte est partout évoquée dans les psaumes, voir à titre d'exemple Ps. 32/33, 18, etc.

317. Mt. 2, 13.

318. Hérode le Grand, roi de Judée et père de l'Antipas.

319. Le thème des vertus est abordée chez Paul : 1 Tm. 6, 11-12 ; et Tt. 3, 1-7.

320. Mt. 2, 14-15.

321. Dans la tradition biblique, l'Égypte symbolisait le pays de l'idôlatrie. Dans l'Évangile du Pseudo-Matthieu, tous ceux qui se trouvent sur la route de Jésus se mettent à l'adorer, les dragons, les bêtes sauvages et jusqu'au gouverneur de l'Égypte (18-24).

322. L'eau de la source de vie d'après Ap. 21, 6. Sur cette image de la fontaine d'eau vive, voir Jér. 2, 13 ; 17, 13.

323. Lc 2, 7. Anne Picardet montre une vraie prédilection pour les scènes attendrissantes centrées sur l'enfant en famille : le bébé que sa mère emmaillote ou encore l'enfant qui fait ses premiers pas ou dit ses premiers mots dans la première strophe ; le fils instruit par son père dans la deuxième strophe, etc. Les représentations de l'enfant issu de tous les milieux commençaient à s'imposer dans l'art profane, parallèlement aux angelots, *putti* et portraits de l'Enfant Jésus qui foisonnaient dans l'art sacré.

324. Lc 2, 40.

325. Lc 2, 40. Dans le récit apocryphe intitulé *Histoire de l'enfance de Jésus* (6, 2c), Joseph, incapable d'instruire lui-même son fils, fait appel au maître Zachée qui, n'aboutissant pas davantage, démissionne à son tour.

326. Peut-être réminiscence de Lc 2, 19.

327. Ce terme s'applique à Jésus lui-même, voir Jn 6, 35 et 48.

328. L'œil, l'oreille, le cœur sont estimés supérieurs aux autres sens car ce sont les plus réceptifs à l'amour divin. Dans la méditation contemplative, on l'a vu, l'application des sens reste essentielle. Ici, c'est principalement le regard qui est sollicité : « Vois-le comm'il commence à parler », « Voy la Vierge à genoux » (v. 8 et 22). L'exercitante médite sur la faculté de voir accordée aux élus, d'où l'antithèse sur laquelle s'articule ce poème : l'incapacité de voir, attribut du pécheur, signe de la plus vile corruption (« Dessille un peu les yeux, ô ingrate Province », v. 62) *vs* la faculté de tout voir caractéristique de celui qui a reçu la Grâce. La Vierge est donnée comme l'exemple par excellence de celle à qui rien n'échappe. Ainsi contemple-t-elle le divin Soleil sans en « perd[re] d'un seul moment la veuë », sans jamais interrompre le cours de « ses contemplations », « sans clorre les paupieres » (v. 35, 36, 28-29, 22, etc.).

329. C'est dans la figure exemplaire de la mère qu'Anne Picardet cherche ici son propre chemin de salut, un rôle avec lequel, mère elle-même d'un fils, elle pouvait aisément s'identifier.

330. La vigne, c'est-à-dire le Christ dont le sang est le vin de la nouvelle Alliance. Sur le sang de l'Alliance éternelle, voir Hébr. 9, 12-15 ; 12, 24 ; 13, 20 ; Ap. 1, 5.

331. Ce « Tyran », c'est-à-dire Hérode. V. 50-55, Mt. 2, 19-23.

332. Autre image de la réalité quotidienne susceptible d'émouvoir.

333. C'est-à-dire la terre de Judée, Mt. 2, 13 et 19-23.

334. Jésus est né à Bethléem, Mt. 2, 5-6.

335. C'est-à-dire les Mages venus du Levant se prosterner devant Jésus, Mt. 2, 1-2.

336. Sur cette image du Dieu de justice voir Is. 11, 4-5 ; Ps 93/94, 2 et 95/96, 10 et 13. L'usage d'adjectifs de nature qui ne font qu'expliciter une qualité déjà contenue dans le substantif qu'ils accompagnent comme « juste Justice » est fréquente chez les auteurs spirituels.

337. Ex. 34, 6 ; Ps. 85/86, 15 ; 102/103, 8, etc.

338. Dieu est Trine en ce sens qu'il est le Père, le Fils et le Saint-Esprit à la fois. Une notion très souvent évoquée par Jean de la Croix, voir Cantique spirituel, in *Œuvres complètes, op. cit.*, p. 680, 681, 682, 688, etc.

339. Lc 2, 43-46. On pourrait penser que cet épisode parlait tout spécialement à Anne Picardet, puisqu'elle aussi était, dans un certain sens, à la recherche de son fils qu'elle croyait « perdu ». L'angoisse de la mère, causée par l'inquiétude toujours grandissante alors que ses recherches s'avèrent vaines, est d'ailleurs plutôt bien rendue : le saccadement des sifflantes, dans la première strophe, (« Espou*s*e », « tri*s*te*ss*e », « *s*on », « pre*ss*e », « *S*aincte », « *s*emant *s*es », « *s*es *s*ouspirs »), secondé par la syntaxe accidentée (la phrase interrompt brutalement sa course comme le ferait une personne à bout de souffle : 12-12-6), peint la course haletante, tandis que les exclamations, apostrophes, questions (propres à la forme dialogique) nous donnent à sentir, voire entendre, les émotions de la mère.

340. Comparer cette expression à celles qu'on rencontre dans Cant. 4, 1, 7 ; 6, 1, etc.

341. L'image des yeux comme des lumières ou des flambeaux est une constante de la poésie profane de cette époque.

342. V. 13-20 : Lc 2, 44.

343. Images topiques de la beauté idéale.

344. L'indication temporelle se trouve dans Lc 2, 46.

345. L'« alme couronne » est la marque de la majesté divine et royale de la Vierge-Mère.

346. Lc 2, 46-47.

347. V. 48-54 : Lc 2, 48-49.

348. Lc 2, 51.

349. Réminiscence de Lc 2, 48, ce poème s'attache à décrire les événements qui suivent immédiatement ceux qui ont été rapportés dans le poème précédent. Comparé aux strophes hétérométriques qui précèdent, ce sizain isométrique en octosyllabes paraît prometteur d'un retour à la sérénité. Toutefois la succession rapide de questions et les nombreuses répétitions à tous les niveaux du texte font bien sentir les émotions fortes et

contradictoires de la mère lorsqu'elle retrouve son fils (l'agitation, la joie mais aussi une certaine irritation) ainsi que la tension entre les éléments antagonistes, le « Vous » tout au centre des préoccupations de la mère et un « je » qui se sent oublié et refuse de l'être.

350. Sur cette image des yeux privés de lumière en l'absence du Seigneur, voir à titre d'exemple Ps. 30/31, 10. Implicite ici est le parallélisme, traditionnel chez les auteurs spirituels, entre l'œil de la chair et l'œil de la foi et donc entre l'infirmité physique (l'incapacité de voir) et l'insuffisance spirituelle (l'impuissance à trouver / aimer Dieu).

351. On trouve de nombreuses réminiscences des psaumes dans ces strophes : le rappel de la bonté divine (voir Ps. 30/31, 20 ; 99/100, 5, etc.) ; l'importance de l'espérance et de la crainte (v. 26, voir Ps. 32/33, 8 ; 37/38, 16 ; 111/122, 1, etc.) ; la crainte d'être abandonné (v. 27, voir Ps. 70/71, 9, etc.).

352. En dépit de la perspective résolument égocentrique (on trouve 14 occurences du pronom de la première personne du singulier ou de l'adjectif possessif correspondant dans ces deux dernières strophes), la tension signalée plus haut entre le « Vous » et le « je » semble trouver une résolution dans le souhait de fusion/confusion exprimé dans les trois derniers vers.

353. L'élision de la voyelle, nécessaire ici à la correction du mètre, est acceptée à l'époque puisqu'elle est suivie d'une voyelle.

354. Autre lieu commun des psaumes, cette image du Dieu/Lumière ou du Dieu/Soleil qui triomphe des ténèbres pour éclairer le Juste (voir par exemple Ps. 111/112, 4).

355. Mer/abismer : rime défectueuse en son. Comme on l'a vu plus haut, les psaumes offrent de nombreux exemples de l'image de la mer dangereuse symbolique des périls qui guettent l'âme vagabonde. Voir à titre d'exemple Ps. 106/107, 23-30 ; 68/69, 2-3 et 15-16. Dieu est alors présenté comme celui qui domine l'orgueil de la mer (Ps. 88/89, 10 ; 64/65, 8, etc.) et qui peut donc sauver l'homme des grandes eaux (Ps. 17/18, 17).

356. Comparer à Ps. 118/119, 37-38 : « Detourne mes yeux de la vue des choses vaines, / fais-moi vivre sur ta voie ».

357. Cette profession de foi est sans conteste une réminiscence des psaumes. Voir Ps. 37/38, 16 ; 39/40, 2 et 5 ; 51/52, 11 ; 62/63, 6, etc.

358. Expression typique des psaumes. Voir entre autres Ps. 9/10, 2 ; 85/86, 10 ; 97/98, 1 ; 104/105, 3, etc.

359. Mt. 3, 13.

360. C'est-à-dire Jean qui reconnaît Jésus et demande à être baptisé par lui, Lc 3, 14.

361. V. 9-16 : paraphrase de Lc 3, 15-17 ; Mc 9-11 ; Lc 3, 21-22.

362. Les « merveilles » accomplies par le Christ sont en fait la réalisation de ce qu'annonçait l'Écriture ancienne. Sa venue éclaire la vision des grands prophètes comme Isaïe qui entrevoyait le temps du Salut : Is. 29, 18-19 ; 35, 5-6 ; 42, 7, etc. ; Mt. 11, 4-5 ; Lc 7, 22.

363. Symbole de purification, cette image est probablement inspirée de l'épisode de la dernière Cène, lorsque Jésus se lève de table pour laver lui-même les pieds de ses apôtres : voir Jn 13, 4-5.

364. V. 29-30 : la notion de vin de ferveur rappelle cet épisode du Cantique des Cantiques (2, 4) où le bien-aimé introduit sa compagne dans une maison de vin dont l'enseigne est Amour. L'image de l'eau changée en vin évoque évidemment le premier signe miraculeux que fit Jésus en changeant en vin l'eau des jarres destinée aux purifications alors que le vin était venu à manquer aux noces de Cana (Jn 2, 1-11). Cet épisode fait d'ailleurs l'objet d'un des poèmes suivants. Toute nourrie de références bibliques, l'image de l'eau changée en vin de ferveur symbolise l'amour de Dieu, la foi vivifiée, voire renouvelée par le souvenir des «merveilles» accomplies par Jésus.

365. V. 33-36 : allusion à la retraite de Jésus après la mort de Jean-Baptiste et à la multiplication des pains qui préfigure l'Eucharistie : Mt. 14, 13-21 ; 15, 32-38 ; Mc 6, 30-44 ; 8, 1-9 ; Lc 9, 10-17 ; Jn 6, 1-15.

366. Voir *supra* n°69, v. 13-16.

367. Le désert ne symbolise pas ici la désolation de l'âme qui se croit abandonnée de Dieu mais, comme il est dit dans la Bible (Mt. 14, 23 ; Mc 1, 35 et 6, 46 ; Lc 9, 18 et 28 ; Jn 6, 15), le lieu propice au recueillement et à la prière et donc le moyen de connaître Dieu.

368. Notons l'usage des déictiques, «Voicy» (v. 7), «Le voilà» (v. 13), «Icy se void» (v. 31), qui rappelle une fois de plus l'importance des sens, seul mode d'accès à Dieu.

369. Image courante dans la Bible, voir entre autres 1 Sam. 1, 3, etc. ; Is. 9, 19 ; 31, 4 ; Ps. 45/46, 8, 10, etc. V. 8-12 : Au lieu de simplement reprendre ce *leitmotiv*, ou de contraster, comme elle le fait à maintes occasions, l'image du Dieu juste et puissant à celle du Dieu doux et miséricordieux, Anne Picardet choisit ici de fusionner ces deux images. L'image qui en ressort est celle d'un Dieu dont la charité est à la fois l'attribut principal et l'arme la plus efficace : «Abbatant par sa charité...» (v. 11).

370. Dans la lithurgie catholique, le parfum agréable sert à faire agréer l'offrande sacrificielle à la Divinité.

371. Il n'est pas inhabituel de voir se côtoyer chez les auteurs spirituels les références mythologiques et les références bibliques. Fille des titans Hypérion et Théia, sœur d'Hélios (le Soleil) et de Séléné (la Lune), Aurore/Éos est en général représentée comme une déesse dont les doigts couleur de rose ouvrent les portes du ciel au char du Soleil (Hésiode, *Théogonie*, 371 *sq.* ; 986 *sq.*). Elle a acquis une certaine célébrité à cause de ses amours.

372. Diane/Séléné est la personnification de la Lune. Elle est également associée à Hécaté qui elle est liée au monde des Ombres. Il est tentant d'établir un parallèle entre Aurore et Séléné et Marthe et Marie dont l'histoire est évoquée dans Luc 10, 38-42. Marthe, vive dans ses réactions, se plaint de n'être point secondée dans ses besognes ménagères par Marie qui reste au pied de Jésus, toute occupée qu'elle est à écouter

ses enseignements. Toute à l'opposé de sa sœur, Séléné exprime sa désapprobation («De Diane la froide humeur», v. 25) lorsqu'elle voit Aurore consacrer tout son temps à l'amour (v. 23-24). Aurore est donnée ici comme une figure exemplaire de la vie contemplative (v. 20), un rôle traditionnellement attribué à Marie. Sur le thème de Marthe et Marie, voir Gabrielle de Coignard, *Sonnetz spirituels,* XLVII et XLVIII.

373. V. 31-36 : comparer à Ps. 144/145, 7-9 : «On évoquera le souvenir de ta grande bonté et l'on proclamera ta justice. / Miséricordieux et clément est Yahvé, longanine et abondant en grâce, / Yahvé est bon pour tous et ses miséricordes sont sur toutes ses œuvres».

374. Les livres du Jugement dernier dont il est question dans Ap. 20, 12. Les morts seront jugés d'après ce qui a été écrit dans ces livres.

375. Atropos l'inflexible, l'une des trois Parques, dont la fonction était de trancher le fil de la vie.

376. V. 43-60, Mt. 4, 1-11.

377. Les trois ennemis auxquels Jésus devra faire face sans le désert, à savoir la Chair, la Puissance et la Gloire.

378. La première tentation chez Matthieu (4, 3-4) et Luc 4, 3-4.

379. La troisième tentation chez Matthieu (4, 8-9) ; la deuxième chez Luc (4, 5-8).

380. La soif inextinguible qui est effectivement l'un des symptômes de l'hydropisie, est le châtiment infligé aux faussaires dans *La Divine Comédie.* Voici la description qui en est donnée (*Enfer,* Chant XXX, v. 52-57, in Dante, *Œuvres complètes,* éd. A. Pézard, Paris, 1965, p. 1078) : «L'hydropisie, qui grève et dépareille / Les membres par humeurs mal digérées, / Si que le chef jure après la ventraille, / Les faisait haleter à lèvres bées / Comme l'étique fait par male soif, / Lâchant l'une au menton, retroussant l'autre.»

381. La reprise aux vers 6, 18 et 78 du pronom personnel «Je» et de la même structure syntaxique (sujet + verbe + complément), placée à chaque fois en fin de strophe, permet de suivre le cheminement de l'âme : de la «conversion» marquée ici par l'impulsion à suivre les traces de Jésus jusque dans le désert («Je m'en voy chercher mon Seigneur»), au désir de s'unir à lui dans ses afflictions («Je veux pleurer avec JÉSUS»), jusqu'au renoncement au monde par amour pour lui («Je quitte tout pour ton sejour»).

382. Le moi doit être anéanti pour que puisse se réaliser *l'unio.* Sur le grand profit qu'il y a à se perdre et anéantir à soi-même, voir Jean de La Croix, *La nuit obscure,* Livre II, ch. 19, in *Œuvres complètes, op. cit.*, p. 474.

383. Avant d'entreprendre sa prédication, le Christ, poussé par l'Esprit, s'était retiré au désert, où il demeura quarante jours : Mt. 4, 1-2 ; Mc 1, 12 ; Lc 4, 1-2.

384. Jésus a été tenté par le diable et a triomphé : Mt. 4, 1-11 ; Mc 1, 13 ; Lc 4, 2-13.

385. Sur ce titre de roi de Sion voir Is. 52, 7 ; Ps.145/146, 10.

386. V. 21-24 : Mt. 10, 2-4 ; Mc 3, 18-19 ; Lc 6, 14-16 ; Ac. 1, 13 ; Jn 1, 41-44. André fut appelé le premier parmi les Douze, il était frère de Simon Pierre et pêcheur comme lui.

387. C'est-à-dire Jude ou Judas, parfois nommé Thaddée ou Lebbée pour le distinguer de Judas l'Iscariote qui trahit Jésus.

388. Jésus est le nouveau pasteur annoncé par Yahvé d'après Is. 23, 3.

389. Le mot « Hymen » évoque les circonstances (la célébration de l'union des époux) du signe par lequel est révélée la divinité de Jésus aux premiers jours de sa vie publique (Jn 2, 1-11). Cette simple allusion à l'épisode des noces de Cana conduit l'exercitante à méditer sur l'union mystique (v. 32) et sur les « lien[s] » et « obligation[s] » (v. 21 et 11), à savoir les bienfaits du Seigneur à l'égard de l'homme, qui unissent l'âme au divin époux.

390. Sur l'omission de *que* dans l'expression de souhait (« Sa divine volonté / Soit... »), voir *supra* n° 49, v. 3-4 et n. 235.

391. Tout le poème est construit sur l'antithèse développée dans ce premier quatrain : « las » / « repos des ames pures », c'est-à-dire homme/Dieu. Sur l'antithèse comme procédé de composition, voir Introduction, p. 64.

392. Ce premier exemple de la nuée servant à guider le peuple juif dans le désert (Ex. 13, 21-22) illustre davantage que les autres la notion de « repos des ames pures ».

393. V. 13-16, Gen. 1-2, 3.

394. V. 17-18, Gen. 1, 26.

395. V. 21-24 : paraphrase de Jn 4, 23-24.

396. L'antithèse « autres eaux » / « eau vive » (v. 27 et 25) est puisée dans Jn 4, 13-15, mais on y retrouve également l'image des fontaines d'eaux vives par opposition à l'eau dormante des citernes, d'après Jér. 2, 13 ; 17, 13, ou encore celle de la source de vie comme symbole de Dieu, d'après Ps. 35/36, 10.

397. L'exercitante revient ici à l'objet précis de sa méditation en évoquant le personnage principal de cet épisode, à savoir la Samaritaine, femme de Sychar, en Samarie, que Jésus rencontre près du puits de Jacob et à qui il annonce le mystère du Christ (Jn 4, 5-29). Le titre du poème, « Au Sauveur », s'éclaire à présent. On comprend que ce sont les paroles que la Samaritaine adresse à Jésus qui nous sont données à entendre, et que c'est par sa bouche que l'exercitante s'adresse au Sauveur.

398. Chez les auteurs spirituels, le terme « rostir » évoque en général les tourments du Christ sur la Croix. Voir à titre d'exemple Marguerite de Navarre, *Les Prisons*, Livre III, v. 2876-2884 (éd. S. Glasson, p. 230) : Pour ne l'avoir ny aimé ny servi, / Mais ung petit, comme enfans, nous chastie, / Nous departant ung peu de sa rostie, / Affin qu'ayons memoire que rostir / S'est fait pour nous, et que devons sentir / En nostre cœur un grand contantement / Quand un morceau nous donne seulement / De son dur pain qu'il a pour nous masché / Voire avallé, en la croix attaché.

399. Ce vers est une réminiscence de Jn 4, 3-15 et peut-être également de Jn 7, 37-38 : « Jésus, debout cria : “Si quelqu’un a soif qu’il vienne à moi, et qu’il boive. Celui qui se fie à moi, comme dit l’écriture, des fleuves d’eau vive couleront de son sein” ».

400. La « Cananée » [Cananéenne], c’est, on s’en souvient, la mère qui implore la pitié de Jésus pour sa fille qu’elle dit être possédée du démon, d’après Mt. 15, 22-28 ; Mc 7, 24-30. Anne Picardet aurait pu s’identifier avec ce personnage, elle qui était mère d’un fils comédien et qui se souciait du salut de son âme. À preuve les poèmes n°95 et 98 sur l’appréhension de la mort et le Paradis qui lui sont directement adressés. Le personnage de la fille possédée du démon figure peut-être ce fils et plus généralement l’âme en danger de perdition. Dans tous les cas, c’est par la bouche de la mère angoissée que l’exercitante s’adresse ici à son seigneur et c’est dans des termes proches des siens qu’elle implore sa pitié au point qu’on pourrait presque parler de « ventriloquisme ». Le sonnet, en forme de dialogue, « Sur l’Évangile de la Canaée » de Lazare de Selve nous paraît beaucoup moins réussi (*Les œuvres spirituelles*, IX).

401. Selon Mt. 15, 24, Jésus aurait dit n’avoir été envoyé qu’aux brebis perdues de la maison d’Israël. *Cf.* à l’image du bon berger, d’après Jn 10, 1-5 et 14-15.

402. V. 13-14 : paraphrase de Mt. 15, 22 ; Mc 7, 26.

403. Les vers 19 à 24 paraphrasent les paroles de la Cananéenne par lesquelles Jésus connut sa foi : Mt. 25-27.

404. Ce poème s’inspire vraisemblablement de Jn 6, 1-35, mais les références restent difficiles à préciser. L’épisode en mer (strophe 4), symbolique du danger que l’âme est prête à affronter pour retrouver son Soleil, renvoie peut-être à l’épisode qui suit celui de la multiplication des pains (Jn 6, 16-21). À la nuit tombante, les disciples de Jésus montent en bateau pour se rendre à la synagogue de Capharnaüm. Voyant la mer se soulever au souffle d’un grand vent, puis Jésus marcher sur l’eau, ils prennent peur. Mais Jésus se fait connaître et le bateau arrive à bon port (v. 47, *cf.* verset 21). En outre, la référence au « divin pain » (v. 43) semble être une réminiscence du discours sur le pain de vie dans la synagogue de Capharnaüm (Jn 6, 26-36).

405. Sur cette image de l’eau vive, voir *supra* n° 74, v. 25 et n. 396.

406. V. 43-46 : Jn 6, 33-35.

407. Paraphrase de Jn 8, 1-11.

408. L’image des pourceaux traduit bien le dégoût qu’inspirait alors la femme adultère.

409. La loi de Moïse condamnait la femme adultère à être lapidée : Jn 8, 5.

410. Jn 8, 7 : « Que celui de vous qui est sans péché lui jette la première pierre ».

411. Allusion à la résurrection de Lazare évoquée dans Jn 11, 43-44.

412. C’est dans cette salle (Mc 14, 15 ; Lc 22, 12) que le Christ institue l’Eucharistie à la veille de sa mort (Mt. 26, 26-29 ; Mc 14, 22-25 ; Lc 22, 19-20).

413. V. 19-24 : paraphrase de Mt. 26, 30-31 ; Mc 14, 32 : Lc 22, 39-40.

414. V. 25-28 : paraphrase de Mt. 26, 33-34 ; Mc 14, 26-31 ; Lc 22, 33-34 ; Jn 13, 36-38.

415. V. 31-42 : réminiscence de Mt. 26, 38-39.

416. Selon Lc 22, 44 : « Entré en agonie… sa sueur se coagulait comme du sang ».

417. Sans doute une allusion à la coupe d'amertume et à la prière de Jésus selon Mt. 26, 39 ; Mc 14, 36 ; Lc 22, 42 : « Mon Père, si tu veux, écarte de moi cette coupe ».

418. Génitif superlatif de même type que Roi des Rois, Seigneur des Seigneurs, etc.

419. Cette expression revient partout dans la Bible, voir 1 Sam. 1, 11 ; 4, 4 ; 17, 45 ; Is. 9, 7 ; 13, 19 ; 22, 15 ; 45, 13 ; Jér. 31, 35, etc.

420. V. 17-20, Mt. 26, 47 ; Mc 14, 43.

421. Anne Picardet évoque les souffrances infligées au Christ (voir v. 4, 10, 13, 16), selon ce qu'il est dit dans les Évangiles (voir Mt. 27, 27-31, etc.) sans pourtant les décrire dans le détail comme le font les poètes pénitentiels de la fin du seizième siècle tels que Gabrielle de Coignard, Jean de La Ceppède, etc.

422. V. 19-24 : Mt. 27, 45 ; Mc 15, 33 ; Lc 23, 44.

423. Le six a en général un sens péjoratif : c'est le chiffre du manque (un sept manqué). Répété de la sorte et multiplié par mille, par cent, par dix, ce chiffre désigne vraisemblablement toute la manifestation du mal.

424. Cette notion chrétienne d'Agapè (Dieu est amour) a été tout spécialement développée par Jean : Jn 13, 34-35 ; 14, 15 ; 15, 9-11-13 ; 1 Jn 4, 7-8, etc.

425. Les adjectifs « sacrées » (veines), « divin » (sang), « pur » amour soulignent les vertus purificatrices, voire sanctificatrices du sang versé par Jésus-Christ sur la croix. L'image du sang qui coule à flots rappelle, selon Hébr. 9, 22, qu'« il n'y a pas de rémission sans effusion de sang ».

426. C'est-à-dire le Jour du jugement universel généralement associé aux notions de justice, de colère ou d'effroi plutôt qu'à celle de vengeance.

427. Sur le sang, celui de l'Alliance, répandu en rémission des péchés, voir Mt. 26, 28 ; Éph. 1, 7 ; 1 Jn 1, 7.

428. Ce « Royal diadéme », c'est-à-dire la couronne d'épines que les soldats posent sur la tête du Christ en se moquant de lui, selon Mt. 27, 29.

429. Mt. 27, 28.

430. V. 17-20 : Mt. 27, 30-31 ; Mc 15, 16-20.

431. V. 21-28 : Mt. 27, 2, 11-23 : Mc 15, 2-15 ; Lc 23, 3-4 ; 13-25 ; Jn 18, 28-19, 16.

432. Mt. 27, 24. On se lave les mains pour attester son innocence : Deut. 21, 6-9 ; Ps. 26, 6.

433. V. 41-44 : Mt. 27, 19. La gouvernante (v. 43), c'est-à-dire la femme de Pilate (elle est nommée Procula dans les apocryphes) qui disait avoir vu Jésus en songe.

434. *Ecce homo* : parole de Pilate présentant Jésus à ses accusateurs après l'avoir fait flageller, selon Jn 19, 5.

435. Les vers 57 et 58 sont tirés du Cantique des Cantiques (5, 2). Expression de la bénédiction céleste, la rosée lumineuse est, d'après Is. 26, 19, la force qui doit revivifier les ombres. Elle évoque ici le sang rédempteur du Christ qui, dans l'iconographie médiévale, tombe goutte à goutte de la lance du centurion, et dont chaque goutte fait éclore une fleur de rose, symbole du don de l'amour.

436. V. 61-64 : Mt. 27, 15-17, 20-21.

437. V. 65-68 : Mt. 27, 23.

438. Jn 19, 17.

439. Ce passage (v. 11-25) fait allusion au glorieux éclat de Jérusalem dans sa ferveur première, à sa puissance invincible que les psalmistes et les prophètes avaient jadis célébrés (Ps. 86/87 ; 45/46, 6 ; 124/125, 1-2, etc.). Il s'inspire vraisemblablement du Livre d'Isaïe (1, 21) : « Comment donc est-elle devenue une prostituée, / la cité fidèle / où régnait le jugement ? / La justice y passait la nuit, / mais maintenant ce sont les assassins ».

440. Cette image est issue du livre d'Isaïe (63, 2-3).

441. Mt. 27, 33 ; Mc 15, 21 ; Lc 23, 26.

442. L'expression « sang précieux » est généralement associée à la notion de rachat, voir à titre d'exemple 1 Pe 1, 18-19.

443. Rappel du sacrifice du Christ, la Croix représente pour le chrétien l'espoir d'être sauvé. On comparera cette strophe aux vers qui suivent de Gabrielle de Coignard : « À l'ombre de la Croix je me veux r'afraichir, / Et gouster la douceur qu'elle nous a donnée. / Soubs cest arbre sacré je feray ma demeure, / Y mettant mon espoir, soit que je vive ou meure » (*Sonnets spirituels,* XXII, v. 7-11, *Œuvres chrétiennes,* éd. C. H. Winn, Genève, 1995, p. 167).

444. V. 7-12 : Mt. 27, 39-40 ; Mc 15, 29-32 ; Lc 23, 35-37. Les termes péjoratifs pour désigner les ennemis du Christ et cette image de Jésus abandonné à son sort parmi ses malfaiteurs se trouvent surtout dans les psaumes, voir par exemple Ps. 21/22.

445. V. 21-24 : Ps. 68/69, 22 ; Mt. 27, 34.

446. Allusion aux moqueries de ceux qui l'entourent, selon Mt 27, 41-44 ; Lc 23, 35-36.

447. Hébraïsme, voir *supra* n° 12, v. 22 et n. 57.

448. Mt. 27, 45 et 51 ; Mc 15, 33 et 38.

449. Allusion à l'eau qui sort avec le sang du côté percé par le centurion, d'après Jn 19, 34.

450. V. 61-64 : Mt. 27, 59-60. L'expression « grand Roy » évoque le souvenir du psaume 46/47 où est célébrée la royauté de Yahvé sur le monde entier : « Psalmodiez pour Elohim, psalmodiez, / psalmodiez pour notre roi, psalmodiez, / car Elohim est roi de toute la terre » (versets 7-8).

451. Sur cette expression, voir n° 84, v. 52 et n. 442.

452. Sainctes odeurs : c'est-à-dire les aromates (la myrrhe et l'aloès) apportées par Nicomède (Jn 19, 39-40) mais aussi il s'agit là de l'image traditionnelle pour désigner l'heureux effet du sacrifice (Phil. 4, 18).

453. Commentées par saint Bonaventure (1221-1274), popularisées par les Franciscains, les sept paroles du Christ en croix demeurent aux seizième et dix-septième siècles un important sujet de méditation : voir entre autres Jean de La Ceppède, *Les Théorèmes*, Livre III, 67, 73, 74, 76, 77, 78, 82, 84 ; Gabrielle de Coignard, *Sonnets spirituels*, CXII-CXVIII ; Anne de Marquets, *Sonets spirituels*, CXLIX-CLII ; Lazare de Selve, *Sonnets Spirituels*, LIII et LIX, etc.

454. Lc 23, 34 ; Ac. 7, 60.

455. « Le fils de l'homme doit en passer par ce qui a été établi », d'après Lc 22, 20, c'est-à-dire le sang répandu par le Christ en rémission des péchés (Mt. 26, 28) pour que soit scellée la nouvelle Alliance, aboutissement de l'ancienne.

456. Lc 23, 43.

457. C'est-à-dire l'arbre de vie dont il est question dans Gen. 2, 9 ; Éz. 47, 12 ; Ap. 2, 7 et 22, 2.

458. Jn 19, 26-27.

459. Mt. 27, 46 ; Mc 15, 34-35 ; Ps. 21/22, 2.

460. Jn 19, 28.

461. Jn 19, 30.

462. Lc 23, 46 ; Ps. 31, 6.

463. L'apostrophe au passant rappelle l'ouverture traditionnelle de l'épitaphe. Sur ce genre poétique, voir J. Scodel, *The English Poetic Epitaph*, Ithaca, 1984, p. 86-109.

464. Jn 20, 1-10 ; Mt. 27, 52 ; Mc 16, 1-8 ; Lc 24, 1-10.

465. Mt. 28, 2.

466. Jn 19, 26 comme en 13, 23.

467. Mt. 27, 56 ; Mc 15, 40-41 ; Jn 19, 25.

468. Lc 23, 39-43.

469. Nom du centurion qui perça le côté du Christ avec sa lance : Jn 19, 34.

470. La Vierge est assimilée ici à la femme de l'Apocalypse, qui est coiffée elle aussi d'une couronne gemmée (Ap. 12, 1).

471. Ce poème a sa source dans le *Stabat Mater.* V. 1-4 : paraphrase des versets 1-6 : *Stabat Mater dolorosa, / Juxta Crucem lacrymosa, / … / Cujus animam gementem, / Contristatam et dolentem / Pertransivit gladius.*

472. La rectitude corporelle est symbolique de la rectitude morale, de la dignité.

473. Silence indicateur de la résignation, de la totale soumission à la volonté divine.

474. Souvenir des versets 7-12 : *O quam tristis et afflicta / Fuit illa benedicta, / Mater unigeniti ! Quae mœrebat et dolebat, / Pia Mater, dum videbat / Nati pœnas incliti.*

475. La Vierge occupe une position charnière entre deux ordres, ce qui explique qu'elle puisse être tout ensemble mère (dans l'ordre humain) et fille et épouse (dans l'ordre spirituel).

476. On notera dans cette strophe les allitérations en *p* et *d* destinées à peindre les larmes qui ruissellent des yeux de la Mère douloureuse, « pleur genereux » qui est la manifestation de l'immense amour de la mère pour son fils et de sa très grande bonté.

477. Contrairement au *Stabat Mater* dont s'inspire ce poème, ce n'est pas la Mère douloureuse qui est évoquée dans ces deux dernières strophes, celle qu'on implore dans l'espoir d'obtenir la grâce de partager *avec elle* les souffrances du Fils et celles de la Mère (voir versets 28-33 : *Fac* me tecum *pie flere, / … / Juxta crucem* tecum *stare, / Et* me tibi *sociare / In planctu desidero*), mais le personnage admirable (« admirez », v. 5) pour tous les attributs qui sont rappelés aux vers 25-32 et tout spécialement pour la dignité avec laquelle elle souffre le plus grand des martyres. « Tour de David » : c'est Joseph, traditionnellement, que les évangélistes désignent comme fils de David, voir Mt. 1, 16-20 ; Lc 1, 27 et 3, 23-38. L'image de la tour apparaît à plusieurs reprises dans le Cantique des Cantiques lorsque le bien-aimé décrit l'objet de son amour (« ton cou est comme une tour d'ivoire… ta narine est comme la tour du Liban » ; 7, 5), mais c'est en général Yahvé qui est associé à cette image. Il est suggéré par cette image que Dieu est le refuge des justes : Ps. 60, 4 ; Prov. 18, 10, etc. L'idée est reprise au vers suivant dans l'expression « Cité de refuge ».

478. Cette image a sa source dans le Cantique des Cantiques (4, 15).

479. *Cf.* n°31, v. 22.

480. Gen. 6, 14-16.

481. Souvenir du premier verset de l'hymne *Ave, maris stella.*

482. La palme est traditionnellement un symbole de victoire, d'ascension, de régénérescence. C'est avec une palme à la main que sont désignés les élus dans l'Apocalypse (7, 9).

483. Sur cette image, voir *supra* n° 26, v. 41-42 et n. 138.

484. Voir *supra* n° 31, v. 21 et n. 170.

485. Ce poème nous invite à voir («Quand je voy», v. 1, 5, 9), dans un premier temps, trois aspects admirables («J'admire», v. 3) et donc enviés («enviée», v. 5) de la personnalité de Marie Madeleine (ou Marie de Magdala) : la pécheresse convertie (v. 1-4) ; l'âme contemplative (v. 5-8) ; l'adepte fervente de Jésus Christ qui lui parfume les pieds en les essuyant de ses cheveux (v. 9-12). La femme qui suscite l'admiration, c'est celle qui prend en main sa destinée et œuvre à son salut («maistresse à son apprentissage», v. 20) et qui, par ses actions (pénitence, ferveur) et ses choix (vie contemplative), «triomph[e] du monde, et de soy-mesme» (v. 14). L'heureux sort de cette Madeleine est contrasté, dans un second temps, à celui de la Madeleine spectatrice de la Crucifixion : «au pied de ceste Croix, / Où elle voit languir et expirer sa vie» (v. 21-22). Sur ses aspects du personnage de la Madeleine, voir Saxer, *Le culte de Marie Madeleine en Occident, op. cit.*, vol. 2, p. 327-350.

486. C'est le Christ qui raconte la parabole de la femme pleurant à ses pieds, d'après Luc 7, 36-50. La pécheresse convertie est le symbole de l'Église convertie à la loi de l'Évangile. Sur la figure de la pénitente comme modèle de sainteté à la période baroque, voir Maisch, *Mary Magdalene, op. cit.*, ch. 5.

487. Lc 10, 38-42.

488. Jn 11, 2.

489. Le lait, peut-être en raison de ses vertus curatives. Le vin : s'agirait-il de ce vin de ferveur dont il était question ailleurs (voir *supra* n° 70, v. 29-30), ce vin qui dans le Cantique des Cantiques rend malade d'amour (Cant. 2, 4-5) ?

490. C'est par personne interposée («quand je la vois...») que l'horreur de ce spectacle est donnée à voir («Où elle *voit* languir...»), à sentir physiquement («*sentir* ces douleurs», v. 25) et moralement («attendre ceste absence... n'avoir en ses pleurs / De ceste chere bouche une seule allegeance», v. 26-28).

491. Si la violence de la scène à laquelle fait écho la violence des éléments («esbranle», «fendent», v. 45-46) est rendue par des termes très forts comme «coups» ou «assassine» (v. 29-30), la réalité physique de la mort (la pâleur du visage, le ternissement de la beauté) est ici simplement suggérée par les expressions métaphoriques : «la pasle Atropos... les lys de vostre face» (v. 41-42).

492. Ces images de l'âme qui languit après l'Époux renvoient au Cantique des Cantiques.

493. Le lis est ici symbole de la fraîcheur qu'on associe à la vie.

494. Mt. 27, 51-52.

495. Mt. 27, 55-56.

496. V. 1-6 : souvenir de Ap. 1, 18.

497. Parce que le hibou n'affronte pas la lumière du jour, cette espèce est en général symbolique d'obscurité. Dans le Deutéronome (Deut. 14, 16-17 et Lév. 11, 17-18), le

hibou est classé parmi les espèces impures, d'où les notions d'impureté, d'abomination associées à cette image.

498. Sur cette image du Christ comme un soleil qui rayonne la justice pour figurer sa venue glorieuse et le Jugement qui s'ensuit, voir Mal. 3, 20.

499. Peut-être une réminiscence des psaumes, voir Ps. 49/50, 6 et 10/11, 4-5, où l'on rencontre l'image des yeux qui scrutent l'homme pécheur (comparer à celle des « luysans yeux », v. 11).

500. Sur cette expression voir *supra* n° 59, v. 1.

501. V. 31-48, Zach. 9, 11.

502. C'est-à-dire la citerne sans eau dans laquelle on descendait les prisonniers, Zach. 9, 11 et 14.

503. Comme il est dit dans Ap. 22, 5.

504. V. 1-6, Jn 20, 1-9.

505. L'expression se trouve entre autres dans Ap. 19, 16.

506. Notons ici les images sensorielles (la suave odeur de sainteté, la lumière guérissante qui jaillit à flot des plaies de Jésus Christ) qui montrent que l'exercitante cherche véritablement à prendre part à la scène, grâce au recours aux sens, afin d'entrer dans ce grand mouvement de la Résurrection.

507. V. 31-36, Jn 20, 1-2, 11-18.

508. Anne Picardet passe ici sous silence le rôle que Marie Madeleine joua dans la Résurrection, préférant à la figure de la femme à qui le Christ choisit d'apparaître en premier, celui de l'Amante du Cantique des Cantiques qui languit après son bien-aimé.

509. Image peut-être refaite sur Ps. 17/18, 29. Sur cette image du « soleil reclus », voir *supra* n° 11.

510. V. 17-20, Jn 20, 1.

511. V. 25-28, Jn 20, 11 ; Mt. 28, 5-6.

512. V. 7-12, Jn 20, 19-20.

513. V. 19-24, *cf.* Hébr. 9, 24-25 ; 10, 12.

514. Cette image de Dieu comme refuge reparaît dans les psaumes comme un *leitmotiv*. Voir à titre d'exemple Ps. 26/27, 1 et 8 ; 30/31, 4 ; 60/61, 2, etc.

515. Comparer à titre d'exemple à Ps. 95/96, 10, 13 ; 91/92, 2 ; 1 Chron. 16, 33.

516. Hébraïsme. Sur cette expression voir *supra* n° 59, v. 1.

517. V. 31-36 : souvenir de Is. 25, 8. Sur l'image des larmes effacées comme symbole du bonheur éternel dont jouiront les justes, voir aussi Ap. 7, 17 ; 21, 4.

518. C'est ainsi que Baruch nomme celui qui est depuis toujours et à jamais (Ba. 4, 14, 20, 22, 24, etc.), une idée souvent reprise ailleurs (voir Ex. 14, 19; Ps. 89/90, 2; 92/93, 2, etc.).

519. Réminiscence des psaumes 148 et 150 : *Laudate Dominum*...

520. C'est-à-dire le défenseur, protecteur, avocat, consolateur, Jn 14, 16 et 26; 15, 26; 16, 7. Le premier paraclet est Jésus, Jn 2, 1.

521. *Cf.* Jn 14, 18 : «Je ne vous laisserai pas, orphelins».

522. Vraisemblablement une référence à la voix de l'Esprit qui annonce le jour seigneurial, selon Ap. 1, 10, et peut-être aussi à cet autre verset : «Qui a des oreilles qu'il entende ce que l'Esprit dit aux églises : Le vainqueur, jamais la seconde mort ne lui nuira» (Ap. 2, 11).

523. Le septenaire, c'est-à-dire «trois (signe de la plénitude de l'être) plus quatre (signe de la diversité créée), est signe du rayonnement de l'être dans sa diversité». Voir *Le Nouveau Testament*, éd. J. Grosjean et M. Léturmy, Paris, 1971, p. 864-865, n. 8.

524. La France dévote du dix-septième siècle insiste sur la nécessité de se préparer de longue main à l'instant fatal : on ne compte pas moins de 26 nouvelles «Préparations à la mort» de 1600 à 1624 contre 10 durant les cinquante années précédentes, 32 titres de 1625 à 1649, et plus de 60 de 1675 à 1699 (voir Delumeau, *Le péché et la peur, op. cit.*, p. 389 et *sq.*). Ce poème qu'Anne Picardet adresse à son fils, s'inscrit dans la tradition des *Advis parentaux* où la pensée de la mort, généralement évoquée dès l'ouverture, semble un stimulant pour la bonne conduite.

525. Cette expression a pu être inspirée par Ap. 6, 15-17.

526. C'est-à-dire les anges qui sont toujours aux ordres du Tout-Puissant, peut-être une allusion à l'Apocalypse (7, 1-3) où quatre anges «retiennent les quatre vents de la terre» tandis qu'un autre «monte du soleil» pour marquer les justes du sceau de Dieu.

527. Allusion à la citerne sans eau qui servait de cachot et dont il a été question plus tôt, voir *supra* n°90, v. 43.

528. C'est-à-dire la ville sainte, la nouvelle Jérusalem, d'après Ap. 21, 10.

529. Yahvé est celui qui «maintient le lot» de l'homme, d'après Ps. 15/16, 5, etc.

530. Ailes symboliques de leur origine céleste et de leur mission divine. C'est dans l'art que les anges sont dotés de ces ailes symboliques.

531. L'image rappelle la description que donne le prophète du jour de Yahvé, selon Is. 13, 9; 34, 1-2.

532. V. 9-16 : Mt. 25, 32-33; Rom. 2, 5-6; Ap. 20, 12-13.

533. V. 17-20 : réminiscence de Is. 13, 4-5.

534. V. 21-24 : Is. 13, 21-22.

535. V. 27-28 : Is. 13, 13.

536. V. 29-32 : Is. 13, 7-8.

537. V. 33-40, Is 13, 10 ; Mt. 24, 29.

538. Sur les trompettes comme signal de la fin du monde, voir Mt. 24, 31 ; Ap. 8, 2 et 6 ; 1 Cor. 15, 52 ; 1 Thess. 4, 16.

539. V. 49-64 : Is. 13, 11 ; Ap. 21, 8.

540. Sur cette image de l'œil luisant comme emblème du Dieu qui voit tout, voir *supra* n° 90, v. 11.

541. C'est sous la forme d'une colombe que paraît l'Esprit de Dieu, Mt. 3, 16 ; Mc 1, 10 ; Jn 1, 32.

542. V. 69-80, Mt. 25, 35-36.

543. Souvenir de Cant. 4, 8.

544. Sur cette image de la palme à la main en souvenir des palmes des élus dans l'Apocalypse, voir *supra* n° 38, v. 12, etc.

545. Il est possible que la poétesse se souvienne ici de Ap. 7, 17.

546. V. 89-96 : Is. 26, 11 ; Mt. 25, 41 et 46.

547. V. 4-7 : Anne Picardet distingue ici la mort physique et « la seconde mort » du pécheur (Ap. 20, 6 et 14 ; 21, 8). Elle a pu se souvenir de la méditation de s. Augustin au chapitre XIII de *La Cité de Dieu*.

548. Sur cette image, voir *supra* n° 90, v. 8 et n. 498.

549. L'infortune des damnés, c'est de s'être écartés de la Loi de Yahvé. *Cf.* Ps. 118/119, 1-3 : « Heureux ceux dont la voie est parfaite, / ceux qui marchent suivant la Loi de Yahvé ! / Heureux ceux... / ... / qui ne commettent pas d'iniquité, / mais marchent dans ses voies ».

550. Sur cette notion de la Justice implacable et éternelle, voir Ps. 118/119, 137-144.

551. Allusion à la parabole de l'ivraie et du bon grain, d'après Mt. 13, 24-32.

552. Ap. 14, 8 ; 16, 19 ; 18, 10.

553. Cette image de l'étang de feu et de soufre où sont jetés la bête, le faux prophète et le diable est évoquée à maintes reprises dans l'Apocalypse : Ap. 19, 20 ; 20, 10 ; 14, 15.

554. L'expression « horreur éternelle » se trouve dans Dan. 12, 2. Anne Picardet insiste, comme dans l'Apocalypse, sur l'éternité des peines (comparer Ap. 20, 10 et v. 49 et 54-55) mais elle évoque en même temps la nature de ces peines, d'abord les tourments corporels infligés aux méchants, à savoir la chaleur accablante, le froid cuisant, la faim et la soif enragées, puis les tourments spirituels.

555. Tel est l'état des damnés, jamais vivants, jamais morts, mais mourants sans cesse parmi les tourments. Voir s. Augustin, *La Cité de Dieu*, éd. J.-C. Eslin, 3 vol., Paris, 1994, vol. 2, Livre XIII, ch. 11, p. 117 : « C'est alors que les hommes ne seront plus "avant la mort", c'est-à-dire, jamais vivants, jamais morts, mais mourants sans fin. Ce sera, en effet, le suprême malheur pour l'homme dans la mort, que la mort même ne meure plus ! ».

556. Cette strophe veut montrer l'extraordinaire punition que constitue le rejet loin de Dieu. Toutes les tortures énumérées précédemment ne sauraient égaler la peine insupportable du dam, c'est-à-dire la privation de la vision béatifique. C'est l'idée générale exprimée au Livre XXI de *La Cité de Dieu*.

557. Les pleurs et grincements de dents : les mêmes formules se retrouvent dans Mt. 8, 12 ; 13, 42 et 50 ; 22, 13 ; 24, 51 ; 25, 30.

558. Cette image du ver qui semble satisfaire aux goûts de l'époque baroque, a pu être puisée dans Is. 66, 24 ou Mc 9, 44 et 48.

559. « Insatiables » parce que les Furies ou Érinnyes sont la figure du remords. Faut-il voir ici un souvenir de Dante (voir *Enfer*, Chant IX, v. 34-60) ?

560. Allusion aux supplices qui seront infligés aux méchants, d'après Ap. 20, 10. Ces exemples bien connus à l'époque figurent les différents types de « morts cruelles » qui guettent les méchants : la roue (Ixion) ; le foie arraché (Prométhée) ; la faim et la soif (Tantale) ; le rocher qu'on roule incessamment (Sisyphe). Voir Ovide, *Métam.* IV, 456-461 ; Homère, *Odyssée*, XI, 565-592 ; Virgile, *Énéide* VI, 595-629 et Dante, *Enfer*, VI, v. 7-10 ; VII, v. 25-35 ; XXVIII et XXX, v. 49-69.

561. Il est fait mention du nom de Sion dans Ap. 14, 1. Ailleurs on parle simplement de la grande et haute montagne, voir Ap. 21, 10.

562. Voir *supra*, n° 97, v. 17.

563. Ce sont surtout les moralistes qui à l'époque dénoncent l'ambition alors que les théologiens, eux, s'acharnent davantage contre l'envie, la luxure, la paresse, l'usure et l'avarice (voir Delumeau, *Le péché et la peur*, *op. cit.*, p. 211-272).

564. C'est la ville sainte qui descend du ciel dans l'Apocalypse (21, 10-11) et dont l'éclat est pareil à celui d'une pierre précieuse.

565. V. 37-40 : Ap. 21, 22-23 ; 23, 3-4.

566. V. 41-48 : Ap. 12, 1.

567. V. 49-50 : Ap. 22, 5.

568. Cette épithète fait vraisemblablement référence à la ville « prête comme une épouse parée pour son homme », selon Ap. 21, 2.

569. C'est-à-dire illuminé de la gloire de Dieu (Ap. 21, 11 et 23-24).

570. Allusion à la victoire sur la bête, le dragon et le faux prophète relatée dans l'Apocalypse.

571. Cette image, si souvent évoquée dans la Bible (Ex. 3, 8 et 17 ; 13, 5 ; 33, 3, etc.), désigne la Terre Promise, le pays ruisselant de lait et de miel.

572. Dans l'Apocalypse (21, 9-10), Jérusalem est l'épouse, la femme de l'Agneau.

573. V. 24-28 : paraphrase de l'Apocalypse (21, 11, 18-20 et 26).

574. Autre souvenir de l'Apocalypse (22, 1-2).

575. Ap. 21, 18-20.

576. Ap. 21, 21.

577. C'est-à-dire le chant nouveau qu'entonnent les élus, d'après Ap. 14, 3.

578. C'est sous la forme d'une colombe que l'Esprit de Dieu descendit du Ciel : Mt. 3, 16 ; Mc 1, 10 : Lc 3, 22 : Jn 1, 32.

579. Sans doute une réminiscence d'Ap. 2, 10.

580. La virginité, propre aux vierges et aux veuves, est dans l'Apocalypse (3, 5) l'attribut du « vainqueur », comme le montre l'habit blanc dont il est vêtu.

581. Voir Introduction, p. 27.

582. Serait-ce une allusion au traité de Montpellier (18 octobre 1622) qui mettait fin pour un temps aux querelles religieuses (1617-1622) ? Voir J. Dedieu, « Henri de Rohan et les guerres de religion », *Revue d'histoire de l'Église de France*, 22, n° 95, 1936, p. 150-157.

583. Sur cette image voir *supra*, n° 99, v. 16 et n. 571.

584. Souvenir de l'Apocalypse (17, 4-6 ; 18, 2-6).

585. Il est possible qu'Anne Picardet se souvienne ici d'Isaïe (11, 6) : « Le loup séjournera avec l'agneau... ».

586. Ces expressions reviennent comme un *leitmotiv* dans les psaumes, voir entre autres Ps. 15/16, 5 ; 72/73, 26 ; 118/119, 57, etc.

587. Hébraïsme (voir entre autres Ap. 19, 16).

588. Lc 1, 26-38.

589. Lc 1, 39-56.

590. Lc 2, 6-7.

591. Mt. 2, 10-11.

592. Lc 2, 21-22.

593. Voir *supra*, n° 97, v. 75.

594. L'or, le plus précieux des métaux, est aussi le métal le plus parfait.

595. 1 Jn 4, 7-8, 16, etc.

596. L'Esprit Saint introduit l'âme dans le cellier secret, afin de lui faire prendre conscience de ses richesses. En effet, il est nécessaire que l'âme parvienne à la connaissance de soi pour pouvoir exercer la charité à l'égard d'autrui. Cette image du cellier a sa source dans le *Cantique des Cantiques* (2, 4).

597. L'union ne peut être réalisée que par l'abnégation de soi (v. 41-48) et par l'amour du prochain comme soi-même, selon les préceptes du Christ. Peut-être les métaphores horticoles symbolisent-elles l'épanouissement de l'amour. Elles sont reprises dans le même sens au sonnet n° 1, voir *infra*, v. 14.

598. L'image des épines et du charbon est dérivée de la parabole du semeur, selon Mt. 13, 3-23 ; Mc 4, 3-20 ; Lc 8, 5-15,

599. Les « sanglantes larmes » sont symboliques du mystère de la Rédemption et de l'amour du Christ. Cette image fait référence au cœur blessé de Jésus par la lance d'un soldat romain, d'où sortent sang et eau, selon Jn 19, 34.

600. Les harpies sont habituellement représentées comme des oiseaux à tête féminine qui emportent les âmes dans leurs serres aiguës. Voir Virgile, *Énéide*, III, 209.

601. Peut-être une référence à l'angoisse d'Anna lorsque son fils Tobie quitte la maison sur l'ordre de son père (Tb. 5, 18).

602. Ce poème est une libre adaptation du psaume 129/130. Le plus remarquable, c'est surtout, à partir de la deuxième strophe, le style imagé pour traduire les notions abstraites de pardon et de rachat (« les canaux de vos graces sublimes », « les douleurs de vostre passion », etc.) et rendre plus réelle l'attente du grand jour. La joie anticipée est dépeinte comme la jouissance des sens, de la vue qui s'extasie devant les « palmes et lauriers » dans les mains des élus, de l'ouïe qui se délecte à l'écoute du concert mélodieux. M. Jeanneret voit dans « cette invasion du concret » « l'apport de la tradition biblique, qui va renouveler les pouvoirs expressifs de la poésie française » (T. Cave et M. Jeanneret, *Métamorphoses spirituelles*, Paris, 1972, p. 25).

603. C'est-à-dire l'Église, selon Éph. 5, 25, et aussi l'âme, l'une et l'autre épouses du Christ.

604. Hébraïsme, voir *supra*, n° 30, v. 53, etc.

605. *Cf.* Ps. 26/27, 1.

606. *Cf.* Ps. 62/61, 8.

607. Les poèmes qui suivent nous renseignent sur les querelles religieuses autour de l'implantation des Jésuites en France et éclairent quelques épisodes de la vie d'Anne Picardet. On apprend, par exemple, dès l'ouverture de ce sonnet qu'elle a sans doute changé de train de vie lorsqu'elle est devenue veuve (v. 1-2), qu'elle a pu à ce moment-là se consacrer entièrement à ses lectures pieuses afin de se rapprocher de son Seigneur

(v. 3-6), ce qui est d'ailleurs confirmé par le sonnet 3. Le vers 9 nous permet de dater la mort de François de Molière en 1612.

608. La répétition de la consonne initiale attire l'attention à cette image qui pourtant reste obscure. Peut-être faut-il y voir une allusion à l'annihilation du moi exigée par *l'unio*? Voir *supra*, n° 102, v. 50.

609. Sonnet caractéristique de la poésie baroque; on y retrouve tous les grands thèmes : l'inconstance, le *vanitas vanitatum*, la tromperie et l'illusion. Combinée avec les parallélismes grammaticaux et le jeu des sens comme si les mots étaient liés ensemble par quelque invisible aimant («trompeur» appelle «appas» qui appelle «emmiellé» et ainsi de suite), la répétition des mêmes mots («Fy... fy», «De son») et des mêmes sons (*on*, *an*) traduit le sentiment de fatalité inexorable et donne un relief singulier au souhait exprimé aux vers 6 et 7 de mettre fin à une situation devenue insupportable : «Je ne veux plus».

610. Sur la symbolique de la mer dangereuse et de la tempête, voir *supra*, n° 1 (1623), v. 18 et 68, etc.

611. Sur cette image, voir *supra*, n° 8, v. 2 et n. 41.

612. Cette expression est une réminiscence du *Salve Regina* : «ad te suspiramus, gementes et flentes in hac lacrymarum valle».

613. Faut-il voir ici une allusion à la mort subite et inexplicable de M. de Molière ou au fait qu'on n'est jamais préparé à perdre ceux qui nous sont proches?

614. L'acrostiche consiste à faire commencer les vers d'un poème par les lettres successives d'un nom qu'on cherche à mettre en évidence. Le sonnet ne comportant que quatorze vers, le nom est écrit *Molier*. Ce procédé fut tout spécialement cultivé par les Grands Rhétoriqueurs, voir C.-G. Dubois, «L'invention littéraire et les jeux de langage...», in *Les jeux à la Renaissance*, éd. P. Ariès et J.-C. Margolin, Paris, 1982, p. 255 *sq.*

615. Comprendre : L'esprit de François de Molière parlant à sa femme Marie-Anne Picardet.

616. Le même mot est employé pour les deuxième et troisième rimes. Il faut prononcer la diérèse *glori-eux* pour obtenir un alexandrin correct.

617. Contrairement au sonnet n° 8 où le mariage est dépeint comme un obstacle majeur au salut, la vie contemplative est ici présentée comme le vœu du défunt époux. En fait, comme l'explique S. Beauvalet-Boutouyrie, «[c]ontracter des noces spirituelles avec Jésus-Christ permet de transfigurer l'amour humain, l'époux étant absent mais présent dans le Christ» (*Être veuve sous l'Ancien Régime*, Paris, 2001, p. 45).

618. C'est à Anne Picardet qu'avait été confiée la tutelle de ses deux enfants. Ces vers rappellent le devoir qu'il incombe à la mère devenue veuve d'inculquer à ses enfants les principes de la foi catholique. L'idée est reprise dans le poème n° 21, v. 25-27 : «Deux petits rejettons... / La font icy rester par la haute ordonnance : / Afin de les dresser pour le culte divin». S'acquitter de ce devoir est une manière pour la veuve de témoigner son amour au mari disparu, en le faisant revivre dans ses enfants. Sur le rôle imparti à la mère, voir P. Riché, «L'éducation religieuse par les femmes dans

le haut Moyen Âge», et E. Ruiz-Calvez, «Religion de la Mère, religion des mères», in *La religion de ma mère, op. cit.*, p. 37-50 et 123-156 ; sur les devoirs de la veuve, voir Beauvalet-Boutouyrie, *op. cit.*, p. 33-38.

619. Les images symboliques du mariage évoquent, toutes, la notion de péché : les «fleaux» rappellent les sept plaies d'Égypte (Ex. 7-10), les «fruicts amers» et les «dures racines» la faute originelle et le châtiment qui s'ensuit (Gen. 3, 17), le fer acéré les mensonges, faux témoignages et calomnies, peut-être en référence à la condamnation de Jésus-Christ par les Juifs (Prov. 25, 18 ; 12, 18), les épines et la croix la Crucifixion. Cette vue du mariage comme un état dangereux, inférieur à la virginité et à la viduité rappelle celle qu'en donnaient alors les moralistes et prédicateurs, voir Delumeau, *Le péché et la peur, op. cit.*, p. 481-497 ; Beauvalet-Boutouyrie, *op. cit.*, p. 30-32.

620. L'enjambement et la reprise du même mot (perte,/Perte) pour marquer davantage l'effet de traîner, semble approprié à rendre la langueur amoureuse.

621. Cette expression désigne vraisemblablement l'état de mariage. *Cf.* la description qui en est donnée dans le sonnet précédent.

622. Génitif déterminatif caractéristique du style hébraïque qu'Anne Picardet semble tout spécialement affectionner.

623. Serait-ce une allusion au plaisir de la chair? On estime alors qu'il y a péché dans l'acte conjugal lorsqu'il est accompli pour la recherche du plaisir et non en vue de la procréation, un péché dont la poétesse se défend dans le premier quatrain de ce poème et encore, au poème n° 21, lorsqu'elle insiste sur la «pureté» de son alliance : «Deux petits rejettons de leur pure alliance» (v. 25). Sur ce regain de rigorisme à l'égard de la chair à l'âge de la Réforme catholique, voir Delumeau, *Le péché et la peur, op. cit.*, p. 239 *sq.*

624. La «pureté» maintenue dans le mariage (n° 21, v. 25) ne saurait être comparée à celle de la «Royne des Cieux» que célèbrent les hymnes mariaux : *Ave, maris stella, Dei mater alma, Atque semper virgo* ; *Inviolata, integra et casta es, Maria*, etc.

625. On a foi pour avoir entendu, *fides ex auditu,* selon Rom. 10, 17. La parole du prédicateur s'adressant aux oreilles rend possible l'avènement de la Parole divine.

626. Sur l'engourdissement comme symptôme du mal vivre, *cf.* Chassignet, *Le mespris de la vie*, CXXIII, CXXXI, etc.

627. Dans la mythologie grecque, Alcide est assimilé à Héraclès qui est surtout connu pour ses exploits et les douze travaux que lui imposa Eurysthée. Voir Ovide, *Métam.*, XI, v. 210-215.

628. Sans doute un souvenir des psaumes. *Cf.* Ps. 118/119, 1-2 : «Heureux… / ceux qui marchent suivant la Loi de Yahvé !»

629. Personnages au savoir remarquable qui jouirent d'une renommée considérable auprès de leurs contemporains : les traités en tout genre attribués à l'illustre médecin grec Hippocrate (460 av. J.-C.-370) et à son école exercèrent une très forte influence bien au delà du dix-septième siècle. Bartolus de Sassoferrato (1313-1356) est l'un des

plus grands juristes médiévaux, auteur de très importants *Consilia* destinés aux praticiens et de nombreux traités de droit public, criminel et privé.

630. Ravi jusqu'au ciel, s. Paul « a entendu des paroles indicibles qu'il n'est pas permis à l'homme de dire », selon 2 Cor. 12, 4.

631. S'agirait-il du Père jésuite Pierre Coton (1564-1626) ? Il fut la cible d'un pamphlet diffamatoire, l'*Anti-Coton,* qui fut publié peu après l'assassinat du roi Henri IV. Voir *infra* n° 19 et 20 et n.

632. Paraphrase de la parole de Jésus à ses apôtres après leur avoir lavé les pieds (Mt. 10, 24 ; Jn 13, 16 ; 15, 20) : « Un esclave n'est pas plus grand que son seigneur, ni un apôtre plus grand que celui qui l'envoie ».

633. Apostrophe au passant par laquelle s'ouvre traditionnellement l'épitaphe. Ce poème est une adaptation assez libre de l'hymne *Crux fidelis.*

634. L'image du sang divin renvoie aux symboles évoqués dans les quatrains (l'amour incomparable de Dieu pour l'homme [1er quatrain], le triomphe sur le Malin et le rachat du péché originel [2e quatrain]) et semblerait donc mieux à sa place dans le premier tercet. Le premier tercet où sont récapitulées les trois idées qui précèdent comme autant de preuves que la Croix est un objet de gloire pour qui s'y rallie (« bois honorable » ; « estendart Royal, puissant et glorieux » ; « grand lict d'honneur », v. 2, 5 et 6) serait plus approprié comme conclusion.

635. Cette image rappelle celle du « Soleil de Justice » qui désigne la venue de Jésus Christ et l'établissement de son règne en gloire et en justice, voir *supra* n° 90, v. 8 et n. 498.

636. Les caractéristiques du quatrain (sa concision, sa brièveté qui fait qu'il est facile à retenir) expliquent son insertion dans les manuels d'instruction morale et les recueils de chansons pieuses. *Les Quatrains du Seigneur de Pybrac* connurent un grand retentissement. Publiés une première fois en 1574, ils furent mis en musique en 1582 par Guillaume Boni (Paris, Adrien Le Roy et Robert Ballard) et Paschal de l'Estocart (Lyon, B. Vincent).

637. C'est-à-dire le Démon.

638. Le Démon apparaît dans la Bible comme l'instigateur de trahison. Voir à titre d'exemple Jn 13, 2.

639. Le prophète de l'Apocalypse annonce que le Diable sera déchaîné pour le malheur de la terre et de la mer (Ap. 12, 12).

640. Le Diable est aussi le tyran de ceux qu'il possède, voir Ac. 10, 38. L'affluence des sifflantes dans cette strophe semble plus propre à exprimer le susurrement qu'on associe avec l'idée de complot et de trahison exprimée au vers 3.

641. Une image qu'Anne Picardet semble affectionner, voir *supra* n° 1, v. 17 et n° 90, v. 7 et n. 9 et 497.

642. Le 27 décembre 1594, un dénommé Jean Chastel, ancien élève des Jésuites au collège de Clermont, avait blessé le roi Henri IV à la lèvre d'un coup de couteau. Plusieurs Jésuites furent interpellés ; Chastel fut condamné à mort et écartelé place de

Grève à Paris. Le 29 décembre 1594, le parlement de Paris accusa la confrérie d'avoir commandité l'assassinat du roi et décréta l'expulsion, hors de France, des Jésuites comme corrupteurs de la jeunesse, perturbateurs du repos public, et ennemis du roi et de son état, et la confiscation de leurs biens. En 1610, La Compagnie de Jésus se vit une nouvelle fois mise en cause lors de l'assassinat du roi Henri IV par François Ravaillac, un moine feuillant. Voir J. P. Brancourt, « Les procès de Jean Chastel et de Ravaillac », in J. Imbert, *Quelques procès criminels des XVII^e et XVIII^e siècles,* Paris, 1964, p. 13-20 ; A. Droin, « L'expulsion des Jésuites sous Henri IV et leur rappel », *Revue d'histoire moderne et contemporaine,* 3, 1901-1902, p. 5-28 et 593-609.

643. Une dizaine d'années après la tentative d'assassinat, le Père Coton, prédicateur de renom et confesseur du roi, obtint de celui-ci la révocation de l'expulsion des Jésuites (édit de Rouen du 3 septembre 1603). Les Jésuites rentrèrent en force en France en dépit de l'hostilité tenace du parlement de Paris.

644. En 1610, le Père Coton avait fait paraître une *Lettre déclaratoire de la doctrine des Pères jésuites conforme aux décrets du Concile de Trente* (Paris, C. Chappelet) où il innocentait la Compagnie de Jésus. Cette lettre fut aussitôt suivie d'un pamphlet diffamatoire intitulé l'*Anti-Coton ou refutation de la lettre déclaratoire du Père Coton. Livre où il est prouvé que les Jésuites sont coulpables et autheurs du parricide execrable en la personne du Roy Henry IV* (Par César de Plaix, s.l., n.n., 1610). Le Père Coton renchérit avec une *Response apologétique à l'Anti-Coton et à ceux de sa suite…* qui fut publiée à deux reprises en 1610 (au Pont par M. Gaillard) et en 1611 (à Poitiers chez A. Mesnier). C'est vraisemblablement de ce document qu'il s'agit ici.

645. Ennemi de la « trouppe cherie », ce serpent ressemble étrangement au dragon de l'Apocalypse contre lequel luttent Michel et ses anges (Ap. 12, 7-9 ; 20, 2-3).

646. Comprendre : sur le tombeau de François Molière, mon mary.

647. L'épitaphe, on l'a vu, s'ouvre traditionnellement par l'interpellation du passant et se poursuit par l'éloge du disparu. Anne Picardet s'arrête ici sur la douleur de celle qui reste et les responsabilités qui lui incombent en sa qualité de mère de deux enfants.

648. Ces « torrents de pleurs » rappellent les « ruisseaux de larmes » dans les Lamentations (voir par exemple 3, 48).

649. *Cf. supra,* n°7, v. 9-11 et n°9, v. 8 et n. 623.

650. Comprendre : Mon Seigneur mary.

651. L'antinomie du Rien (v. 14) et du Tout s'enrichit ici des notions antithétiques de permanence/mobilité, pureté/impureté.

652. Jésus-Christ.

653. Dans les mythes anciens, la salamandre est symbole de courage, d'indestructibilité et de régénérescence. On la dit capable de vivre dans le feu sans y être consumée, voire d'y puiser vie et protection, ce qu'Ambroise Paré dément formellement au chapitre XXVIII du Livre sur les venins (*Œuvres,* Livre XXIII). Dans son *Histoire naturelle*

(Livre 10, ch. 67), Pline lui attribue le pouvoir d'éteindre le feu par son exceptionnelle froideur. Aussi François 1er mit-il dans ses armoiries une salamandre au milieu du feu avec la devise « Nutrico & Extinguo » (J'entretiens et j'éteins). On attribue au Christ le pouvoir de vaincre le feu (Is. 43, 2). Dans l'iconographie chrétienne dont Anne Picardet a pu se souvenir ici, la salamandre en vint à représenter le juste qui reste en paix dans les tribulations. Plus généralement, la salamandre est le symbole de l'âme qui trouve son contentement dans la fournaise de l'amour divin. Sur ces symboles, voir L. Chardonneau-Lassay, *Le Bestiaire du Christ,* Paris, 1940.

# APPENDICES

## PIÈCES JUSTIFICATIVES

### MARIAGE de noble Françoys de Molières escuier sieur de Chantoyseau avec damoiselle Anne Picardet, fille de feu noble M^re^ Gaspard Picardet[a].

Du 31 mai 1599.

Au nom de nostre Seigneur avons traicté sur le mariage qui se fera et accomplira si Dieu playst d'entre noble Françoys de Molière escuyer s^r^ de Chantoyseau demeurant à la Clette d'une part et damoiselle Anne Picardet fille de feu noble M^re^ Gaspard Picardet en son vivant conseiller du Roy et audiencier en la grande chambre de Bourgogne et de damoiselle Jehanne Brun ses père et mère, en présence et auctorité de noble seigneur messyre Hugues Picardet escuier conseiller du Roy en son conseil privé et son procureur général de Bourgogne, lesquelles parties des advis susdits et auctorités de leurs parents et amys à la fin des présentes dénommés, onct faict et font les donations et accords et promesse de mariage suyvantes, premièrement est que alcunes parolles de présent et de futeur ayent esté dictes qui puissent ou doibvent sortir aulcung effect de mariage ou estre convenues et accordées les articles suyvants, ASSAVOIR que lesdits futeurs

a Archives départementales de Saône-et-Loire, B 1338, *Reg. des Insinuations du baillage de Mâcon*, f° VII^xx^ IX. Reproduit dans Dumesnil, *op. cit.*, p. 79-84.

espoux seront mariés suyvant la disposition du droict escript fors en ce qui concerne la puissance de ces donnations, laquelle puissance nonobstant la dicte disposition ils se sont rescongneu et reconnoissent par les présentes pouvoir se faire toutes donnations et dispositions tant entre vifs que par ordonnance de dernière vollonté soyt simples ou mutuelles et tous autres advantages de tous leurs biens ou portion d'iceux au proffict l'ung et de l'aultre comme bon leur semblera. Sera la dicte futeure espouze maryée pour ses droictz paternels et maternels escheuz qui luy demeureront propres et aux siens pour les transposer advenant dissolution dudict futeure mariage.

Sera la dicte futeure espouze enjouellée de bagues et joyaulx par ledit futeur espoux jusques à la somme de trois cents escuz.

En faveur et contemplation duquel futeur mariage ledict futeur espoux a faict et faict expresse donnation à la dicte futeure espouze de la somme de cent escuz de rente sa vie durant rachetable de la somme de huict cent escuz qui demeureront propres à la dicte futeure espouze ses hoirs et ayants cause. Au cas du dict réachapt et de laquelle donation ledict futeur espoux a promys de s'engager pour tout ce qui appartiendra à peyne de tous despens dommaiges et intérests, moyennant quoy ladicte futeure espouze n'aura aulcun don aultre et à cest effect pour le contenu cy après les futeurs maryés ont constitué leurs procureurs généraulx spéciaulx et irrévocables tous portant et exhibant des costés auxquels ils ont donné tout pouvoir et puissance pertinente.

Et pourront lesdicts futeurs maryés faire toutes dispositions et telles donnation simple et mutuelle que bon leur semblera tant entre vifs à cause de mort que par donnation et dernière vollonté nonobstant la disposition du droit escript et de toute constitution au contract.

Advenant le décedz du dict futeur espoux avant la dicte futeure espouze, elle aura sa chambre garnye ou pour la valleur de cent cinquante escuz et encore emportera ses habitz bagues et joyaulx de quelque prix et valleur qu'ils puissent estre sans aulcune réduction ou pour iceulx la somme de trois centz escuz et à son choix.

Au cas où ledit futeur decedderoyt ayant des enfans, la dicte futeure espouze contre ce que dessus emportera la somme de cent escuz seullement et où il n'auroyt d'enfans elle emportera la somme de quinze cens escuz de laquelle somme il luy a faict et faict donnation entre vifs qui sera insinuée comme dessus à peine de tous despens et dommaiges-intérests, dont du tout les partyes susnommées et chaculne d'elles en droy soyt ce sont tenues bien contentes et ont promys par foy et serment l'effect et entretenement du contenu ès présentes et non contrairement sous peyne de tous despens dommaiges et interestz qui au dessus de ce se pourroyent ensuyvre, obligeant à cet effect leurs biens selon la coutume et la juridiction du Roy en son duché de Bourgogne et toutes autres, renonçans à toutes choses à ces présentes contraires en s'en tenant au droict de faire que généralle rétractation ne vault sy la specialle ne précedde. En tesmoingt de quoy seront requis et obtenu le scel de la cour de la dicte chancellerye et encore le petit scel royal estably audict baillage estre mis et apposé aux présentes qui furent faictes et passées audict Dijon au logis dudict s[r] procureur général après midy par devant moy Benigne Obeyr notaire royal le dernier jour du mois de may l'an mil cinq cent quatre-vingt et dix neuf, présents messire Benigne Frémyot chevallier conseiller du Roy en son Conseil privé et d'estat président en son parlement de Bourgogne seigneur de Tottes noble Jehan Berbisey conseiller du Roy audict parlement, Mre Jehan de Pringles aussy conseiller du Roy et son procureur général en sa chambre des Comptes audict Dijon, Gilbert de Sainct Mory advocat audit parlement et Vincent Robbin, docteur en medecyne demeurant audict Dijon tesmoingts à ce requis et appelez. La minutte de reception est signée des parties et des tesmoingtz et de moy Obeyr notaire royal avant nommé suyvant l'ordonnance,

[Signé] OBEYR.

## Lettres de feu Monsieur de Molières d'Essertines A feu Monsieur le comte de Vauvert[a].

Il l'entretient des plaisirs dont il jouyt aux champs, et du mespris qu'il faict des richesses, et des magnificences de la Cour.

*LETTRE PREMIÈRE*

Monsieur,

Si parmy vos delices vous vous souvenez encore d'une personne qui ne se souvient presque plus que de vous, je me persuade que [274] vous prendrez plaisir à sçavoir de ses nouvelles. J'ay veu tant de preuves de l'honneur que vous me faictes de me vouloir du bien, qu'à moins que d'estre le plus in[reste du mot illisible] homme de la terre, je ne puis que je n'en aye des ressentimens que le temps ny l'absence ne sçauroient effacer de mon ame. Dans le repos dont je commence à jouïr je n'esloigne gueres mes pensées des objects qui s'offrent à mes yeux, que pour vostre sujet, et ne vay point chercher dans le desordre de la Cour, ce que je puis trouver dans l'innocence de ma solitude. Vous seul me pouvez divertir du plaisir que je prends à voir nos innocens promenoirs, où si la beauté ne paroist avec tant d'esclat qu'aux Tuilleries, au moins ne l'y trouve-t-on pas avec tant [275] d'artifice. Icy nous voyons les femmes telles que nature les a faictes : Leurs visages sont aussi peu deguisez que leurs actions. La pudeur les accompagne jusques dans le lict, et si elles se laissent quelquefois gaigner aux persuasions de leurs Amans, l'innocence qui le leur faict faire, les garentit aussi de la honte qu'elles en pourroient recevoir. Il ne leur arrive gueres souvent d'estre trompées dans nos deserts, car le mensonge y est un plus grand crime, que n'est un meurtre dans Paris : Mais s'il advient qu'elles le soient, la compassion qu'un chacun a de leur mal, leur oste une partie de l'ennuy qu'elles ont d'avoir failly. La medisance est si peu conneüe parmy nous, que les femmes les

a *Lettres*, Paris, C. Preud'homme, 1639, p. 275-291.

plus desbauchées ont loisir de s'amen-[276]der, devant que l'on ait pris garde à leurs vices, ou pour le moins qu'on les ait publiez. Il est bien vray que nous n'avons pas tant de divertissemens que vous en avez à la Cour, mais aussi n'en avons pas de si dangereux. Tous nos jours sont semblables, il n'y a que la pluye ou le beau temps qui y mettent de la difference. Comme nous n'avons point de voyes pour nous avancer, aussi n'en avons-nous point pour nous perdre. Personne ne porte envie à nos plaisirs ; car il y en a assez pour tous ceux qui veulent y prendre part, et estans pareils, comme ils sont, chacun s'arreste à gouster les siens, sans prendre peine à troubler ceux des autres. Cela s'accorde fort bien à mon humeur, qui sans violence ne peut souffrir les inegalitez. J'aime-[277]rois mieux que tout le monde fust aussi heureux que moy, que si j'avois cest advantage sur tous, et qu'un seul l'eust sur moy. Je ne veux pas comprendre le bonheur dans la possession des grandeurs et des richesses ; car ne les estimant que fort peu, je ne me dois pas croire malheureux de ne les posseder pas. Nature nous ayant faict naistre avec des sentimens tous differents, a mis aussi de la diversité dans les plaisirs, afin que chacun y treuvast de quoy contenter son inclination. Elle n'eust faict que des tresors, si elle eust jugé que tous les hommes se fussent portez esgalement à la recherche du bien. Toutefois ayant preveu qu'il y auroit des ames plus genereuses les unes que les autres, elle ne se contenta pas d'establir pour [278] elles des plaisirs honnestes et vertueux, mais cognossant la foiblesse des autres, elle tira des metaux de la terre, pour les occuper en ce trafic. Depuis, comme on voit de beaux arbres produire des fruicts amers, les vertus mesmes ont servy de pretexte à la naissance des vices ; et la splendeur semble appreuver la vigilance de ceux à qui l'insatiable desir d'acquerir des richesses, a faict rompre les plus sainctes loix que nous avons parmy nous. Les vertus ayant doncques esté contrainctes de flechir sous la tyrannie des vices, les Grands ont esté estimez plus, ou moins vertueux, selon le grand ou le petit nombre d'esclaves qu'ils traisnoient apres eux : Et les petits n'ont point treuvé de si mauvaises voyes, qu'ils n'ayent embrassées [279] pour parvenir à la grandeur. On n'a eu plus d'esgard si ces tresors estoient bien ou mal acquis, et ceux qui s'estoient advancez par leurs trahisons, ont esté plus estimez, que ceux qui s'estoient ruinez par leur fidelité. Les superbes Hostels, les riches tapisseries, les grandes suittes, et les tables bien couvertes, ont esté les seules marques qui ont mis de la difference entre les hommes, et quiconque a esté reduit à la necessité de ne pouvoir faire tous ces excez, a tasché en vain de faire esclatter sa vertu. Quelques uns plus fins que les autres, par une vaine magnificence se sont mis en credit, et par la bonne conduite qu'ils ont apportée en leurs actions, ont faict passer leur avarice pour liberalité. Ceux-là se sont acquis la grande renommée [280] qu'ils ont, avec autant de droict que celuy qui donne un petit grain à la terre sous esperance qu'il a d'en retirer beaucoup davantage. Ils ne se sont pas contentez de faire par de petits presens des creatures necessaires à la conservation de leur fortune, mais encore ont voulu que ceux qu'ils obligeroient joignissent à leur servitude la honte de publier par tout le bien qu'ils avoient receu d'eux. Je loüe Dieu qu'estant nay Grand comme vous estes, vous ne soyez sujet à aucun de ces defaux. Il n'y a point de complaisance assez forte pour me faire dire les choses d'autre façon qu'elles ne me semblent : Et sur tout maintenant que j'ay renoncé à la fortune et à l'esperance de me voir plus que je ne suis, je dois estre encore moins [281] suspect de flatterie, que lors qu'il sembloit qu'elle fust necessaire à mon advancement. Il pourroit estre que vous honorant par-dessus tout ce qu'il y a d'hommes au monde, l'affection que je vous porte me fit voir plus avantageusement vos actions, qu'à ceux qui vous sont moins obligez que moy. Mais ayant commencé de vous aimer par la seule connoissance que j'eus de vostre vertu, je ne crois pas pouvoir faillir au jugement que je fais de vous. Je ne vous considere pas comme le protecteur de mon innocence, et le seul asile où mes afflictions ont treuvé du support, lors que la malice de mes ennemis avoit conspiré ma ruine : Car apres avoir receu tant de bien de vous, qui me pourroit blamer de dire tout ce [282] qui se peut dire à l'advantage de celuy à qui l'on doit tout ce qui se peut devoir ? Certes il faut que j'advoüe que la fortune m'a faict deux faveurs, qui m'ostent presque tout moyen de me plaindre de tant de cruelles traverses dont elle m'a persecuté durant cinq ou six ans que j'ay perdus à la suivre : Car elle ne s'est pas contentée de me faire treuver en vous plus de secours, que je n'en pouvois esperer de tous ceux que par mes services j'avois obligez à m'assister en mes disgraces ; mais encore a voulu que je tinsse mon repos et mon bien d'une personne, à qui je ne pouvois rendre tant de devoirs qu'elle en merite, quand mesme elle n'eust jamais rien faict pour moy. Je ne me lasserois jamais de vous figurer l'extresme desir que [283] j'ay de vous servir, si je ne craignois d'abuser du temps que vous devez à un meilleur entretien. Toutefois je vous supplie de m'en donner encore ce qu'il faut pour me faire sçavoir de vos nouvelles, et croyez, s'il vous plaist, qu'il n'y aura jamais personne qui soit plus que moy,

Monsieur,

Vostre tres humble et tres-fidelle serviteur, Moliere.

[284]
De Monsieur, A Monsieur d'Auby.
Il l'entretient familierement de son humeur.

*LETTRE II*

Monsieur,

J'ay passé ceste apres-disnée seul, combien que la beauté du jour me conviast à m'aller promener. J'en ay donné une partie au sommeil, et le reste à mes resveries. Je commence à connoistre des inegalitez en mon humeur, qui me font recercher la solitude, de peur que je ne face voir mes defauts. Je ne suis plus si sensible aux plaisirs comme j'ay esté autresfois, ny si [285] capable des divertissemens, qui m'aidoient à faire couler le temps insensiblement.

Je suis comme ces femmes, qui de crainte qu'on ne remarque du changement en leur beauté, se tiennent au lict, et attendent du temps, ce qu'il leur oste tous les jours. Il ne me reste plus autre contentement que celuy que je prends en la conversation de mes amis ; mais de vouloir tirer d'eux ce que ma mauvaise humeur ne me permet pas de leur donner, il me semble que ce seroit faire une injustice à leur affection. J'ay accoustumé de dire les choses d'une sorte, que si je n'ay acquis autre estime dans le monde, au moins pensay-je avoir merité celle de veritable aux promesses que je fais de mon amitié. Jusqu'icy beaucoup m'y ont trompé, mais [286] je puis dire avecques verité, que je n'y trompay jamais personne ; combien que la consideration de ma mauvaise fortune semblast requerir de moy que je me contraignisse à tesmoigner de la passion, pour ceux qui la pouvoient rendre meilleure. Je me trompe si mon ame n'avoit esté faicte pour un autre corps que pour le mien, car je la treuve si contraire aux laschetez qui sont presque necessaires à ceux qui se veullent eslever par-dessus leur naissance, qu'elle aime mieux souffrir toute sorte d'incommoditez[a], que la honte d'avoir faict aucune chose contre son inclination. Je ne l'ay jamais peu fleschir jusqu'au point d'aimer ceux qu'elle en a jugez indignes, ny luy oster la liberté de dire ses sentimens. Que si j'ay quelquesfois [287] contraint ma bouche à dire du bien de ceux qui ne le meritoient pas, elle l'a si mal faict, qu'il a bien paru qu'elle le faisoit de soy-mesme, et sans que mon ame y consentist. Le desir que de tout temps j'ay eu de vivre doucement, et posseder les plaisirs sans amertume, m'a porté quelquesfois à souhaitter du bien, pource que sans cela ils ne peuvent ny durer, ny se laisser parfaictement gouster. Mais que cette ambition m'ait jamais peu faire resoudre à m'accommoder à la tyrannie du temps, ny à en acquerir par la voye, par où j'ay veu que tant de personnes y sont parvenües, c'est chose dont mes plus grands ennemis ne me peuvent reprendre. Si j'ay du bien

---

a Corr. de incommonitez.

je ne le veux devoir ny à l'importunité, ny à la flatterie ; car j'ay [288] assez bonne opinion de moy, pour en esperer de ma vertu. Que si de tous ceux qui le distribuent, il ne s'en treuve pas un assez vertueux pour m'en faire, je tascheray d'accommoder mon naturel à ma fortune, et de reduire mes plaisirs à mon pouvoir. Il ne m'importe qu'un autre soit plus riche, ou plus heureux que moy mais il me fascheroit qu'il le meritast mieux. Le peu d'esprit que j'ay me fera treuver des charmes et des douceurs dans ma petite fortune, qu'un autre ne rencontrera pas dans sa splendeur, ny dans la possession de ses richesses. Comme les ames basses les recherchent avecques plus de peine et de soin que celles qui ont quelque chose par dessus le commun, aussi semble-il que la nature les leur ait données, [289] pour reparer leurs defauts, qui autrement les rendroient si insuportables, qu'à peine treuveroient[a]-ils personne qui les voulust souffrir. Ceux qui sçavent donner les mesmes loüanges aux vicieux qu'aux vertueux, et ne se proposer autre but que leur interest et la grandeur de ceux qu'ils servent, ne peuvent manquer de bien. Pour moy qui ne suis nullement nay à la servitude, et qui reprens aussi aigrement le vice, comme je me porte courageusement à la defense de la vertu, je mesprise leurs faveurs, et tiens un homme miserable quand il est obligé à un sot, de quelque condition qu'il soit. Je ne suis point dans l'erreur de ceux qui se plaignent de l'ingratitude du siecle ; car je croy que le nombre des ignorans et des [290] meschans a esté de tout temps plus grand que celuy des gens de bien. Mais je treuve si peu de personnes qui meritent qu'un honneste homme leur rende des subjections, que je ne me puis imaginer que les siecles passez ayent produict des hommes ridicules comme nous en voyons au nostre. Où m'emporte ma resverie ? je pense en m'esloignant de vous, vous empescher de connoistre ma mauvaise humeur, et je suis si mal advisé que de vous la faire voir en ce mauvais discours, et par les plaintes que je fais d'une chose à quoy j'ay si

a Corr. de treuveronient.

peu d'interest. Que m'importe de quelle sorte de gens la Cour soit composée, pourveu que vous m'aimiez, et que vous croyez que je vous ayme. La premiere fois que je vous [291] vis, mon inclination me contraignit à vous cherir, contre la coustume que j'ay de connoistre l'humeur de ceux avecque lesquels je veux faire amitié, devant que de m'y engager. Depuis, la connoissance que j'eus de vos vertus, me rendit tellement vostre, que je connus bien que mon inclination ne m'avoit pas trahy, et fis deslors dessein de ne la desdire jamais. Vous voulez bien que je dorme, car j'en ay envie,

MOLIERE.

## LES AIRS DE COUR DANS LES *ODES SPIRITUELLES* D'ANNE PICARDET PAR BRENDAN ROWLEY

L'air de cour demeure un phénomène du dix-septième siècle, même s'il a été repris au dix-huitième siècle par certains dramaturges qui l'emploient comme timbre dans le théâtre de la foire (voir ci-dessous l'air « Birene »). Il a été mis à la mode vers la fin du seizième siècle par Pierre Guédron, Georges Bataille, Adrian Le Roy et Pierre Bonnet parmi d'autres musiciens qui ont bénéficié du succès de la maison d'édition Ballard[a] (voir ci-dessous *Poètes et compositeurs*). Il est généralement chanté à quatre voix ou plus et est accompagné du luth. C'est un genre profane et populaire fréquemment employé en tant que timbre dans les œuvres « parodiques » spirituelles telles que les *Odes spirituelles*.

a Depuis la dernière moitié du seizième siècle jusqu'au dix-huitième siècle, les Ballard, de père en fils, se sont spécialisés dans la publication de musiciens tels qu'Orlande de Lassus et Jean-Baptiste Lully.

Anne Picardet a puisé largement dans les *Airs de cour comprenans le tresor des tresors, la fleurs des fleurs, et eslite des Chansons amoureuses* (Poitiers, Pierre Brossart, 1607) et dans *La fleur de toutes les plus belles chansons qui se chantent maintenant en France : tout nouvellement faites et recueillies* (Paris, 1614) : 19 airs dans le premier recueil, 5 dans le second. Aucun de ces recueils ne donne d'indication musicale. En outre, ni la tablature de luth ni la répartition musicale ne sont reproduites. Une comparaison des variantes de l'air, « Allons mes amourettes », qui se trouve à la fois dans ces recueils et dans une autre source indique la préférence d'Anne Picardet pour les sources sans musique en dépit des négligences qu'on y trouve. Faut-il en conclure qu'elle ne savait pas lire la musique ou qu'elle n'avait pas accès aux livres de musique ?

Issus de la tradition bucolique du début du dix-septième siècle et de la vague de sentimentalisme qui déferle sur la France suite au grand succès de *L'Astrée* d'Honoré d'Urfé, les airs utilisés par Anne Picardet traitent tous, à une exception près, de l'amour profane : des amours entre bergers et bergères (voir ci-dessous les airs « As-tu encor envie ô Berger » ou « Bergere de quelle façon » pour n'en citer que deux), des charmes de la dame (voir par exemple « O ! beaux yeux qui sçavez si »), des plaintes des amants malheureux (voir par exemple « Un jour que ma cruelle » ou « Amans qui vous plaignez qu'amour vous a dompté »). On ne trouve qu'un seul air satirique : « Fy de la Ligue et de son nom » dénonce la Ligue en proclamant à plusieurs reprises : « Vive le Roi ! vive Bourbon ! / Vive la France nostre mere ! ». On peut se demander ce qui a pu pousser Anne Picardet, en bonne catholique qu'elle est, à choisir un air qui incrimine les catholiques ? Il se peut tout simplement que la mélodie lui ait plu. Les airs et les odes spirituelles, rappelons-le, étaient faits pour être lus à voix haute et surtout pour être chantés. Le thème a en fait peu d'importance puisqu'il n'est pas repris dans l'ode spirituelle.

Pour ce qui est de la forme, Anne Picardet montre une prédilection pour le sizain (28 airs) et le quatrain (21 airs). Plus précisément, elle préfère les quatrains en alexandrins avec 12 exemples et les quatrains octosyllabiques avec neuf. L'octosyllabe prédomine sur les autres mètres avec 19 airs octosyllabiques comparés à 15 airs en alexandrins et 11 airs heptasyllabiques. Le vers le plus long contient 16 syllabes, le vers le plus court deux. La plupart des airs sont isométriques (56 sur 95). Trente-neuf d'entre eux sont hétérométriques. En somme, on constate une grande variété de formes. C'est la musique qui détermine la forme poétique comme le montrent l'air « Vous le pourriez dire à quelqu'autre » et les autres notes ci-dessous concernant les problèmes de prononciation. Nous avons mis à la disposition du lecteur des indications biographiques, les sources avec variantes et notes ainsi qu'une étude des formes des airs.

## Sources

Les timbres, pour la majeure partie, proviennent de la source primaire A sauf indiqué autrement. Nous signalons ici le nom A) du compositeur de la pièce musicale ; B) de la personne qui s'est chargée de la tablature ; et C) de l'auteur du texte. Nous signalons également la publication du timbre ou du texte lorsqu'elle a pu être retrouvée.

Les airs sont donnés dans l'ordre alphabétique. Nous ne fournissons ici que la première strophe. Les variantes ont été mises en italiques.

38. *Adieu Cloris, il est temps que je meure*
Source musicale : Airs GB VI (sous le titre *Je voudrois bien ô Clors que j'adore*)
A : Antoine Boesset
B : Gabriel Bataille
Texte :

> Je voudrois bien ô Cloris que j'adore,
> Entre vos bras faire plus long sejour :
> Mais la voyci cette jalouse Aurore

A mon malheur qui rameine le jour.
Adieu Cloris il est temps que je meure,
La nuit s'en va, et l'ennuy me demeure.

14. *Allons mes amourettes, allons-nous resjouyr*
Source musicale A : Meslan. 1613
Source musicale B : Fleurs 1614
A (source A) : Jacques Le Fèvre
Texte de la source A :

Allons mes amourettes
Allons nous réjoüir
Et sur la freche herbette
De nos amours joüir
Allons au bois m'amour
Allons y donc au point du jour

Note : Variante de la source B : Allons nous resjouir, *la la* // Et *dessus ces herbettes* // De nos amours jouir, *la la* // Allons au bois, *allons* m'amour.
On note une légère différence entre l'hétérométrie de l'air et celle de l'ode. Anne Picardet ajoute deux syllabes au deuxième et au quatrième vers avec les deux « là » qu'elle répète à la fin. En outre, elle rallonge le cinquième vers de deux syllabes. L'ode qui est composée de strophes hétérométriques (6-8-6-8-8-8) reprend exactement la structure de la source B, ce qui nous porte à croire que c'est cette source qu'Anne Picardet a consultée.

1. *Amans qui vous plaignez qu'amour vous a dompté*
Source musicale A : Airs 1582
Source musicale B : Airs GB IV
Source musicale C : Fleurs 1614
A (source A) : Guillaume Tessier
B : Gabriel Bataille
C : Louis de Clermont, sieur de Bussy d'Amboise
Texte de la source A :

Amans qui vous plaignés qu'amour vous a dompté,
Qu'il emporte l'honneur de vostre liberté,

Qui faites de vos pleurs une source feconde,
Qui mourés, qui bruslés au feu de tant d'ennuis,
Voyés mon mal, mes fers, la prison ou je suis,
Et vous dirés que c'est le paradis du monde.

Note : Il est difficile d'établir avec certitude l'auteur de cet air. Cette chanson inédite a été reproduite par L. Lalanne dans son édition des *Œuvres complètes de Pierre de Bourdeille, seigneur de Brantôme* (Paris, Renouard, 1885, t. X, p. 448). L'éditeur note cependant que la chanson est « écrite par une main qui n'est ni celle de Brantôme, ni celle de Mataud ». Or, André Joubert l'a aussi publiée dans son édition des *Stances inédites de Bussy d'Amboise* (Château-Gontier, H. Leclerc, 1883). Selon les indications biographiques, cet air, probablement de Bussy d'Amboise, célèbre l'amour de ce dernier pour la fille du roi Henri II, la reine Marguerite de Valois.

62. *Arreste un peu*
Source musicale A : Musq. 1570
Source musicale B : Meslan. 1586
A (source A) : Guillaume Costeley ; (source B) : Claude Le Jeune
C : Philippe Desportes
Le texte a paru dans *Les premières œuvres de Philippes Des Portes : au roy de Pologne*, Paris, Robert Estienne, 1573, f. 38. (Voir *Les Amours de Diane,* éd. V. E. Graham, Genève, Droz, 1959, p. 196).
Texte de la source B :

Arreste un peu, mon Cœur, où vas-tu si courant ?
Je vay trouver les yeux que sain me peuvent rendre
Je te prie attens moy Je ne te puis attendre,
Je suis pressé du feu qui me va devorant.

Note : Il est difficile de dire pour sûr si Anne Picardet a voulu modifier la forme de cet air en changeant l'alexandrin pour le décasyllabe et la rime embrassée pour la rime plate ou si elle s'inspire tout simplement d'une autre source.

13. *As-tu encor envie ô Berger*
Source manuscrite : C. Tessier MS D237
Source musicale A : Airs 1596
Source musicale B : Airs CT 1597
Source musicale C : Airs Poit. 1607
A (source manuscrite et source B) : Charles Tessier

Texte de la source B :

Tu as encor envie.
O berger malheureux.
D'asubjettir ta vie.
Aux tourments amoureux.
Non tu ne dois plus vivre
meurs, meurs
Tu ne dois plus survivre
A tes malheurs.

Note : Variante de la source manuscrite et de la source musicale C : *As-tu* encor envie. Le dernier vers de chacune des strophes de l'air a quatre syllabes tandis que le dernier vers de l'ode n'en a que trois.

51. *Aupres des beaux yeux de Philis*
Source musicale A : Airs 1595
Source musicale B : Airs 1596
Source musicale C : Airs Poit. 1607
Source musicale D : Airs GB II
B : Gabriel Bataille
C : Raoul Callier
Le texte a paru dans le *Recueil de diverses poesies, tant du feu sieur de Sponde, que des sieurs du Perron, de Bertaud, de Porcheres, & autres non encor imprimees*, Rouen, Raphaël du Petit Val, 1597, f. 75.
Texte de la source D :

Aupres des beaux yeux de Phillis
Mouroit l'amoureux Calliante,
Heureux en sa fin violente
De ses jours si tost accomplis.

Note : Variante de la source C : De *ces* jours si tost accomplis.

26. *Aussi-tost qu'une belle Ame*
Source musicale A : Airs 1597

Source musicale B : Airs Poit. 1607
Le texte a été publié dans *Le second livre du labyrinthe d'amour, ou suite des muses folastres recerchée des plus beaux esprits de ce temps, par H.F.S.D.C.*, Rouen, Claude Le Villain, 1615 (édition de 1863 consultée, Bruxelles, Mertens, p. 86-87).
Texte du poème :

Aussitost qu'une belle ame
Commence à vivre icy bas,
Il faut que l'amour l'enflamme
Ou qu'elle ne vive pas.
Sans amour je ne puis vivre ;
L'amour est tout mon plaisir ;
Je suis contrainte de suivre
Le cours d'un si beau désir.

Note : Variante de la source B : Sans *l*'amour je ne puis vivre // Je *veux mourir pour le* suivre // *Je n'ay point d'autre* desir.

28. *Belle Brunette ma mignonnette*
Source musicale : Airs DC 1597
A : Denis Caignet
Texte :

Belle brunette
Ma mignonnette
Je vous ayme de tout mon cœur.
Il faut maintenant que je die
La cause de ma maladie
Sans plus vous celer ma langueur

Vous qui sçavez mieux que moymesme
Combien mon amour est extrême
Faictes moy donc quelque faveur.
Belle brunette

[Ma mignonnette]
[Je vous ayme de tout mon cœur.]

Note : Anne Picardet ne reprend pas la première strophe de cet air. La forme de l'ode suit la forme de la deuxième strophe de l'air. C'est-à-dire qu'elle reprend la forme hétérométrique (8-8-8-4-4-8) avec la répétition du refrain de trois vers.

86. *Belle main dont amour*
Source musicale A : Airs Poit. 1607
Source musicale B : Airs GB III
B : Gabriel Bataille
C : Siméon-Guillaume de La Roque
Texte de la source A :

Belle main dont Amour exerçant son adresse
Blessa parmi cent cœurs le mien tant seulement,
Hé comment tirez vous avec tant de justesse
Si l'amour est aveugle et vous sans jugement ?

Note : Variante de la source B : Si *l'archer* est aveugle et vous sans jugement ?
Il n'a pas été possible de vérifier l'attribution du texte à Siméon-Guillaume de La Roque.

6. *Belle qui m'avez blessé*
Source musicale A : Airs GB II
Source musicale B : Airs PG II
A : Pierre Guédron
B : Gabriel Bataille
C (source douteuse) : Pierre Guédron
Texte de la source A :

Belle qui m'avez blessé d'un trait si doux
Helas ! pourquoy me laissez vous ?
Moy qui languis d'un cruel desespoir
Quand je suis sans vous voir.

Note : Pierre de Deimier attribue le texte et la musique à Pierre Guédron dans *L'académie de la musique*, (Paris, Jean de Bordeaulx, 1610), p. 29 : « … Monsieur de Guedron qui est bon Poëte et tres-excellent Musicien, fit dernierement à Fontaine-bleau deux Chansons où l'on voit que la façon de la cadance des vers Latins est employée en quelques vers, comme on le peut voir au premier de ce couplet suyvant qui est le commencement d'une desdictes Chansons, *Belle, qui m'avez blessé d'un traict si doux…* ».

87. *Berger en passant*
Source musicale A : Airs 1597
Source musicale B : Airs PG 1602
A : Pierre Guédron
Texte :

Bergere en passant
D'un cœur gemissant
Brise sa houlette
Dessus le cercueil
Tout couvert de deüil
De ma bergerette.

Note : Variante de la source B : Brise *la* houlette.
Selon la répartition musicale moderne reproduite par Bernstein, le troisième et le sixième vers sont hexasyllabiques puisqu'il faut prononcer le « e » muet de « houlette » et de « bergerette ».

17. *Bergere de quelle façon*
Source musicale A : Airs JP 1587
Source musicale B : Th. Harm. 1603
A (source A) : Jean Planson
B : Jean-Baptiste Besard
Texte de la source A :

[Le berger]
Bergere de quelle façon,
Voulez vous que je vous pourchasse
[La bergere]
Berger vous battez le buisson

Et un autre en a pris la chasse.
[Le berger]
Fy de l'amour fy de ses feux
C'est mourir de vivre sans eux.
[La bergere]
Vive l'amour, vive ses feux
C'est mourir de vivre sans eux.

Note : Le refrain de cet air n'a qu'une seule rime (feux – eux), tandis que celui de l'ode est construit sur deux rimes (lacs – pas // feux – eux). Le « c » de « lac » reste muet à l'époque.

15. *Bien-heureux qui au village*
Source musicale A : Airs 1597
Source musicale B : Airs PC 1599
Source musicale C : Airs PB 1600
Source musicale D : Airs Poit. 1607
A (source B) : Pierre Cerveau ; (source C) : Pierre Bonnet
Texte de la source D :

Bien heureux qui se peut dire
Tout exempt de passion,
Et qui chez soy se retire,
Sans aucune ambition.
Voyla voyla la la la.
Comme l'on vit au village
Voyla voyla la la la,
Pour vivre heureux en cela.

Bien heureux qui au village
Dans sa petite maison,
Mange d'un Canar'd sauvage,
A la farce d'un Oyson.
Voyla, etc.

Note : Le timbre indiqué dans les *Odes spirituelles* renvoie au premier vers de la deuxième strophe et non pas à l'incipit de cet air comme on pourrait s'y attendre.

10. *Birene*
Source musicale : non retrouvée
Air : *Où êtes vous, Birene mon ami ?*
Source manuscrite : « ou estes vous birene mon amy » dans *17th century music mss.* (avant 1729) qui se trouve à US-SFsc. Référence RISM-A/II : 120.900
Source secondaire : Alain René le Sage et d'Orneval, *Le théâtre de la foire ou l'opéra comique*, t. I, Genève, Slatkine Rpts, 1968. Cette source reproduit les dix tomes de la collection publiés entre 1724 et 1737.

Note : Cet air est inspiré par le dixième chant du *Roland Furieux* (1516) de l'Arioste, où Olympie est abandonnée par Birène. Il semble que la source musicale de cet air soit perdue, mais on peut en trouver des traces dans d'autres œuvres parodiques comme le *Recueil de plusieurs cantiques spirituelles* de Jean le Jau, (Paris, Guillaume Loyson, 1618) et le *Recueil de chansons spirituelles avec les airs nottez sur chacune d'icelles* de Jean Rousson, (La Flèche, Louys Hebert, 1621). Cet air est également repris dans plusieurs opéras comiques du dix-huitième siècle. Voir par exemple *Achmet et Almanzine ; pièce en trois actes* publié dans le tome II de la source secondaire donnée ci-dessus (p. 113) ; ou encore *Zéphire et Fleurette, parodie de Zélindor, en un acte*, de Pierre Laujon, dans ses *Œuvres choisies*, (C.-F. Patris, Paris, 1811, t. II p. 346). La musique sans paroles de cet air est publiée dans la source secondaire donné ci-dessus (air 158, p. 126. Voir aussi *Arlequin Sultane Favorite, op. cit.* p. 57). Dans la répartition musicale de la source secondaire, le troisième vers du quatrain contient onze notes (ce qui correspond donc à onze syllabes). Cependant, Anne Picardet retient la forme décasyllabique.

2. *Ce penser dont amour nourrit ma*
Source musicale A : Airs PC 1599 (sous le titre *Ces pensers dont amour noûrist*)
Source musicale B : Airs GB II
A (source B) : Pierre Cerveau
B : Gabriel Bataille
C : Jean Bertaut (sous le titre « O penser dont amour ») ; (source douteuse) Pierre Hodey
Le texte de Bertaut a paru dans son *Recueil de quelques vers amoureux*, Paris, Philippes Patisson, 1606 (source consultée, l'édition de Louis Terreaux, Paris, Marcel Didier, 1970, p. 44).

Texte de la source B :

> Ce penser, dont Amour nourrit ma passion,
> Il faut que desormais je luy ferme la porte :
> Et que je prenne en fin la resolution
> Qu'aux plus irresolus le desespoir apporte.

Note : Variante du poème de Bertaut : Il faut que desormais je *vous* ferme la porte. L'attribution du poème « Ce penser dont Amour » à Pierre Hodey n'a pu être confirmée. Cet air est donné en entier ci-dessous dans la section *Illustrations*.

90. *Cessez mortels de souspirer*
Source musicale A : Airs PG II
Source musicale B : Airs GB IV
A : Pierre Guédron
B : Gabriel Bataille
Texte de la source A :

> Cessés mortels de soupirer,
> Cette beauté n'est pas mortelle,
> Il est permis de l'adorer,
> Mais non pas d'estre amoureux d'elle :
> Les dieux tant seulement
> Peuvent aymer si hautement.

Note : Selon le site Philidor, cet air est octosyllabique avec un refrain variable de deux octosyllabes. Il semble plutôt que le refrain soit composé d'un hexasyllabe et d'un octosyllabe. Or il se peut que deux syllabes du cinquième vers soient répétés selon l'arrangement musical. Nous n'avons pu le vérifier.

98. *Cette Anne si belle*
Source musicale : Airs GB VI
A : Pierre Guédron
B : Gabriel Bataille
C : François de Malherbe
Le texte a été publié dans *Les Œuvres de M*$^{re}$ *François de Malherbe, Gentil-homme ordinaire de la chambre du Roy*, 2$^{e}$ édition, Paris,

Charles Chappellain, 1631, f. 191-92* (la 1re édition de 1630 n'a pu être consultée).
Texte :

Cette Anne si belle,
Qu'on vante si fort,
Pourquoy ne vient elle,
Vrayment elle a tort.

Note : Cet air fait partie du *Ballet de Madame ou du triomphe de Minerve* de 1615.
* Cette édition de Malherbe est divisée en deux parties : une première section de prose et une deuxième section, plus courte, de poésie. La pagination recommence à 1 dans la deuxième partie.

81. *Cruelle despartie*
Source musicale A : Airs PG 1602
Source musicale B : Th. harm. 1603
A (source A) : Pierre Guédron
B : Jean-Baptiste Besard
Texte de la source A :

Cruelle departie,
Malheureux jour :
Que ne suy-je sans vie,
Ou sans amour !

79. *De mes ans la fleur se desteint*
Source musicale : Airs GB VI
B : Gabriel Bataille
C : Philippe Desportes
Le texte a paru dans *Les premières œuvres de Philippes Des Portes : au roy de Pologne*, Paris, Robert Estienne, 1583, f. 146v-147 (voir aussi *Cléonice : dernières Amours,* éd. V. E. Graham, Genève, Droz, 1959, p. 123-125).
Texte :

De mes ans la fleur se desteint,
J'ay l'œil cave et pasle le teint,
Ma prunelle est toute esblouïe,
De gris blanc ma teste se peint,
Et n'ay plus si bonne louïe.

84. *Des maux si deplorables*
Source musicale A : Airs PC 1599
Source musicale B : Airs Poit. 1607
Source musicale C : Airs GB III
A (source A) : Pierre Cerveau
B : Gabriel Bataille
C : Jean Bertaut
Le texte a paru dans le *Recueil de diverses poesies, tant du feu sieur de Sponde, que des sieurs du Perron, de Bertaud, de Porcheres, & autres non encor imprimees*, Rouen, Raphaël du Petit Val, 1597, f. 73-74.
Texte de la source B :

Des maux si deplorables
M'accablent dessous eux,
Que les plus miserables
Se comparans à moy
Se trouveront heureux.

Note : Dans le poème, les deux derniers vers sont mis ensemble pour faire un alexandrin. Anne Picardet conserve le quintil en vers de six syllabes.

45. *Destin qui separez*
Source musicale A : Airs GB III
Source musicale B : Airs PG II
A (source B) : Pierre Guédron
B : Gabriel Bataille
Texte de la source A :

Destin qui separés par d'extresmes rigueurs,
Ceux dont Amour unit les ames et les cœurs :
Que vous estes cruel de m'aller separant
De ma chere Philis que je vais adorant !

29. *Dieu vous gard Bergerette*
Source musicale A : Airs 1597
Source musicale B : Airs PC 1599
Source musicale C : Airs Poit. 1607
Source musicale D : Airs PG II
A (source B) : Pierre Cerveau ; (source D) : Pierre Guédron
Texte de la source D :

Dieu vous gard bergerette
Et vos moutons aussi,
Ainsi toute seulette
Que faites vous icy :
Auriés vous agreable
Un amant miserable ?

95. *Dy moy volage amour*
Source musicale : Airs GB VI (sous le titre *Dis nous vollage Amour*)
B : Gabriel Bataille
Texte :

Dis nous vollage Amour,
Dis nous si quelque jour
Finiront nos maux,
S'il faut toujours souffrir
Sans espoir de sortir
De ces travaux.

Note : Cet air fait partie du *Ballet des amants captifs* de 1615.
Selon le site Philidor, le dernier vers de l'air contiendrait cinq syllabes. Il faudrait donc répéter une syllabe pour se conformer à l'arrangement musical. Nous n'avons pu vérifier.

93. *En fin celle que j'ayme tant*
Source manuscrite : C. Tessier MS D237
Source musicale : Airs PG 1608
A (attribution manuscrite douteuse) : Charles Tessier ; (source musicale) : Pierre Guédron
Texte de la source musicale :

En fin celle que j'ayme tant
Lasse d'estre cruelle,
Me cognoissant aussi constant
Que je la trouve belle,
Me rend autant heureux
Qu'amoureux.

Note : Dans son édition des œuvres complètes de Charles Tessier, Frank Dobbins note que cet air n'est pas de la main de Tessier mais a été retranscrit dans le manuscrit par une seconde main.

74. *En quel desert, en quel bois*
Source musicale : Rec. 1576*
A : Jean Chardavoine
C : Philippe Desportes
Le texte a paru dans *Les premières œuvres de Philippes Des Portes : au roy de Pologne*, Paris, Robert Estienne, 1573, f. 39-40 (voir *Les Amours de Diane*, éd. V. E. Graham, Genève, Droz, 1959, p. 201).
Texte du poème :

En quel desert, quel bois, ou quel rivage,
Amour vollant, me pourray-je sauver,
Pour t'empescher de me venir trouver,
Et m'affranchir de ton cruel servage ?

Note : * Cet air fait partie des ajouts dans l'édition de 1588. Pour une étude détaillée de ce recueil, voir l'article d'André Verchaly « Le recueil authentique des chansons de Jehan Chardavoine (1576) », *Revue de Musicologie*, vol. 49, n° 127, 1963, p. 203-219. Variante du Ms. fr. 868 (*Les Amours de Diane*, *op. cit.*, p. 201) : En quel desert, *en quel bois plus sauvage*. Cette variante correspond exactement au timbre de l'édition de 1619.

49. *Esprits qui souspirez*
Source manuscrite : C. Tessier MS D237
Source musicale A : Airs 1596
Source musicale B : Airs Poit. 1607
Source musicale C : Airs GB 1608
Source musicale D : Airs PG 1608
Source musicale E : Rec. 1615
A (source manuscrite) : Charles Tessier ; (source D) : Pierre Guédron
B : Gabriel Bataille
C (source douteuse) : Paul Perrot sieur de la Salle et des Ternes
Texte de la source D :

Esprits qui soupirez tant d'amoureuses plaintes,
Qui me nommés cruelle et cruels vos malheurs :
Toutes vos passions veritables ou feintes,
R'endurcisse ma glace aupres de vos chaleurs.

Note : Variante de la source A : Qui me nomm*ez* cruelle et *cause* vos malheurs.
Variante de la source B : Rendurcissent ma glace *au feu* de vos chaleurs.
L'attribution de cet air reste incertaine. Frédéric Lachèvre remarque dans sa *Bibliographie des recueils collectifs de poésies (1597-1700),* t. I (Paris, Henri Leclerc, 1901, p. 213) : « M. Ed. Tricotel croit qu'il s'agit de Paul Perrot de la Sale qui a publié plusieurs ouvrages en vers [...]. Cette pièce n'est guère dans le ton des deux premiers ouvrages de Paul Perrot, qui était prêtre d'après Viollet-le-Duc, aussi l'attribution de M. Tricotel nous semble un peu hasardée ».

48. + 80. *Fy de la Ligue et de son nom*
Source musicale : Rec. 1593
Texte :

Fy de la Ligue et de son nom !
Fy de la Lorraine estrangere !
Vive le Roi ! vive Bourbon !
Vive la France nostre mere !
La Ligue n'est que trahison ;
Fy de la Ligue et de son nom !

Note : Les rimes dans les deux odes construites sur cet air présentent une disposition différente de celle de leur modèle : AABCCB (*Sur le Livre de la mesme Saincte, des demeures, ou chasteau de l'ame*) et ABABCC (*Jesus va au Jardin des Olives*).

77. *Helas, que me sert-il d'aymer, si*
Source musicale A : Airs 1585
Source musicale B : Airs Poit. 1607
Source musicale C : Fleurs 1614
A (source A) : Pierre Bonnet
C : Jean Bertaut
Le texte a paru dans son *Recueil de quelques vers amoureux*, Paris, Philippes Patisson, 1606 (source consultée, l'édition de Louis Terreaux, *op. cit.*, p. 29).
Texte de la source C :

> Helas que me sert il d'aimer si on ne m'aime,
> Et d'allumer le feu dont je suis enflammé,
> Je ressemble au flambeau sur la table allumé,
> Qui pour servir autruy je consume soy mesme

Note : Variante de la source B : Helas ! que me sert il d'aymer si *l'on n'ayme,* // Et *d'aguiser* le feut dont je suis *entamé,* // Qui pour servir autruy *se* consomme soy-mesme. Variante du poème : *Pipé du vain espoir qui m'a presque charmé ?* (v. 2) // Qui pour servir autruy *se* consomme soymesme.

25. + 59. *J'aimeray tousjours ma Philis*
Source musicale A : Airs 1595
Source musicale B : Airs Poit. 1607
Source musicale C : Fleurs 1614
Texte de la source C :

> *Corydon.*
> J'aimeray tousjours ma Phyllis,
> Et les roses et les lis
> De sa joue,
> Où se joue
> Le petit enfant d'amour,
> Qui cueille des fleurs à l'entour.

Note : Cette chanson revêt la forme d'un dialogue entre Corydon et Phyllis.
Variante de la source B : De sa *jouë* // Où se *jouë* // *Ce* petit enfant d'amour // Qui *cueilloit* des fleurs à l'entour.
L'ode *A la mesme tres-sacrée Vierge, pour demander les estrennes* se différencie de cet air par ses sizains et quintils hétérométriques disposés de la manière suivante 6-5-5-6-5-6 (les 6 représentent les sizains, les 5 les quintils) avec des rimes plates dans les sizains (AABBCC) et le schéma AABCC dans les quintils. Les sizains reprennent la forme hétérométrique de l'air (8-7-3-3-7-8), mais les quintils adoptent la forme suivante : 8-7-7-7-8. En fait, Anne Picardet aurait pu garder la forme du sizain en répartissant le troisième vers sur deux vers de trois syllabes chacun.
L'autre ode qui utilise ce timbre, *Apres l'Ange chante son* Gloria in excelsis, retient la structure originelle de l'air (le sizain à rimes plates).

82. *J'ay couru tous ces bocages*
Source musicale A : Chan. 1594
Source musicale B : Airs 1596
Source musicale C : Airs Poit. 1607
Source musicale D : Fleurs 1614
C : Gilles Durant de la Bergerie
Le texte a paru dans *Les œuvres poétiques du sieur de la Bergerie, avec les imitations tirées du Latin de Jean Bonnefons*, Paris, Abel l'Angelier, 1594 (source ancienne non consultée).
Texte de la source D :

J'ay couru tous ces boscages,
Ces monts, ces prez, ces rivages,
Et si n'ay trouvé pourtant
Celle que j'ay poursuivie,
Helas qui me l'a ravie
La Nymphe que j'aymois tant.

Note : Variante de la source C : Et si n'ay *trouvay* pourtant.
Variante du poème : Ces *prés, ces monts*, ces rivages ; // *Mais* je n'ai trouvé pourtant.

37. *Je meurs de revoir ce bel œil*
Source musicale A : Airs 1596
Source musicale B : Th. harm. 1603

Source musicale C : Airs PG 1608
A (source C) : Pierre Guédron
B : Jean-Baptiste Besard
Texte de la source B :

> Je meurs de revoir ce bel oeil
> qui ma ranimé de sa flame
> qui peut de son premier accueil
> fondre les glaces de mon ame.

11. *J'endure un fascheux ennuy*
Source musicale A : Airs 1596
Source musicale B : Airs Poit. 1607
Texte de la source B :

> J'endure un fascheux ennuy
> Qui mon taint decolore,
> Pour l'absence de celuy
> Qu'en mon ame j'adore
> Où est il mon bel amy allé,
> Reviendra il encore.

73. *Je ne veux plus endurer*
Source manuscrite : C. Tessier MS D237
Source musicale : Airs 1596
A (source manuscrite) : Charles Tessier
Texte de la source manuscrite :

> Je ne veux plus endurer
> Tant de peine et de tristesse
> Que me sert de soupirer
> Puis que ne puis espérer
> Nul secours de ma maistresse.

67. *Je prie aux immortels, qu'en quelque*
Source musicale : Non retrouvée

Note : Peut-être faut-il voir ici un souvenir de l'incipit de *Cornélie* (1574) de Robert Garnier : «Je prie aux Immortels, et sur tous à toy Pere».

22. *Je sçay Philis qu'en ces bas lieux*
Source musicale A : Airs à 4 1613
Source musicale B : Airs GB IV
Source musicale C : Rec. 1615
A : Vincent (nom qui apparaît dans la source A)
B : Gabriel Bataille
Texte de la source A :

> Je sçay Philis qu'en ces bas lieux,
> Rien n'est esgal à vos beaux yeux :
> Et que vous pouvés soubs vos loix
> Assujettir les plus grands Roys

Note : Cet air est donné en entier ci-dessous dans la section *Illustrations.*

78. *Je suis prisonnier arresté*
Source musicale A : Airs 1596
Source musicale B : Airs Poit. 1607
C : Siméon-Guillaume de la Roque
Le texte a paru dans *Les premières œuvres de S.G. de la Roque*, Paris, Mamert Patisson, 1590, f. 26-26v.
Texte de la source B :

> Je suis prisonnier arresté
> D'un beau sujet qui m'a sçeu prendre
> S'il me donnoit ma liberté,
> Ma foy je la luy voudroy rendre.

21. *Je voudrois bien guerir du mal que je sens*
Source musicale : Non retrouvée

Note : Ce timbre figure à la fin de la scène 2 de l'acte II de la *Comédie des Chansons* publiée à Paris en 1640. Même si cette pièce paraît quelque vingt ans après la publication des *Odes spirituelles* d'Anne Picardet, le fait que cet air y ait été inséré témoigne de sa popularité à l'époque. Il reste aujourd'hui introuvable. Voici un extrait de la pièce où cet air paraît : «Je voudrois bien guerir du mal que je sens, / Mais je ne puis, / Car la belle qui tient mon cœur / Est toute pleine de rigueur» (p. 471). La pièce a été rééditée par Viollet-Le-Duc, Anatole de Montaiglon et Pierre Jannet en *l'Ancien théatre françois*, (Paris, Jannet, 1856, t. VIII). Les deux premiers vers cités ont été adaptés à la structure de l'ode, c'est-à-dire la rime AB avec un alexandrin suivi d'un vers de quatre syllabes.

9. *Mon ame est si fort blessee*
Source musicale A : Airs 1597
Source musicale B : Airs PG 1602
Source musicale C : Airs Poit. 1607
Source musicale D : Rec. 1615
A (source B) : Pierre Guédron
Texte de la source A :

Mon ame est si fort blessée
D'un trait d'un bel oeil vainqueur
Qu'elle n'a autre pensée
Que d'aller trouver son cœur.

Note : Variante de la source C : *Des traicts* d'un bel œil vainqueur // Que d'aller *revoir* son cœur.
Cet air est donné en entier ci-dessous dans la section *Illustrations*.

16. *Nanny, nanny*
Source musicale : Airs à 4 1610 (sous le titre *Venez ça la belle fille*)
Texte :

Venez ça la belle fille
Pourquoy pleurez vous ainsi ?
Estant si belle et gentille,
N'auriez vous point de mary ?
Nenny, nenny*, helas ! nenny.

Note : * Anne Picardet substitue «nanny» à «nenny» et répète ce terme quatre fois sans se soucier du mètre. Voir le septième vers de l'air *Tandis qu'un soleil* pour un autre exemple de cette addition de syllabes par la répétition d'un mot. Voir aussi l'air *Allons mes amourettes, allons-nous resjouyr* et ses variantes.

La rime «mary / nenny» de cette première strophe n'est pas conservée dans les autres strophes.

24. *Ne vous offencez point belle Ame*
Source manuscrite : C. Tessier MS D237
Source musicale A : Airs 1597
Source musicale B : Airs Poit. 1607
A (source manuscrite) : Charles Tessier
C : Jean Bertaut
Le texte a paru dans son *Recueil de quelques vers amoureux*, Paris, Philippes Patisson, 1606 (source consultée, l'édition de Louis Terreaux, *op. cit.*, p. 25).
Texte de la source A :

> Ne vous offensez point mon ame de mon ame
> De ce que vous aymant j'ose plus qu'il ne faut
> C'est un trop haut voller mais estant tout de flame
> Ce n'est rien de nouveau si je mesleve en haut.

Note : Variante de la source B : C'est *bien* trop haut voller, mais estant tout de flame.
Variante de la source manuscrite : Ne vous offensez point *bel* ame de mon ame.
Variante du poème : Ne vous offensez point, *belle* ame de mon ame, // De *voir qu'en* vous aymant, j'ose plus qu'il ne faut : // C'est *bien* trop haut voller, mais estant tout de flame.

85. *O beau laurier, que n'ay-je comme vous*
Source musicale A : Airs 1582
Source musicale B : Airs 1583
Source musicale C : Airs 1585
Source musicale D : Airs 1591
Source musicale E : Airs Poit. 1607
Source musicale F : Airs PG 1608
A (source A) : Guillaume Tessier ; (source B) : Jacques Salmon ; (source C) : Pierre Bonnet
B : Gabriel Bataille
Texte de la source B :

O beau laurier que n'ay je comme vous
D'un arbre dur l'insensible racine
Pour ne ressentir plus les coups
D'amour qui blesse ma potrine.

Note : Variante de la source E : O *beaux l'auriers* que n'ay je comme vous. // *Dont amour* blesse ma poitrine.
Variante de la source F : *Dont Amour* blesse ma poytrine.
Il faut prononcer « laurier » en deux syllabes. Voir l'air *Vous le pourriez dire à quelqu'autre* pour un autre exemple du problème de la prononciation ancienne.

3. *O ! beaux yeux qui sçavez si*
Source manuscrite : C. Tessier MS D237
Source musicale A : Airs JP 1587
Source musicale B : Airs Poit. 1607
Source musicale C : Airs GB II
A (source manuscrite) : Charles Tessier ; (source A) : Jean Planson
B : Gabriel Bataille
C : Jean Bertaut
Le texte a paru dans son *Recueil de quelques vers amoureux*, Paris, Philippes Patisson, 1606 (source consultée, l'édition de Louis Terreaux, *op. cit.*, p. 67).
Texte de la source A :

O beaux yeux qui savez si doucement charmer
Qu'il faut ou vivre aveugle ou mourir en servage
O beaux yeux qui m'avez apris à bien aymer
Que vous me faites bien payer l'apprentissage.

Note : Variante de la source manuscrite : Qu'il faut ou vivre aveugl*é* ou mourir en servage. // Que vous m*'en* faites bien payer l'apprentissage.
Variante de la source B : Que vous m'*en* faictes bien payer l'apprentissage.
Variante du poème : *Yeux* qui m'avez appris à *constamment* aimer // Que vous m*'en* faites bien payer l'apprentissage.
Cet air est donné en entier ci-dessous dans la section *Illustrations*.

41. *O bois que*
Source musicale : Airs GB III
B : Gabriel Bataille

C : Étienne Durand
Le texte a été publié dans *Meditations de E.D.* (s.l.n.d. [Paris, 1611 ?]) (source consultée, l'édition de Frédéric Lachèvre, Paris, Henri Leclerc, 1906, p. 32).
Texte :

> O bois que vous m'estes aymables,
> Que vostre silence m'est doux :
> Si mes ennuis sont incurables,
> Pour le moins les soulagés vous.

58. *O grand Dieu que de charmes*
Source musicale : Airs GB V
A : Pierre Guédron
B : Gabriel Bataille
Texte :

> O ! Grands Dieux que de charmes,
> Amoureuses armes,
> De feux et de dars,
> Que d'astres propîces,
> Que de delices,
> Et doux regards.

Note : Le dernier vers de l'air a quatre syllabes tandis que le dernier vers de l'ode en a cinq.

58. *O la folle folie*
Source musicale : Non retrouvée
Air possible : *O la pure folie*
Source musicale : Airs à 4 1613
A : Charbonnière (nom mis au titre courant)
Texte :

> O la pure folie
> Que nostre pauvre vie :
> Nous vivons icy bas,

Bien que n'y vivons pas.
Nostre âge c'est misere,
C'est chose bien legere
Qui va tout s'écoulant
Ainsi que le torrent.

Note : L'air *O la pure folie* ne correspond pas exactement à la structure de l'ode *Pastorelle pour chanter la nuict de Noel* puisque les rimes de l'air sont plates alors que celles de l'ode sont embrassées. Cependant, dans un recueil anonyme de *Chansons et cantiques spirituels tirez de divers autheurs catholiques* (Fribourg, David Irrbisch, 1657, p. 110), le cantique *De la visitation Nostre Dame* fait mention de deux timbres : « *Sur l'air* : Un jour que ma cruelle, / *Ou sur* : O la pure folie ». Ce cantique et ses deux timbres sont composés de huitains aux rimes embrassées tout comme l'ode de Picardet.

23. + 70. *O Nymphes, qui vivez tristes*
Source musicale : Airs JP 1587
A : Jean Planson
Texte :

O Nimphes qui vives tristes de mon ennui,
Assistez à ma fin pour tesmoigner ma perte.
Chacun[e] en ses amours en sera plus discrette
Car l'on apprend toujours au dommage d'autruy.

Note : Selon la répartition musicale moderne reproduite par Expert et Verchaly, les deuxième et troisième vers ont treize syllabes. Le « e » de « perte » et de « discrette » n'est pas muet à la fin du vers comme on pourrait s'y attendre.

68. *Or que la nuict, et le*
Source manuscrite : C. Tessier MS D237
Source musicale A : Airs 1597
Source musicale B : Airs Poit. 1607
Source musicale C : Airs GB II
A (source manuscrite) : Charles Tessier
B : Gabriel Bataille
C : Siméon-Guillaume de La Roque
Le texte a été publié dans *Les premières œuvres de S.G. de la Roque*, Paris, Mamert Patisson, 1590, f. 29-30.
Texte de la source A :

Or que la nuit et le silence
Donnent place à la violence
Des tristes accens de ma voix
Sortez mes plaintes desolées
Estonnez parmy ces vallées
Les monts, les rochers et les bois.

Note : Variante de la source manuscrite : *Donne* place à la violence.
Variante de la source manuscrite, B et du poème : Les *eaux*, les rochers et les bois. Selon la répartition musicale moderne reproduite par Bernstein, le schéma hétérométrique de l'air est ainsi : 9-9-8-9-9-8. « Silence » et « vallées » sont prononcés en trois syllabes et « violence » et « desolées » en quatre.

8. *Où estes-vous mes belles amourettes*
Source manuscrite A : « Où estes vous allez mes belles Amourettes » dans un manuscrit sans titre (c. 1699) qui se trouve à S-Sk.
Référence RISM-A/II : 190.014.855
Source manuscrite B : « Où êtes-vous allez mes belles amourettes » dans *Airs Serieux et à boire* (c. 1750) qui se trouve à DK-Kk.
Référence RISM-A/II : 150.200.438
Source musicale : Clef Chan. 1717
Texte :

A qui diray-je mon tourment,
Et mes peines secrettes ?
Je m'en iray dans ce bois,
Conter mes amoureux discours :
Où êtes-vous allez, mes belles Amourettes,
Changerez-vous de lieu tous les jours ?

Note : Le dernier vers de la première strophe de l'ode contient huit syllabes, mais les autres strophes en ont neuf (*esclairez* pour la première, *esclairerez* pour les autres). Il existe de grandes variations entre la structure de l'ode et celle de l'air. L'air, composé de sizains (8-6-7-8-12-9), présente le schéma ABCDBD. L'ode combine le premier et le deuxième vers ainsi que le troisième et le quatrième, d'où la structure en quatrains de 13-15-12-9 aux rimes croisées : secrettes / Amourettes et discours / jours.

44. *O vous qui passez par la voye*
Source musicale : Psaumes 1643
A : Guillaume Lusson
C : Pierre Motin
Le texte a paru dans *Nouveau recueil des plus beaux vers de ce temps*, Paris, François de Rosset, 1609, f. 278-281.
Texte du poème :

O vous qui passez par la voye
Contemplez ce fidelle Amant,
Un beau feu le va consumant
Et l'amour à la mort l'envoye,
Victime de fidelité
A l'inhumaine humanité.

71. *Philene parmy ces deserts*
Source musicale A : Airs GB 1608
Source musicale B : Airs PG 1608
A : Pierre Guédron
B : Gabriel Bataille
Texte de la source B :

Philine est parmy ces desers,
Plaignant de son Philin la perte :
Et de pleurs la face couverte,
Seulette aloit disant ces vers,
Où es* tu Philin desormais,
Philin te verray-je jamais !

Note : *Corr. de « est ».

103. *Philis qui sans dessein de me vouloir plaire*
Source musicale : Airs d c 1619
Texte :

Philis qui sans dessein de me vouloir plaire
Me baise souvent allors que j'y pense le moins,
Apprend que son baiser est si fort contraire
A ceux que l'amour a pour ses plus fidels tesmoins.
Qu'il voudroit estre plus doux pour moy,
Ou moins commun qu'il n'est pour toy.

33. *Pourquoy le Ciel à mon malheur*
Source musicale A : Airs 1597
Source musicale B : Airs GB 1608
Source musicale C : Airs PG 1608
A : Pierre Guédron
B : Gabriel Bataille
Texte de la source A :

Pourquoy le ciel à mon malheur
Me rend il si constante,
Et que celuy qui tient mon cœur
A l'ame changeante ?
Que ne puis-je changer d'amant
Comme il change d'amante ?

Note : Variante de la source A reproduite par Bernstein : Me *rendit* si constante // A l'ame *si* changeante ?
Selon la répartition musicale reproduite par Bernstein, les vers pairs sont heptasyllabiques (le « te » est répété à la fin du vers). Si la variante du quatrième vers est prise en compte, la structure de notre source A correspond à celle de l'ode d'Anne Picardet (des octosyllabes suivis de hexasyllabes). Le site Philidor donne lui aussi la structure 8-6.
Dans cette première strophe, les trois vers pairs ne sont pas construits sur la même rime. Or dans les autres strophes, les vers pairs riment tous.

91. *Quand je voy ce bel œil vainqueur*
Source musicale A : Airs 1596
Source musicale B : Airs 1597
Texte de la source B :

Quand je voy ce bel œil veinqueur
Roy de mon cœur
L'honneur de le voir seullement
Plein de victoire
Est une gloire
A mon tourment.

Note : Selon la répartition musicale moderne reproduite par Bernstein, les quatrième et cinquième vers contiennent cinq syllabes chacun puisque le « e » muet de « victoire » et de « gloire » est prononcé.

39. *Quand le flambeau du monde*
Source manuscrite : C. Tessier MS D237
Source musicale A : Airs 1596
Source musicale B : Airs PC 1599
Source musicale C : Airs Poit. 1607
Source musicale D : Airs GB 1608
Source musicale E : Airs PG 1608
A (source manuscrite) : Charles Tessier ; (source B) : Pierre Cerveau ; (source E) : Pierre Guédron
B : Gabriel Bataille
C : Jacques Davy du Perron
Le texte a paru dans *Les Diverses Œuvres de l'illustrissime Cardinal Du Perron, Archevesque de Sens, Primat des Gaules & de Germanie, & grand Aumosnier de France*, Paris, Pierre Chaudiere, 1633, f. 62-64.
Texte de la source E :

Quand le flambeau du monde
Quitte l'autre sejour,
Et sort du sein de l'onde
Pour alumer le jour :
Pressé de la douleur qui trouble mon repos,
Devers luy je m'adresse et luy tiens ce propos.

Note : Variante de la source C : Devers luy je m'adresse et luy *tins* ce propos.

Variante de la source D : Devers luy je m'adresse et luy tiens *ces* propos.
Variante du poème : Pour *r'allumer* le jour, // Devers luy je m'addresse, et luy tiens *ces* propos.

61. *Quand pour Philis mon cœur*
Source musicale A : Airs AB 1620
Source musicale B : Airs PG V
A : Pierre Guédron
B : Antoine Boesset
C : Honorat Laugier de Porchères
Texte de la source B :

Quand pour Phillis mon cœur tout plein de flame
Soupiroit nuit et jour,
Cloris pour moy tesmoignoit que son ame
Estoit pleine d'amour :
Ah ! que le bon-heur des amants
Dure bien moins que leurs tourments.

Note : Frédéric Lachèvre note dans sa *Bibliographie des recueils collectifs de poésies (1597-1700)*, t. IV (Paris, Henri Leclerc, 1905, p. 171) : « Tallemant (t. V., p. 495, éd. Paulin, Paris) cite le premier vers, ou plutôt partie du premier vers d'une chanson de Porchères qui eut grande vogue : *Quand pour Philis…* »

4. *Quel fruict esperes-tu de ta changeante humeur*
Source musicale A : Airs 1595
Source musicale B : Airs DC 1597
Source musicale C : Airs GB 1608
Source musicale D : Airs PG 1608
A (source B) : Denis Caignet ; (source D) : Pierre Guédron
B : Gabriel Bataille
Texte de la source D :

Quel fruit espere tu de ta changeante humeur,
Deloyalle et cruelle ?
L'on n'eust jamais d'honneur
D'estre infidelle.

32. *Secours mes Dames*
Source musicale A : Airs PG 1602
Source musicale B : Airs PG 1608
A : Pierre Guédron
C (douteux) : Honorat Laugier de Porchères
Le texte a été publié dans *Le Parnasse des plus excellents poètes de ce temps*, Paris, Mathieu Guillemot, 1618, vol. 1, f. 243.
Texte de la source A :

Secours mes dames,
Donnés des flames,
On tient nos traits et nos arcs :
Ces fiers sauvages,
De leurs cordages
Nous lient de toute pars.
Nous sommes en ces peines aprentifs,
Et de geoliers nous devenons captifs.

Note : L'ode est faite de neuvains de 4-4-7-4-4-7-6-3-10 syllabes selon le schéma AABCCBDEE. L'air, par contre, est composé de huitains de 4-4-7-4-4-7 syllabes selon le schéma AABCCB, avec un dernier couplet en vers décasyllabes à rimes plates (DD). Si le huitième vers de l'ode est rajouté au septième, la structure de l'ode correspond exactement à celle de l'air.
Il faut prononcer «lient» en deux syllabes puisque c'est un participe présent. Il faut aussi prononcer «geoliers» en deux syllabes.
Cet air fait partie du *Ballet des Étrangers* de 1598.
Frédéric Lachèvre attribue cet air à Laugier de Porchères. Voir sa *Bibliographie des recueils collectifs de poésies (1597-1700)*, Paris, Henri Leclerc, 1901, t. I, p. 281, p. 384 et t. IV, p. 174 et p. 232.

72. *Si nos habits, et nos pas*
Source musicale : Airs PC 1599
A : Pierre Cerveau
Texte :

Si noz habitz et noz pas
Sont de garçons de vilage

Un bel œil ne laisse pas
D'animer nostre courage
Amour ayme autant les bois
Que les palais des grands rois.

47. *Sur l'air de Leandre*
Air possible : *Leandre estant dessus le bort*
N.B. Cet air qui reprend le prénom de Léandre donné par le timbre est le seul qu'on ait pu trouver dont la structure corresponde à celle de l'ode.
Source musicale A : Airs GB II
Source musicale B : Meslan. 1610
A (source B) : Eustache Du Caurroy
B : Gabriel Bataille
Texte de la source A :

Leandre estant dessus le bort
De l'Elespont enflé d'orages,
Consultant l'amour et la mort
Dont il contemploit les images,
Tandis que ses desirs passoyent
Les ondes qui le menassoyent.

5. *Tandis que le Soleil ardent*
Source musicale A : Airs 1582
Source musicale B : Airs 1585
A (source A) : Guillaume Tessier ; (source B) : Pierre Bonnet
Texte de la source A :

Tandis que le soleil ardant
Grilloit les herbes en la plaine,
Le berger Philon ce pandant,
Assis auprès d'une fontaine,
A l'ombre de trois chesnes vers,

Sur son flageol sonnoit ces vers.
Bergere legere legere legere legere bergere,
Vostre amytié ne dure guere.

Note : Dans la source A, « legere » est répété quatre fois, mais dans la source B, « legere » n'apparaît que deux fois. L'ode semble reprendre la structure de la source B avec la double reprise de « rebelle » à la fin du premier vers du refrain : « O ! ame rebelle, rebelle ». Par contre, l'ode perd la rime interne « bergere » et « legere ».
Variante de la source B : Bergere legere *legere*.

60. + 63. *Un jour que ma cruelle*
Source musicale A : Airs à 4 1606
Source musicale B : Airs GB 1608
B : Gabriel Bataille
Texte de la source A :

Un jour que ma cruelle
Fuyoit devant mes pleurs,
Je courrois apres elle
Luy disant mes douleurs :
Arrestés inhumaines,
Celuy dy-je à l'abord,
Mettez fin à ma peine,
Où me donnez la mort.

Note : Il faut prononcer « dy-je » en un syllabe.
Cet air est fautivement attribué à Louise-Geneviève Gillot de Saintonge (1650-1718) dans les *Annales poétiques depuis l'origine de la poésie françoise*, (Paris, Éditeurs et Merigot, 1785, t. XXXIII, p. 191).

69. *Vous le pourriez dire à quelqu'autre*
Air possible : *Vous le feriés croire à quelqu'autre*
N.B. Bien que la structure de cet air corresponde à celle de l'ode et que l'incipit ressemble à celui d'Anne Picardet, il est quand même possible que cet air ne soit pas celui dont elle s'est inspirée.
Source musicale A : Airs PG 1618
Source musicale B : Airs d c 1619
A : Grand-Rue (nom mis au titre courant)
Texte de la source A :

Vous le feriés croire a quelque autre
Que vous m'auriés donné congé,
Avant que vous l'ussiés songé,
J'avois des-ja signé le vostre.

Note : Cet air démontre bien la difficulté de la prononciation ancienne. Selon la prononciation de l'époque, le premier vers est octosyllabique : « feriés » compte pour deux syllabes et « quelque » pour une seule. Les deux autres verbes à la deuxième personne « auriés » et « ussiés » comptent aussi pour deux syllabes.

43. *Voy-je-pas un Soleil*
Source musicale A : Airs GB III
Source musicale B : Airs PG II
A : Pierre Guédron
B : Gabriel Bataille
Texte de la source A :

Voy-je pas un soleil s'eslevant
Commencer sa carriere ?
Qui desja de souci nous privant,
R'empli tout de lumiere.
Le voyla, je le voy qui nous donne un beau jour,
Couvrant un cœur de mars, d'un visage d'amour.

Note : L'air consiste en sizains de 9-6-9-6-12-12 vers selon le schéma ABABCC. L'ode combine les quatre premiers vers de l'air pour en faire deux et est ainsi constituée de quatrains de 16-16-12-12 syllabes à rimes plates (AABB).
Il faut prononcer le « -iere » de « carriere » et de « lumiere » comme s'il s'agissait d'une seule syllabe.

## Poètes et compositeurs

BALLARD, Jean-Baptiste-Christophe : Imprimeur (Paris, c. 1663-Paris, 1750). Fils de Christophe Ballard et Marie Lamielle, petit-fils de Robert (III) Ballard. Il a été établi imprimeur en chef dans la rue Frementelle le 6 juin 1694. Après la mort de son père, il s'est installé rue Saint-Jean-de-Beauvais. Il a publié les grandes éditions de Lully, Destouches et Campra.

BALLARD, Pierre : Imprimeur (Paris, 1570-Paris, 1639). Fils de Robert (I) Ballard. Retenu dans la charge de son père par Henri III et Henri IV et ensuite par Louis XIII. Après la mort de Le Roy, il a repris avec sa mère la maison d'édition. Il est surtout connu pour ses impressions d'airs de cour. Il a eu huit ou dix enfants, dont Robert (III) qui a pris en charge l'imprimerie à la mort de son père. Selon RISM B/1 *Recueils imprimés XVIe-XVIIe siècles*, Pierre Ballard aurait imprimé 51 recueils entre 1606 et 1639. Avec sa mère (Lucrèce Dugué, la veuve de Robert Ballard), il en a imprimé deux en 1599 et 1606 (voir RISM B/1 et Laurent Guillo qui à la suite de RISM B/1 poursuit la classification des recueils publiés par les Ballard).

BALLARD, Robert (I) : Imprimeur (Montreuil-sur-Mer, entre 1525-30-Paris, 1588). Fils de Michel Ballard et de Colasse Le Roy. Il a eu un frère ou proche parent, Jean Caumortel, qui a épousé Marie Le Roy, sœur d'Adrian Le Roy, de la famille des marchands de Montreuil. En 1559 il a épousé Lucrèce Dugué, fille de Jean Dugué, organiste du roi. Il était le père de la grande famille d'éditeurs qui a persisté jusqu'au XVIIIe siècle. Il a eu au moins sept enfants : Salomon (mort en 1561), Robert (II), Pierre, Guillaume, Léon, Anne et Marie. Il a reçu de nombreux privilèges du roi et a été le seul imprimeur, avec son beau frère Adrian Le Roy, de la musique de la chambre, chapelle et menus plaisirs du roi. Selon RISM B/1, Robert Ballard et Adrian Le Roy ont imprimé 137 recueils entre 1551 et 1587. Dans sa *Bibliographie des éditions d'Adrian Le Roy et Robert Ballard*, François Lesure en compte 349 avec les rééditions. Laurent Guillo, quant à lui, signale plus de 350 éditions.

BALLARD, Robert (III) : Imprimeur (Paris, c. 1610-1673). Fils de Pierre Ballard. Il a reçu le privilège de Louis XIII le 24 oct. 1639. Après 1643, il a abandonné la vente des livres avec tablature de luth. Son fils Christophe Ballard lui a succédé.

BATAILLE, Gabriel : Luthiste et compositeur et père d'un fils qui a été musicien comme lui (Brie, c. 1575 ?-Paris, 1630). Il a vécu à la paroisse Saint-Paul à Paris. Avec Guédron, Mauduit et Bochet, il a composé le ballet dansé par Louis XIII en 1617 parmi d'autres. Il a été le luthiste de la chambre de la reine ainsi que le surintendant de la musique de la reine Anne d'Autriche. Il était le fameux compositeur des fêtes de Louis XIII. Il a publié six recueils d'airs entre 1608 et 1615 chez son ami Ballard.

Bertaut, Jean : Poète (Caen, 1552-Sées, 1611). Il a été éduqué par son père, François Bertaut, professeur de sciences au collège du Bois. Il a été fortement influencé lorsqu'il était jeune par Ronsard et Desportes. Il a eu apparemment des succès galants qu'il célèbre dans ses « Vers amoureux » (titre du recueil de 1602). Il a été le précepteur du fils de Charles IX, comte d'Angoulême, puis en 1577 secrétaire du cabinet du Roi. Lors des troubles de la Ligue, il est resté probablement à la Cour où il a composé quelques poèmes historiques (voir par exemple la « Complainte sur la mort du feu Roy faite peu après son trespas »). Après la mort d'Henri III, il s'est rallié à Henri IV et a condamné les Ligueurs. Il a reçu du roi l'abbaye d'Aunay en 1594. Il a commencé à publier des recueils de poésie dès 1601. En 1602, il est devenu évêque de Sées. Il était l'ami de Philippe Desportes et de Jacques Davy du Perron.

Besard, Jean-Baptiste : Luthiste (Besançon, c. 1567-après 1616). Il a vécu en Allemagne et a reçu une éducation humaniste à l'université de Dôle. Il a enseigné le luth à Cologne. En 1602, il a publié à compte d'auteur son *Thesaurus harmonicus*. Cette anthologie contient une quarantaine de ses propres compositions, ce qui représente à peu près un dixième du recueil.

Boesset, Antoine (sieur de Villedieu) : Compositeur (Blois, 1586-Paris, 1643). Il a épousé la fille de Guédron. En 1617, il a été nommé intendant de la musique de la reine ; en 1620, secrétaire de la chambre du roi ; en 1627, intendant de la musique du roi, et entre 1632-1643, surintendant de la musique du roi et de la reine.

Il a connu une grande renommée en France pour ses airs de cour. Avec Gabriel Bataille, il a écrit plusieurs ballets pour Louis XIII.

BONNET, Pierre : Compositeur (né en Limousin, fl. 1585-1600). Il a publié son premier livre d'airs en 1585 tandis qu'il travaillait pour Georges de Villequier, gouverneur et lieutenant général de la Haute et Basse Marche dans le Poitou.

CAIGNET, Denis : Musicien et compositeur, attaché au duc de Villeroy (né en Picardie, mort en 1625 à Paris). En 1587, il a obtenu le prix du luth d'argent au concours du *Puy de musique* d'Évreux. Vers 1614, il a été nommé joueur de viole dans la maison du roi.

CAURROY, Eustache du : Musicien et compositeur (Gerberoy, c. 1549-Paris, 1609). Il a obtenu le prix du cornet d'argent au concours du *Puy de musique* d'Évreux en 1575 ; le prix de l'orgue d'argent en 1576 ; et le prix du luth d'argent en 1583. Il a été le sous-maître de la chapelle royale jusqu'en 1595, date à laquelle il est devenu le compositeur de la chambre royale. Il a composé le *Missa pro defunctis* qui a été chanté aux obsèques du roi Henri IV. Il a été surnommé le *prince des professeurs de musique.* L'évêque du Perron a composé son épitaphe.

CERVEAU, Pierre : Compositeur (né en Anjou, fl. 1573-1604). Après 1589, il est entré au service de l'évêque d'Angers.

CLERMONT, Louis de (sieur de Bussy d'Amboise) : Poète et amant de Marguerite de Valois (1549-1579 au château de la Coutancière). Il a été le favori du duc d'Anjou, François de Valois, et l'un des mignons à la Cour d'Henri III. Il a été le favori de François de Valois, duc d'Alençon et d'Anjou et frère cadet d'Henri III, et l'un des mignons à la cour d'Henri III. Il a été connu pour ses duels, ses amours passionnés et son assassinat par le comte de Montsoreau. Il a écrit de nombreuses stances en l'honneur de la reine Marguerite.

DESPORTES, Philippe : Poète (Chartres, 1546-Bonport, 1606). Bien qu'il soit issu d'une famille de négociants, il a reçu une éducation humaniste. Il a appris le latin, le grec et peut-être l'hébreu. En 1567, il a publié sa première œuvre, les *Imitations d'Arioste*. C'est dans ces années-là qu'il a rencontré Ronsard. En 1573, il a accompagné le duc d'Anjou, qui avait été élu roi de Pologne, en tant que secrétaire de sa chancellerie. En 1587, il s'est retiré de la cour. Il s'est rapproché de la Ligue sans pour autant rompre avec le roi. En 1594, il a joué le rôle d'honnête courtier entre les ligueurs et les royalistes. En récompense de ses services, il a reçu l'abbaye de Bonport.

DUGUÉ, Lucrèce : Veuve de Robert (I) Ballard (morte après 1611). Après la mort de son mari, elle aurait publié, avec son fils Pierre Ballard, dix-neuf recueils selon Laurent Guillo, ou seulement deux selon RISM B/1.

DURAND, Étienne : Poète ordinaire de la reine mère Marie de Médicis (Paris, 1586-Paris, 1618). Sous la régence, il a organisé des ballets de cour. Selon son contemporain Guillaume Colletet, « il exerça une charge de Contrôleur provincial des guerres [...]. Il dansoit, chantoit et touchoit le Luth à merveille » (cité dans *Poésies complètes*, Genève, Droz, 1990, p. 1). Vers la fin de sa vie, il a composé un libelle diffamatoire contre la personne du roi Louis XIII. Jugé coupable de lèse Majesté, il a été condamné au supplice de la roue le 19 juillet 1618.

EAST (Easte, Este), Thomas : Imprimeur anglais et oncle du compositeur Michael East (Londres, c. 1540-Londres, 1608). Il a été une figure importante dans l'imprimerie musicale anglaise.

GUÉDRON, Pierre : Chanteur de la musique du roi et à partir de 1601, compositeur de la musique du roi (né dans la Beauce après 1564 ?-Paris, 1619 ou 1620). Valet de chambre du roi Henri IV et maître des enfants de la musique de la Cour. Sous Louis XIII, il est devenu le surintendant de la musique. Il a écrit de nombreux ballets pour le roi et a lancé la mode, avec Mauduit, Boesset et Bataille, de la chanson à une seule voix. Il est devenu le rival d'Antoine Boesset que sa fille Jeanne avait épousé. Environ 200 de ses airs existent encore aujourd'hui.

La Bergerie, Gilles Durant de : Poète et avocat au parlement de Paris (Clermont en Auvergne, 1550-Paris, 1615). Il est connu surtout pour ses traductions de Jean Bonnefons et pour sa collaboration à la *Satire Ménippée.*

La Roque, Siméon-Guillaume de : Poète (Agnès (ou Agnetz), 1551-Paris, 1611). Tout comme Malherbe, il est entré, en 1577, au service d'Henri d'Angoulême, fils bâtard du roi Henri II et a accompagné ce dernier dans ses déplacements en Provence et ailleurs. Dès 1585, il a commencé à publier des sonnets et des stances mais ses *Premières Œuvres* ne sont pas sorties avant 1590. Il a entretenu des relations avec divers personnages à la cour et a consacré plusieurs poèmes à la sœur du roi, Catherine de Bourbon. Ses poésies ont été favorablement reçues, notamment par Marguerite de Valois.

Le Roy, Adrian : Luthiste, compositeur et imprimeur, chanteur de la chapelle du roi Henri II (Montreuil-sur-Mer, c. 1520-Paris, 1598). Il est associé à une famille de marchands de Montreuil. En 1551, il a épousé une certaine Denise, fille de l'imprimeur Jean de Brouilly, qui est morte avant 1570. Avec son cousin (et/ou beau-frère) Robert Ballard, il a été le seul imprimeur de la musique de la chambre, chapelle et menus plaisirs du roi. Son nom figure sur toutes les éditions imprimées jusqu'en 1588. Il a été le parrain d'Orlande de Lassus. Il était apparemment un virtuose de luth, de guitare et de citerne. Selon RISM B/1, Adrian Le Roy aurait imprimé quatre recueils en 1591, 137 avec Robert Ballard et quatre avec la veuve Robert, assurant de la sorte la continuation de la maison d'édition après la mort de Robert Ballard. Selon *Grove Music Online*, il aurait publié trois recueils en 1591 et 15 avec la veuve Robert après 1593. Laurent Guillo lui attribue 350 éditions entre 1551 et 1599.

Malherbe, François de : Poète (Caen, 1555-Paris, 1628). Sa famille faisait partie de la petite noblesse normande. Il a fait ses études à l'université de Bâle entre 1571 et 1573 et à l'université de Heidelberg en 1573. Il est ensuite rentré en France et a poursuivi ses études à Caen. Il a écrit son premier poème connu, les «Larmes du sieur de Malherbe» en 1575. L'année suivante, il est parti pour Paris et, en 1577, il est devenu le secrétaire d'Henri d'Angoulême, fils bâtard du roi Henri II. Il a accompagné ce dernier en Provence. En 1581, il a épousé Madeleine de Carriolis et ils ont eu leur premier enfant en 1585. En 1605, il a été nommé écuyer du roi Henri IV et est devenu le poète officiel de la cour. C'est à partir de cette date que commence la grande rivalité entre Malherbe et Desportes. Après la mort de Desportes, son neveu, Mathurin Régnier, a pris la défense des valeurs de la Pléiade auxquelles Malherbe s'opposait. Dans les années 1605 et 1614, sous le règne d'Henri IV et la régence de Marie de Médicis, Malherbe a connu un grand succès en tant que poète de la cour. Mais sous Louis XIII et la régence du Cardinal Richelieu, il a perdu son influence à la cour. L'assassinat, en 1627, de son fils Marc-Antoine l'a obsédé jusqu'à sa mort. Il a laissé sur ce sujet un sonnet pathétique intitulé «Sur la mort de son fils».

MANGEANT, Jacques : Imprimeur et fils de Simon Mangeant qui a publié deux recueils de musique (mort en 1633 ?).

MOTIN, Pierre : Poète (Bourges, 1566-Paris, c. 1613). Il a étudié à l'université de Bourges. Certains de ses poèmes contiennent des indices biographiques sur ses amours de jeunesse. Après les troubles des guerres de religion, Motin a surtout composé des poèmes pour le roi Henri IV ainsi que des ballets. Il a écrit une oraison funèbre lors de la mort du roi.

PERRON, Jacques-Davy du : Évêque, poète, prélat et diplomate français (Saint-Lô, 1556-Bagnolet, 1618). Issu de la petite noblesse de basse Normandie, il avait un don particulier pour les lettres. Il a appris tout seul le grec et l'hébreu. Dès son jeune âge, ses parents ont dû quitter la France pour échapper aux persécutions contre les calvinistes. Après son retour en France, vers 1562, le jeune du Perron a fait la connaissance du roi Henri III. Il s'est converti au catholicisme. Après sa conversion, il s'est lié d'amitié avec Desportes. En 1585, il a donné l'oraison funèbre de Ronsard. Henri IV lui a octroyé l'évêché d'Évreux après la mort d'Henri III. En 1600, il a été envoyé en mission à Rome lors de l'élection du pape Alexandre de Médicis et a reçu en récompense l'archevêché de Sens.

PLANSON, Jean (Jehan) : Compositeur et musicien, organiste de l'église Saint-Germain l'Auxerrois à Paris (Paris, c. 1559-après 1611). Il a obtenu le prix de la harpe d'argent et le prix de la chanson française à plusieurs voix au concours du *Puy de musique* d'Évreux en 1578.

SALMON, Jacques : Violoniste, compositeur et valet de chambre d'Henri III (né en Picardie c. 1545-fl. 1571-1586). Il a obtenu le prix du luth d'argent au concours du *Puy de musique* d'Évreux en 1575.

TESSIER, Charles : Luthiste et musicien, compositeur (né à Pézenas c. 1550 ?). Fils de Guillaume Tessier. Il a vécu en Angleterre. Il a publié son premier livre d'airs de cours en 1597. En 1602, il a reçu le privilège royal d'Henri IV et a été attaché à la chapelle du roi.

TESSIER, Guillaume : Musicien et compositeur breton (fl. 1580-1582). Il a entretenu de nombreux contacts avec l'Angleterre. La plupart de ses 34 pièces sont des adaptations musicales de poèmes par Baïf, Bussy d'Amboise, Jacques de Constans, Desportes, Catherine et Madeleine des Roches, Amadis Jamyn et Ronsard.

## Formes

*TABLE STROPHIQUE*

| Strophe | Iso-métrie | Hétérométrie | Rimes : agencement et genre | Numéro/incipit |
|---|---|---|---|---|
| Quatrain | 5 | – | $A^fB^mA^fB^m$ | 98. *Cette Anne si belle, etc.* |
| | – | 6-4-6-4 | $A^fB^mA^fB^m$ | 81. *Cruelle despartie* |
| | 7 | – | $A^fB^mA^fB^m$ | 9. *Mon ame est si fort blessée*<br>31. *Sur l'air de Thesée**<br>55. *Ce poupon d'où vient ma flame** |
| | 8 | – | $A^mB^fB^fA^m$ | 51. *Aupres des beaux yeux de Philis* |
| | 8 | – | $A^fB^mB^mA^f$ | 69. *Vous le pourriez dire à quelqu'autre, etc.* ** |
| | 8 | – | $A^mA^mB^mB^m$ | 22. *Je sçay Philis qu'en ces bas lieux*<br>36. *En quoy beaux yeux ay-je meffaict ?** |
| | 8 | – | $A^fA^fB^mB^m$ | 12. *Je voy que la fière Bellone, etc.** |
| | 8 | – | $A^mB^fA^mB^f$ | 37. *Je meurs de revoir ce bel œil*<br>78. *Je suis prisonnier arresté* |
| | 8 | – | $A^fB^mA^fB^m$ | 41. *O bois que, etc.*<br>83. *Helas, il faut bien que je porte de fueilles, etc.* * |
| | 10 | – | $A^mB^fA^mB^f$ | 10. *Birene*, etc.* ** |
| | 10 | – | $A^fB^mB^mA^f$ | 74. *En quel desert, en quel bois, etc.* |
| | – | 10-10-8-8 | $A^mB^fA^mB^f$ | 85. *O beau laurier, que n'ay-je comme vous, etc.* |
| | – | 11-8-10-6 | $A^mA^mB^mB^m$ | 6. *Belle qui m'avez blessé, etc.* |
| | 12 | – | $A^mB^fA^mB^f$ | 2. *Ce penser dont amour nourrit ma, etc.*<br>3. *O ! beaux yeux qui sçavez si, etc.*<br>89. *Ou donnez-moy la mort, ou rompez-moy mes fers** |

| Strophe | Iso-métrie | Hétérométrie | Rimes : agencement et genre | Numéro/incipit |
|---|---|---|---|---|
| | 12 | – | $A^fB^mA^fB^m$ | 24. *Ne vous offencez point belle Ame*<br>49. *Esprits qui souspirez*<br>86. *Belle main dont amour, etc.* |
| | 12 | – | $A^fB^mB^mA^f$ | 77. *Helas, que me sert-il d'aymer, si, etc.* |
| | 12 | – | $A^mB^fB^fA^m$ | 23. + 70. *O Nymphes, qui vivez tristes***<br>62. *Arreste un peu, etc.***<br>94. *Amans et Mariniers, nous avons adoré, etc.** |
| | 12 | – | $A^mA^mB^mB^m$ | 45. *Destin qui séparez* |
| | 12 | – | $A^fA^fB^mB^m$ | 65. *Madame c'est à vous à qui je me dedie** |
| | – | 12-6-6-4 | $A^mB^fA^mB^f$ | 4. *Quel fruict esperes-tu de ta changeante humeur* |
| | – | 12-6-12-6 | $A^fB^mA^fB^m$ | 30. *Je veux icy chanter les beautez d'une Dame** |
| Quintil | 6 | – | $A^fB^mA^fC^mB^m$ | 84. *Des maux si deplorables, etc.* |
| | – | 6-6-10-8-8 | $A^mA^mA^mB^mB^m$ | 34. *Puis que seul je me vois. L'esprit à son ame, contre l'amour propre** |
| | 7 | – | $A^mB^fA^mA^mB^f$ | 73. *Je ne veux plus endurer, etc.* |
| | – | 4x7-8 | $A^fB^mA^fB^mC^m$ | 16. *Nanny, nanny, etc.*** |
| | 8 | – | $A^mA^mB^fA^mB^f$ | 79. *De mes ans la fleur se desteint, etc.* |
| | – | 10-10-4-4-8 | $A^mA^mB^mB^mA^m$ | 100. *En fin je ne veux plus avoir d'apas** |
| Sizain | 5 | – | $A^mA^mB^fC^mC^mB^f$ | 87. *Berger en passant, etc.*** |
| | 6 | – | $A^fB^mA^fB^mC^fC^f$ | 29. *Dieu vous gard Bergerette* |
| | 6 | – | $A^fA^fB^mC^fB^mC^f$ | 42. *Allons-nous-en ma belle** |
| | – | 6-5-5-5-4-4 | $A^fA^fB^mC^fC^fB^m$ | 46. *O grand Dieu que de charmes*** |

| Strophe | Iso-métrie | Hétérométrie | Rimes : agencement et genre | Numéro/incipit |
|---|---|---|---|---|
| | – | 6-6-5-6-6-4 | $A^mA^mB^mC^mC^mB^m$ | 95. _Dy moy volage amour, etc._** |
| | – | 5x6-8 | $A^fB^mA^fB^mC^mC^m$ | 14. _Allons mes amourettes, allons nous resjouyr_** |
| | – | 4x6-12-12 | $A^fB^mA^fB^mC^mC^m$ | 39. _Quand le flambeau du monde_ |
| | 7 | – | $A^fA^fB^mC^fC^fB^m$ | 52. _D'où venez-vous ma Sylvie_*<br>82. _J'ay couru tous ces bocages_ |
| | 7 | – | $A^mA^mB^fC^mC^mB^f$ | 53. _Beaux yeux qui m'avez deffait_* |
| | 7 | – | $A^mB^fA^mB^fC^mC^m$ | 72. _Si nos habits, et nos pas, etc._<br>76. _Belle qui m'avez changé_* |
| | – | 7-3-5-5-6-8 | $A^mA^mB^mB^mC^mC^m$ | 7. _Sur un air nouveau_* |
| | – | 7-6-7-6-9-6 | $A^mB^fA^mB^fC^mB^f$ | 11. _J'endure un fascheux ennuy_ |
| | – | 7-6-7-8-7-8 | $A^mB^fA^mB^fC^mC^m$ | 64. _Sur l'air de la Pastorelle_* |
| | – | 4x7-8-6 | $A^fB^mA^fB^mC^mC^m$ | 99. _O quel heureux contentement_* |
| | 8 | – | $A^fB^mB^mA^fC^mC^m$ | 44. _O vous qui passez par la voye_ |
| | 8 | – | $A^mB^fB^fA^mC^mC^m$ | 71. _Philene parmy ces deserts, etc._ |
| | 8 | – | $A^fA^fB^mC^fC^fB^m$ | 68. _Or que la nuict, et le, etc._** |
| | 8 | – | $A^mB^fA^mB^fC^mC^m$ | 47. _Sur l'air de Leandre_**<br>75. _Beaux yeux animez de l'amour, etc._* |
| | 8 | – | $A^mB^fA^mB^fA^mA^m$ | 48. + 80. _Fy de la Ligue et de son nom_** |
| | – | 8-4-8-4-4-4 | $A^mA^mB^mC^fC^fB^m$ | 91. _Quand je voy ce bel œil vainqueur_ |
| | – | 8-6-7-8-12-9 | $A^fB^fC^mD^mB^fD^m$ | 8. _Où estes-vous mes belles amourettes, etc._** |
| | – | 8-6-8-6-6-3 | $A^mB^fA^mB^fC^mC^m$ | 93. _En fin celle que j'ayme tant_ |

| Strophe | Iso-métrie | Hétérométrie | Rimes : agencement et genre | Numéro/incipit |
|---|---|---|---|---|
| | – | 8-6-8-6-8-6 | $A^mB^fA^mB^fA^mB^f$ | 33. _Pourquoy le Ciel à mon malheur_** |
| | – | 8-7-3-3-7-8 | $A^mA^mB^fB^fC^mC^m$ | 25. + 59. _J'aimeray tousjours ma Philis_** |
| | – | 8-8-8-4-4-8 | $A^fA^fB^mC^fC^fB^m$ | 28. _Belle Brunette ma mignonnette_** |
| | | 4x8-6-8 | $A^mB^fA^mB^fC^mC^m$ | 90. _Cessez mortels de souspirer, etc._** |
| | – | 9-6-9-6-12-12 | $A^mB^fA^mB^fC^mC^m$ | 43. _Voy-je-pas un Soleil_** |
| | 10 | – | $A^fB^mA^fB^mC^fC^f$ | 38. _Adieu Cloris, il est temps que je meure_ |
| | – | 10-6-10-6-8-8 | $A^fB^mA^fB^mC^mC^m$ | 61. _Quand pour Philis mon cœur_ |
| | – | 11-13-11-13-9-8 | $A^fB^mA^fB^mC^mC^m$ | 103. _Philis qui sans dessein de me vouloir plaire_ |
| | 12 | – | $A^mA^mB^fC^mC^mB^f$ | 1. _Amans qui vous plaignez qu'amour vous a dompté_ |
| | 12 | – | $A^fA^fB^mC^fC^fB^m$ | 20. _Beaux yeux qui foudroyez_* 66. _Car qui n'ayme le gris, il n'est pas vray amant_* |
| | – | 12-12-6-12-12-6 | $A^fA^fB^mC^fC^fB^m$ | 67. _Je prie aux immortels, qu'en quelque*, etc._** |
| | – | 12-12-6-12-6-12 | $A^fA^fB^mC^fC^fB^m$ | 50. _Amour dont les rigueurs_* |
| | – | 12-4-12-4-8-8 | $A^mB^mA^mB^mC^mC^m$ | 21. _Je voudrois bien guerir du mal que je sens_* |
| Septain | – | 6-6-16-8-8-4-8 | $A^mA^mA^mB^mB^mC^mC^m$ | 35. _Sur l'air de la Princesse, pour obtenir l'Amour pur_* |
| | – | 6-7-6-7-7-7-9 | $A^fB^mA^fB^mC^mD^mD^m$ | 27. _Cependant que l'Aurore_* |
| | – | 7-8-13-7-3-3-8 | $A^mA^mA^mB^fC^mB^fC^m$ | 101. _Sur l'air d'une courante_* |
| | – | 8-8-6-6-8-5-5 | $A^fA^fB^mB^mC^fD^mD^m$ | 19. _Delaissez vos moutons_* |
| Huitain | – | 4-4-7-4-4-7-10-10 | $A^fA^fB^mC^fC^fB^mD^mD^m$ | 32. _Secours mes Dames_** |
| | 5 | – | $A^fB^mA^fB^mC^fD^mC^fD^m$ | 104. _Margot voicy l'heure_* |

| Strophe | Iso-métrie | Hétérométrie | Rimes : agencement et genre | Numéro/incipit |
|---|---|---|---|---|
| | – | 5-4-6-6-10-4-4-8 | $A^fA^fB^mB^mC^mC^mC^mC^m$ | 56. *Heureuse la vie de ma Sylvie** |
| | 6 | – | $A^fA^fB^mB^mC^fC^fD^mD^m$ | 58. *O la folle folie*** |
| | 6 | – | $A^fB^mA^fB^mC^fD^mC^fD^m$ | 60. + 63. *Un jour que ma cruelle* |
| | – | 5x6-2-6-4 | $A^fB^mA^fB^mC^fD^mC^fD^m$ | 13. *As-tu encor envie ô Berger, etc.*** |
| | – | 6-8-8-6-6-6-4-8 | $A^mA^mB^fB^fB^fC^mC^mC^m$ | 102. *Sur l'air de la Pavane** |
| | 7 | – | $A^fB^mA^fB^mC^fD^mC^fD^m$ | 26. *Aussi-tost qu'une belle Ame* |
| | 7 | – | $A^fB^mA^fB^mC^mD^fC^mC^m$ | 15. *Bien-heureux qui au village, etc.* |
| | 8 | – | $A^mB^fA^mB^fC^mC^mD^mD^m$ | 18. *Vous m'avez mille fois deceu** |
| | 8 | – | $A^mB^fA^mB^fC^mC^mC^mC^m$ | 17. *Bergere de quelle façon, etc.*** |
| | 8 | – | $A^mB^fA^mB^fC^mC^mD^fD^f$ | 5. *Tandis que le Soleil ardent, etc.*** |
| | – | 4x8-4-4-6-4 | $A^fB^mA^fB^mC^mC^mD^mD^m$ | 96. *Sur l'air de la Valette** |
| Neuvain | – | 6x6-10-3-10 | $A^mA^mB^fB^fC^fC^fD^mD^mD^m$ | 57. *Beauté, belle beauté** |

Note :

* Les renseignements donnés ici concernent l'ode puisque ces airs n'ont pas été retrouvés.

** Voir les notes dans les Sources ci-dessus.

AIRS DE COVR
MIS EN TABLATVRE DE LVTH
PAR ANTHOYNE BOESSET,
*Maistre de la Musique de la Chambre du Roy, & de la Reyne.*
NEVFIESME LIVRE.



A PARIS,
Par PIERRE BALLARD, Imprimeur de la Musique du Roy, demeurant ruë sainct Iean de Beauuais, à l'enseigne du mont Parnasse.
1620.
*Auec Priuilege de sa Majesté.*



Fig. 1. Source : Airs AB 1620.
*Page de titre.*

Fig. 2. Source : Airs GB II, f. 46v.
*Ce penser dont amour nourrit ma passion.*

A I R S. 47

Auſſi bien c'en eſt fait, mes maux ſont en tel point
Qu'il faut que de luy ſeul ma guariſon procede :
Car c'eſt trouuer remede aux maux qui n'en ont point
Que de penſer en ſoy qu'ils n'ont point de remede.
Hé Dieu ! l'a puis-je aymer penſant à la rigueur
Dont elle a ſans raiſon outragé ma conſtance ?
Non, je ne ſçaurois plus loger dedans le cœur
De l'Amour tout enſemble & de la ſouuenance.
De ce qui s'eſt paſſé le dolent ſouuenir
Me fait tant d'armertume & de larmes reboire,
Qu'au lieu que l'accident qui fait l'amour finir,
Aux autres c'eſt l'oubli, à moy c'eſt la memoire.
Las ! je dis bien ainſi quand du tour qu'on m'a fait
Le poignant ſouuenir rebleſſe mon courage :
Mais je n'ay plus le cœur d'en venir à l'effet,
Pource que mon amour eſt plus fort que l'outrage.
L'outrage me ſemond de l'aller haïſſant,
Amour me ramentoit ſes beautés & merites,
Si bien que je demeure au milieu balançant
Comme vn morceau de fer entre deux calamites.
Dieux ! faites ſi jamais vous ouiſtes mon vœu,
Que la haine à l'Amour face en mon ame place :
Si je l'à dois aymer, que je ſois tout de feu,
Si je la dois haïr, que je ſois tout de glace.

M iij

Fig. 3. Source : Airs GB II, f. 47.
*Ce penser dont amour nourrit ma passion.*

Fig. 4. Source : Rec. p b airs 1615, f. 7v.
*Je sçay Philis qu'en ces bas lieux.*

AIR. 3

A ces diuines raretez
Qui ſe trouuent en vos beautez,
Les courages plus glorieux
Doiuent leurs penſee & leurs vœux.

Mais pourtant leurs amoureux traits
Leurs graces, leurs mignards attraits,
Qui peuuent la glace enflammer,
N'ont pouuoir de me faire aimer.

I'adore bien voſtre beauté
Mais i'aime trop ma liberté,
Pour l'aſſuiettir au tourment
Qu'il faut ſupporter en aimant.

Ne croyez donc pas de me voir
Iamais deſſous voſtre pouuoir,
L'amour ne peut dans mes eſprits
Allumer le feu de Cypris.

Fig. 5. Source : Rec. p b airs 1615, f. 8.
*Je sçay Philis qu'en ces bas lieux.*

Fig. 6. Source : Rec. p b Airs 1615, f. 22.
*Mon ame est si fort blessee.*

## AIR.

La Nymphe qui le poſſede
L'alume d'vn feu ſi beau,
Que ie ne voy nul remede
D'eſteindre vn ſi doux flambeau.

Lors que mon amour s'enflame
Elle me va diſtillant,
Vn glaçon dedans mon ame
Qui me bruſle en me gelant,

Vous Nymphes de ces fontaines
Qui viuez l'eſprit content,
N'eſtes vous pas plus humaines
Que celle que i'aime tant.

Fig. 7. Source : Rec. p b Airs 1615, f. 22$^{v}$.
*Mon ame est si fort blessee.*

Fig. 8. Source : Airs GB II, f. 55v.
*O ! beaux yeux qui savez si doucement charmer.*

AIRS. 56

O beaux yeux ! je ne voy, ni ne vi que par vous,
Ie suis un corps sans ame absent de vostre veuë :
Mais des-que je vous voy si rians & si doux,
Amour pour m'animer en ame se transmuë,

O beaux yeux ! qui pleurés des flames & des traits,
Rien ne trompe vos coups, l'atteinte en est fatale,
Vous blessés aussi bien de loin comme de pres.
Et vostre doux regard est le dard de Cephale.

O beaux yeux ! dont les rys donnent jour à mes jours,
Vous n'estes point des yeux comme le monde pense,
Non, vous estes des yeux influents des amours,
Aussi l'Amour luy mesme est vostre intelligence.

O beaux yeux ! que je crains en aymant d'offencer,
Si je pouuois redire auecques les paroles
Ce que m'enseigne l'ame auec le penser,
Vous aurïés des autels, & serïés nos Idoles.

O beaux yeux ! je vous offre ainsi qu'on fait aux dieux,
Mon ame en sacrifice ardamment allumée :
L'offrande en est petite (helas !) mais ô beaux yeux !
La faute en est à vous qui l'auës consumée.

Fig. 9. Source : Airs GB II, f. 56.
*O ! beaux yeux qui savez si doucement charmer.*

*ABRÉVIATIONS*

| | |
|---|---|
| Musq. 1570 | Costeley, Guillaume, *Musique de Guillaume Costeley, organiste ordinaire et vallet de chambre, du treschretien et tresinvincible Roy de France. Charles. IX*, Paris, Adrian le Roy et Robert Ballard, 1570. {Lesure 1570} |
| Rec. 1576 | Chardavoine, Jean, *Le Recueil des plus belles et excellentes chansons en forme de voix de ville, tirees de divers autheurs & Poëtes François, tant anciens que modernes*, Paris, Claude Micard, 1576. * Réédité en 1588 avec des changements. |
| Airs 1582 | Tessier, Guillaume, *Premier livre d'airs tant François, Italien qu'Espaignol, reduitz en Musique à quatre & cinq parties*, Paris, Adrian Le Roy et Robert Ballard, 1582. {Lesure 254} |
| Airs 1583 | *Vingtquatrieme livre d'airs et chansons à quatre & cinq parties, de plusieurs excelens autheurs*, 24, Paris, Adrian Le Roy et Robert Ballard, 1583. {Lesure 265 / 1583[9]} |
| Airs 1585 | Bonnet, Pierre, *Premier livre d'airs mis en musique à quatre cinq & six parties*, Paris, Adrian Le Roy et Robert Ballard, 1585. {Lesure 270} |
| Meslan. 1586 | Le Jeune, Claude, *Meslanges de la musique à 4. 5. 6. 8. & 10 parties*, Paris, Adrian le Roy et Robert Ballard, 1586. {Lesure 280} * Cette édition a d'abord été publiée à Anvers chez Plantin en 1585 sous le titre *Livre de meslanges*. Isabelle His en a donné une édition moderne. |

| | |
|---|---|
| Airs JP 1587 | Planson, Jean, *Airs mis en musique à quatre parties. par Jean Planson Parisien tant de son invention que d'autres musitiens*, Paris, Adrian Le Roy et Robert Ballard, 1587.<br>{Lesure 293}<br>* Cette édition a été restituée par Henry Expert et André Verchaly. |
| Airs 1591 | *Vingtquatrieme livre d'airs, et chansons. à quatre parties. D'Orlande de Lassus et Cl. Le Jeune*, 24, Paris, Adrian Le Roy, 1591.<br>{Lesure 304 / [1591]$^{6}$} |
| Rec. 1593 | *Recueil de plusieurs belles chansons nouvelles et modernes*, Lyon, 1593.<br>* Il semble que ce recueil n'existe plus. Cependant, il est cité par Le Roux de Lincy dans son *Recueil de chants historiques français (Série 2 : XVI^e^ siècle)*, Paris, C. Gosselin, 1842, p. 491 ainsi que dans l'index p. 597. |
| Chan. 1594 | *Chansonnettes rimees mises en Musique à Quatre parties*, Paris, Adrian Le Roy et la Veufve Robert Ballard, 1594.<br>{Lesure 309} |
| Airs 1595 | *Airs mis en musique à quatre, & cinq, parties : de plusieurs auteurs*, [I], Paris, Adrian Le Roy et Robert Ballard, 1595.<br>{Lesure 311 / 1595$^{1}$} |
| Airs 1596 | *Airs de court. Mis en musique à quatre et cinq parties de plusieurs autheurs*, Paris, Adrian Le Roy et Veuve Robert Ballard, 1596.<br>{Lesure 313 / 1596$^{6}$}<br>* Il s'agit de l'édition de 1595 augmentée. |

| | |
|---|---|
| Airs CT 1597 | *Le Premier Livre de Chansons & Airs de court, tant En François qu'en Italien & en Gascon a 4. & 5. parties : mis en Musique par le sieur Carles Tessier, Musitien de la Chambre du Roy*, Londres, Thomas Este, 1597. |
| Airs DC 1597 | Caignet, Denis, *Airs de court. Mis en musique à 4. 5. 6. & 8. parties*, Paris, Adrian Le Roy et La Veufve Robert Ballard, 1597. {Lesure 316} |
| Airs 1597 | *Airs de court. Mis en musique à 4. & 5. parties de plusieurs autheurs*, Paris, Adrian Le Roy et La Veufve Robert Ballard, 1597. {Lesure 318 / 1597[11]} * Ce recueil a été modernisé par Jane A. Bernstein. Voir *bibliographie*. |
| Airs PC 1599 | Cerveau, Pierre, *Airs mis en musique à quatre parties*, Paris, La Veufve feu R. Ballard et son fils Pierre Ballard, 1599. {1599-B} |
| Airs PB 1600 | Bonnet, Pierre, *Airs et villanelles mis en Musique à 4. & 5. parties*, Paris, La veufve feu Robert Ballard & son filz Pierre Ballard, 1600. {1600-A} |
| Airs PG 1602 | Guédron, Pierre, *Airs de cour mis à quatre & cinq parties*, Paris, La Veufve R. Ballard et Pierre Ballard son fils, 1602. {1602-A} |
| Th. harm. 1603 | Besard, Jean-Baptiste, *Thesaurus harmonicus, liber quartus*, Cologne, Gerhardt Greuenbruch, 1603. {1603[15]} |

| | |
|---|---|
| Airs à 4 1606 | *Airs à quatre de différens auteurs, recueillis, et mis ensemble par Pierre Ballard*, [I], Paris, La Veufve R. Ballard et Pierre Ballard, 1606. {$1606^{3}$ / 1606-A} |
| Airs Poit. 1607* | *Airs de cour comprenans le tresor des tresors, la fleurs des fleurs, et eslite des Chansons amoureuses*, Poitiers, Pierre Brossart, 1607. |
| Airs GB 1608 | *Airs de différents autheurs, mis en tablature de luth par Gabriel Bataille*, Paris, Pierre Ballard, 1608. {$1608^{10}$ / 1608-A} |
| Airs PG 1608 | Guédron, Pierre, *Airs de cour à quatre & cinq parties*, [I], Paris, Pierre Ballard, 1608. {1608-D} |
| Airs GB II | *Airs de différents autheurs, mis en tablature de luth par Gabriel Bataille*, II, Paris, Pierre Ballard, 1609. {$1609^{12}$ / 1609-A} |
| Airs à 4 1610 | *Second livre d'airs à quatre de différents auteurs, recueillis, et mis ensemble par Pierre Ballard*, II, Paris, Pierre Ballard, 1610. {$1610^{13}$ / 1610-A} |
| Meslan. 1610 | Du Caurroy, Eustache, *Meslanges de la musique de Eust. du Caurroy*, Paris, Pierre Ballard, 1610. {1610-C} |
| Airs GB III | *Airs de différents autheurs, mis en tablature de luth par Gabriel Bataille*, III, Paris, Pierre Ballard, 1611. {$1611^{10}$ / 1611-A} |
| Airs PG II | Guédron, Pierre, *Second livre d'Airs de cour à quatre et cinq parties*, II, Paris, Pierre Ballard, 1612. {1612-D} |

| | |
|---|---|
| Airs à 4 1613 | *Airs à quatre de différens auteurs, recueilis, et mis ensemble par Pierre Ballard*, [III], Paris, Pierre Ballard, 1613.<br>{1613[8] / 1613-B} |
| Airs GB IV | *Airs de différents autheurs, mis en tablature de luth par Gabriel Bataille*, IV, Paris, Pierre Ballard, 1613.<br>{1613[9] / 1613-A} |
| Meslan. 1613 | Le Févre, Jacques, *Meslanges de Musique*, Paris, Pierre Ballard, 1613.<br>{1613-I} |
| Fleurs 1614* | *La fleur de toutes les plus belles chansons qui se chantent maintenant en France : tout nouvellement faites et recueillies*, Paris, 1614. |
| Airs GB V | *Airs de différents autheurs, mis en tablature de luth par Gabriel Bataille*, V, Paris, Pierre Ballard, 1614.<br>{1614[10] / 1614-C} |
| Rec. 1615 | *Recueil des plus beaux airs accompagnés de chansons à danser, ballets, chansons folatres, et bachanales, autrement dites vaudevire, non encore imprimé. Ausquelles chansons l'on à mis la musique de leur chant, afin que chacun les puisse chanter et dancer le tout à une seule voix*, Caen, Jacques Mangeant, 1615.<br>{1615[8]} |
| Airs GB VI | *Airs de differents autheurs, mis en tablature de luth par Gabriel Bataille*, VI, Paris, Pierre Ballard, 1615.<br>{1615[11] / 1615-A} |
| Airs PG 1618 | *Airs de differents auteurs, mis en tablature de luth par eux mesmes*, VIII, Paris, Pierre Ballard, 1618.<br>{1618[9] / 1618-A} |

| | |
|---|---|
| Airs d c 1619 | *III. livre d'airs de cour, et de differents autheurs*, III, Paris, Pierre Ballard, 1619. {1619[10] / 1619-A} |
| Airs AB 1620 | *Airs de cour mis en tablature de luth par Anthoyne Boesset*, IX, Paris, Pierre Ballard, 1620. {1620[11] / 1620-A} |
| Airs PG V | Guédron, Pierre, *Cinqui. livre d'airs de cour à quatre & cinq parties*, V, Paris, Pierre Ballard, 1620. {1620-D} |
| Psaumes 1643 | Lusson, Guillaume, *Pseaumes et cantiques mis en musique*, Paris, Robert [III] Ballard, 1643. {1643-A} |
| Clef Chan. 1717 | *La clef des chansonniers ; ou, recueil des vaudevilles depuis cent ans & plus*, Paris, Jean Ballard, 1717. |

* Recueils sans musique.

N.B. Les chiffres {xxxxy} correspondent à la numérotation du RISM B/1.
Les chiffres {xxxx-A} correspondent à la numérotation de Laurent Guillo.
Les chiffres {Lesure xxx} correspondent à la numérotation de François Lesure.

*BIBLIOGRAPHIE SÉLECTIVE*

*Anthologie de la chanson parisienne au XVI^e siècle*, réunie par François Lesure, Monaco, Éditions de L'Oiseau-Lyre, 1953.

BAUMERT, Annegret, *Pierre Motin : Ein Dichter zwischen Petrarkismus und Libertinismus*, Tübingen, Gunter Narr Verlag, 2006.

BERTAUT, Jean, *Recueil de quelques vers amoureux*, éd. Louis Terreaux, Paris, Marcel Didier, 1970.

BERTAUT, Jean, Les *œuvres poétiques de M. Bertaut ; évesque de Sées, abbé d'Aunay, premier Aumosnier de la Royne, publiées d'après l'édition de 1620*, éd. Adolphe Chenevière, Paris, Plon, 1891.

BROOKS, Jeanice, *Courtly Song in Late Sixteenth-Century France*, Chicago, University of Chicago Press, 2000.

CLEMENT, Louis de (sieur de Bussy d'Amboise), *Les stances inédites de Bussy d'Amboise*, éd. André Joubert, Château-Gontier, H. Leclerc, 1883.

*Chansons françaises de la Renaissance*, éd. Georges Dotin, Saint-Armand, Gallimard, 1991.

DESPORTES, Philippe, *Les Amours de Diane*, éd. Victor E. Graham, Genève, Droz, 1959.

DESPORTES, Philippe, *Cléonice : Dernières Amours*, éd. Victor E. Graham, Genève, Droz, 1959.

DU PERRON, Jacques Davy, *Œuvres diverses (3e édition augmentée Paris 1633)*, vol. I-II, Genève, Slatkine Rpts, 1969.

DURAND, Étienne, *Méditations de E.D. : Réimprimées sur l'unique exemplaire connu S.L.N.D. (vers 1611)*, éd. Frédéric Lachèvre, Paris, Henri Leclerc, 1906.

DUROSOIR, Georgie, *L'air de cour en France 1571-1655*, Liège, Mardaga, 1991.

FÉTIS, François-Joseph, *Biographie universelle des musiciens et bibliographie générale de la musique*, 2^e édition, vol. I-VIII, Paris, Firmin-Didot, 1866-1867.

FÉTIS, François-Joseph, *Biographie universelle des musiciens et bibliographie générale de la musique (supplément et complément)*, vol. I-II, Paris, Firmin-Didot, 1880-1881.

*Grove Music Online*, http ://www.oxfordmusiconline.com. Ce site contient des documents numériques provenant de *The New Grove Dictionary of Music and Musicians, 2^nd Edition* (2001), *The New Grove Dictionary of Opera* (1992) et *The New Grove Dictionary of Jazz, 2nd Edition* (2001).

GUILLO, Laurent, *Pierre I Ballard et Robert III Ballard ; Imprimeurs du roy pour la musique (1599-1673)*, vol. I-II, Hayen, Pierre Mardaga, 2003.

JOUBERT, André, *Un mignon de la cour de Henri III : Louis de Clermont sieur de Bussy d'Amboise*, Paris, E. Lechevalier, 1885.

LA ROQUE, Siméon-Guillaume de, *Poésies ; Amours de Phyllis et Diverses amours (1590)*, éd. Gisèle Mathieu-Castellani, Paris, Nizet, 1983.

LE JEUNE, Claude, *Livre de meslanges*, éd. Isabelle His, Centre d'Études Supérieures de la Renaissance, Turnhout, Brepols, 2003.

LESURE, François et THIBAULT, G., *Biographie des éditions d'Adrian le Roy et Robert Ballard (1551-1598)*, Paris, Société Française de Musicologie, 1955.

PLANSON, Jehan, *Airs mis en musique à quatre parties (1587)*, restitués par Henry Expert et André Verchaly, Maîtres anciens de la musique française, Paris, Heugel, 1966.

*Poésie, musique et société : L'air de cour en France au XVIIe siècle*, études réunies par Georgie Durosoir, Hayen, Mardaga, 2006.
*Recueils imprimés XVIe-XVIIe siècles* [RISM B 1./1], sous la direction de François Lesure, Münich-Duisburg, G. Henle Verlag, 1960.
*Ressources numériques Philidor* du Centre de Musique Baroque de Versailles, http :// philidor.cmbv.fr/accueil.
TESSIER, Charles, *Œuvres complètes : chansons, airs, villanelles*, éd. Frank Dobbins, Turnhout, Brepols, 2006.
*The Sixteenth-Century Chanson*, éd. Jane Bernstein, vol. 3, New York, Garland, 1995.

# GLOSSAIRE

(Les pages indiquées sont celles de l'édition de 1623 ; P fait référence aux poèmes parus exclusivement dans l'édition de 1619.)

absenter (s'), 118 : s'absenter, s'éloigner, se tenir éloigné ; absenter quelque chose, 4 : s'en éloigner.
abuter (s'), 30 : se diriger vers un but.
abysmé, 2 : englouti.
abysmer (s'), 148 : s'engloutir.
accorder, 107 : arriver à un accord.
acravanté, 43 : écrasé, abattu, assommé.
addresse, 35, 104 : chemin, voie.
aislé, 84 : comme si on avait des ailes.
alembiquer, 138 : distiller, extraire.
alentir, 106 : rendre moins vif.
allegeance, 137 : soulagement.
allegement, 31, 150 : soulagement.
alme, 34, 83, 161, P 11 : vénérable, saint.
appareil, 97 : habillement.
appas, 23, 30, 48 : charmes, attraits.
appendre, 160 : offrir en hommage, consacrer, dédier.
arre, 86 : lieu, place ; 35, 63, 96 : garantie, gage, assurance.
artifice, 66, 70, 73 : moyen habile témoignant d'ingéniosité ; 23, P 13 : ce qui est fait avec habileté et avec l'intention de tromper.
atours, 130 : qui relève de l'apparence extérieure.
atterrer, 7, 131, 143, P 7 : abattre, renverser par terre.
aumosner, 52 : donner en aumône, donner en vue d'un but de bienfaisance.
autan, 114 : vent du Sud.
aymantin, 2 : dur, fort, solide, durable comme l'acier ou le diamant ; qui attire comme l'aimant.

baptistere, 93 : baptême
belliqueur, 52 : guerrier, combattant, soldat.
bien-heurer, 36, 42, 163 : favoriser, faire prospérer, rendre heureux.
blanc, P 21 : centre de la cible, but.
bransler, 115, 124 : s'agiter doucement.
brillonner, 91 : briller d'un éclat vif et fugitif.
brun, 101 : drap brun.
but(t)er (ses desseins), 58, 76, 152 : viser.

cartel, 39, 148 : papier, billet écrit.
cauteleux, 108 : rusé, malicieux.
cautelle, 5 : ruse, habileté.
cedule, 132 : écrit par lequel on reconnaît une dette ou une obligation.
ceps, 62 : chaînes, fers.
cisterne, 33 : réservoir ; grande outre.
colombine, 154 : qui est de la couleur de la gorge du pigeon.
coupeau, 19 : cime d'une montagne.
courrier, P 6 : celui qui porte les messages.
crasse, 28, 108, 145 : partie la plus grossière.
creance, 97 : croyance, opinion.

dam, 51 : dommage, malheur ; (terme théologique) jugement et punition des damnés.
dard, 6, 91, 125 : aiguillon.

deiforme, P 22 : conforme à Dieu.
depos(t), 103, 138, 154 : chose donnée en garde.
desastré, 42, 152 : frappé d'un désastre ; malheureux, infortuné.
desnier, 131 : nier, refuser de reconnaître pour vrai.
despartie, 121 : départ, séparation.
dessiller, 66, 134, P 10 : ouvrir les yeux.
detraction, 130 : calomnie ; médisance.
devis, 21, 99 : discours, propos.
dictame, 37, 61 : herbe qui a la vertu de guérir les plaies.
diffamé, 28 : sali, souillé ; déshonoré.
dilayer, 10 : différer, retarder.
discret, 23 : avisé, prudent.
distraire, 23 : détourner.
doüer, 29, 53 : doter, gratifier.
drapelet, 77 : petit morceau de linge.

emperlé, 71 : couvert de gouttes faisant l'effet des perles.
en-arrer (s'), 117 : sans doute du subst. arre appliqué au cadeau de fiançailles concernant l'engagement au mariage.
enferrer, 142 : percer d'un fer.
enge(a)nce, 100, 127 : race.
ennuy, 14, 101 : tracas, malheur.
enserrer, 47 : encercler, entourer en serrant étroitement ; 142, P 21 : enfermer, faire prisonnier.
ensuivre, 35 : suivre, venir après.
enteriner, 1 : accomplir ce qu'on demande.
entonner, 59, 87, 133 : résonner ; faire retentir
erre, 67, 90 : voyage, chemin, route ; marche.
escheoir, 120 : tomber, arriver.
esclaver, 88 : rendre esclave, asservir, assujettir.
espannir (s'), 94 : s'épanouir.
estofé, 55, 68 : garni, orné.
estonner, 126, 162 : frapper de stupeur, abasourdir.
estouper (les oreilles), 114 : boucher, fermer.
estrenne, 15, 34 : présent fait un jour de fête.

facteur, 121, 130 : le créateur du monde.
faix, 37, 70, 127, P 19 : poids, charge.
fiat, 39 : (lat. = qu'il soit fait) mot exprimant un consentement ; assurance, garantie.
fiel, 32, 80, 88 : bile et (fig.) haine.
finesse, 23 : ruse.
forfait, 117 : crime ; chose condamnable.
fors, P 12 : excepté, hormis.
franchise, 47 : liberté, condition libre.
froidure, 97 : température froide.
fy, 24-25, 120, P3 : interjection pour marquer le blâme, le mépris ou le dégoût.

gauchir, 97 : éviter en se dérobant, esquiver.
gehenner, 108 : mettre à la torture ; torturer physiquement ou mentalement.
gent, 95, 100, 101 : nation, race.
germer, 162 : produire.
gesnes, 50 : supplices, tortures.
guerdonner, 19, 44 : récompenser.
guet, 101 : homme qui fait le guet.

habitacle, 118 : habitation.
hazards, 2, 28, 90 : dangers, risques.
heurer, 47 : rendre heureux.
heurter, P 1 : frapper à la porte.

immundicité, 145 : impureté, chose impure.
impetrer, 13, 35, 47 *sq.* : obtenir en suppliant.
infect, 30 : corrompu.
infirmité, 38, 89, 147 : faiblesse physique.
injure, 124 : dommage, tort.
invention, 60, 69, 137 : moyen, procédé ingénieux ; P 13 : avec l'idée de malice.

journel, P 7 : changeant de jour en jour.

lacs, 47 : pièges.
lame, 118, 142, P 21 : pierre sépulcrale, tombeau.

las, 1, 2, 4 *sq.* : exclamation plaintive.
latrie, 113 : culte religieux.
lavement, 126 : ablution.
los ou loz, 59, 84 : louange ; 31, 104, 105, P 16 : gloire, honneur, renommée.
loyer, 5, 56 : récompense.
luitte, 62 : lutte, combat au corps à corps, combat acharné.

macule, 39 : tache.
manie, 5, 29 : folie.
manne, 73 : nourriture tombée du ciel pour nourrir les Hébreux dans le désert ; nourriture spirituelle.
manoir, 69 : (les bas manoirs) les enfers.
mansion, 153, 156 : maison, demeure.
membrelet, 77 : diminutif de membre.
mercy, 24, 117 : miséricorde ; (prendre à mercy) prendre en pitié.
merveille, 40, 45 : admiration.
merveilles, 2, 15, 78 *sq.* : choses extraordinaires, exceptionnelles.
mignarder, 78 : caresser, toucher doucement.
moyenner, 12 : procurer par entremise.

nard, 56, 137 : huile parfumée que l'on tire de la racine d'une plante aromatique.
nompareil, 2, 15, 43 *sq.* : qui n'a pas son pareil, incomparable.

objetter, 100 : placer devant, présenter ; opposer comme argument contraire.
olive, 85, 120 : olivier.
ost, 59, 163 : armée ; troupe.

parentage, 101 : ceux qui sont unis par la parenté ; parents.
partement, 131 : départ.
partir (se), 200 : partir ; s'éloigner, se séparer.
pastis, 74 : pâturage.
pâtir, 88, 96, 124 : éprouver de la souffrance.
perdurable, 54, P 6 : permanent, perpetuel, qui doit toujours durer.
pesler-mesler, 33 : mêler, mélanger, troubler, confondre.
pestilent, 33, 127 : empesté, malade, funeste.
pipeur, 48 : trompeur.
poile, 43 : drap, manteau.
pole, 39, 59, 76 *sq.* : ciel.
poupon, 76, 77 : jeune enfant.
pourpris, 57, 58, 69 : enclos, enceinte.
presse, 104, 129 : foule ; en grand nombre.
prinse, 122 : prise.
publier, 56 : rendre public.

rafreschir, 8 : rafraîchir, renouveler.
reclus, 142 : renfermé et donc inaccessible.
refrigere, 130 : rafraîchissement, soulagement, réconfort.
repaistre, 106 : rassasier en donnant à manger.
reprimer, 100 : contenir ; arrêter l'accomplissement de.
resigner, 24, 102 : abandonner, céder.
ret, 48, 59 : filet, piège.
retif, 93 : qui résiste.
rodomont, 114 : personnage fanfaron (personnage de l'Arioste).
rustique, 94 : rustique.

sacrer, 2, 6, 15 *sq.* : consacrer.
sagette, 108 : flèche.
salutaire (adj. et n.), 94 : utile au salut de l'âme.
seigner, 107 : signer, marquer, poinçonner.
sentine, 18 : la partie la plus basse du navire dans laquelle s'écoulent toutes les ordures.
signalez, P 19 : remarquable, notable.
société, 22, 36, 70 : communauté ; réunion de personnes qui vivent sous des lois communes.
soldoyer, 90, 150 : faire la guerre en recevant une solde.
soudart, P 10 : soldat.
soüefve, 162 : qui fait une impression douce sur les sens.
sousris, 86 : sourire.
substanter, 77 : nourrir.

subtilité, 48 : ruse, ingéniosité ; adresse, finesse.

supernel, 38, 47, 138 : supérieur, suprême, d'en haut ; l'être suprême.

suppleer, 93 : ajouter ce qui manque, compléter.

suppot, P 13 : celui qui se fait le complice des mauvais desseins, des mauvaises actions d'une autre personne.

transverser, 160 : traverser.

travail, 96, 100, 101, P 20 : gêne, tourment, effort pénible.

trine, 100 : triple.

viande, 113, 117 : nourriture, aliments, mets.

vif, 37 : vivant.

# BIBLIOGRAPHIE

## DICTIONNAIRES

AUBERT, Jean-Marie, *Abrégé de la morale catholique. La foi vécue*, Paris, Desclée, 1987.

BRIQUET, Fortunée B., *Dictionnaire historique, littéraire et bibliographique des Françaises et des étrangères naturalisées en France connues par leurs écrits, ou par la protection qu'elles ont accordée aux gens de lettres…*, Paris, Treuttel et Würtz, 1804 ; Paris, Indigo et Côté-femmes, 1997.

CHEVALIER, Jean et GHEERBRANT, Alain, *Dictionnaire des symboles*, édition revue et augmentée, Paris, Éditions Robert Laffont et Éditions Jupiter, 1982.

DUCKETT, W. et LOUISY, P., *Dictionnaire de la conversation et de la lecture*, t. 15, Paris, Librairie Firmin & Didot, 1835.

GÉRARD, André-Marie, *Dictionnaire de la Bible*, Paris, Robert Laffont, 1989.

GRIMAL, Pierre, *Dictionnaire de la mythologie grecque et romaine*, Paris, PUF, 1951.

LEPREUX, Georges, *Gallia Typographica. Répertoire biographique et chronologique de tous les imprimeurs de France*, 4 t., Paris, Honoré Champion, 1912.

LÉRIS, Antoine de, *Dictionnaire portatif historique et littéraire des théâtres, contenant l'origine des différens théatres de Paris…*, Paris, Chez C. A. Joubert, 1763 ; Genève, Slatkine Reprints, 1970.

RIBALLIER, Philibert et COSSON DE LA CRESSONIÈRE, Charlotte-Catherine, *De l'éducation physique et morale des femmes, avec une notice alphabétique de celles qui se sont distinguées dans les différentes carrières des sciences & des beaux-arts, ou par des talents, & des actions mémorables*, Paris, chez les frères Estienne, 1779.

SMITH, William, *A Dictionary of Greek and Roman Biography and Mythology*, Londres, C. Little, 1870.

VILLER, S.-J. Marcel, *Dictionnaire de spiritualité*, Paris, Éditions Beauchesne & fils, 1937.

## SOURCES PRIMAIRES

*Ancien testament*, éd. sous la dir. Édouard Dhorme, 2 vol. Coll. La Pléiade, Paris, Gallimard, 1959.

ANEAU, Barthélemy, *Genethliac noël musical et historial de la Conception & Nativité de nostre seigneur Jesus Christ par vers et chants divers…*, Lyon, C. Beringen, 1559.

*Anthologie de la chanson parisienne au XVI^e siècle*, réunie par François Lesure, Monaco, Éditions de L'Oiseau-Lyre, 1953.

AUGUSTIN, saint, *La Cité de Dieu*, trad. du lat. de Louis Moreau, éd. Jean-Claude Eslin, 3 vol., Paris, Édition du Seuil, 1994.

CAMUS, Jean-Pierre, *Homelies dominicales*, Rouen, J. Osmont, 1624.

COIGNARD, Gabrielle de, *Œuvres chrétiennes*, éd. Colette H. Winn, Genève, Droz, 1995.

COYSSARD, P. Michel, *Hymnes Sacrez et Odes spirituelles*, avec le *Traicté du Profit que toute personne tire de chanter en la Doctrine Chrétienne et ailleurs, les hymnes et chansons spirituelles en vulgaire : et du mal qu'apportent les lascives et hérétiques controuvées de Satan*, Lyon, chez Jean Pillehotte, 1608.

DANTE, *Divine Comédie*, in *Œuvres complètes*, trad. et commentaires par André Pézard, Coll. La Pléiade, Paris, Gallimard, 1965.

DELAUDUN D'AIGALIERS, Pierre, *Art poétique français* (1597), éd. Joseph Dedieu, Genève, Droz, 1969.

DU BELLAY, Joachim, *Songe*, in *Les Regrets et autres œuvres poëtiques*, texte établi par J. Jolliffe et M.A. Screech, Genève, Droz, 1979.

FARET, Nicolas, *Recueil de lettres nouvelles : dédié à monseigneur le cardinal de Richelieu*, Paris, chez Toussainct Du Bray, 1627.

FRANÇOIS DE SALES, saint. *Introduction à la vie dévote*, in *Œuvres*, éd. André Ravier, avec la collaboration de Roger Devos, Paris, Gallimard, 1969.

HÉSIODE, *Théogonie. Les Travaux et les jours*, édition de Paul Mazon, Paris, Les Belles Lettres, 1947.

HOMÈRE, *Odysée*, éd. Victor Bérard, Jean Bérard, et Robert Flacelière, Coll. La Pléiade, Paris, Gallimard, 1955.

IGNACE DE LOYOLA, saint. *Exercices spirituels*. Texte définitif (1548), traduit et commenté par Jean-Claude Guy, Paris, Éditions du Seuil, 1982.

JEAN DE LA CROIX, *La Montée du Mont Carmel, La nuit obscure, Cantique Spirituel*, in *Œuvres spirituelles*, trad. de l'espagnol par le P. Cyprien de la Nativité de la Vierge, éd. Lucien-Marie de Saint-Joseph, 5^e édition, Paris, Desclée de Brouwer, 1967.

LA CEPPÈDE, Jean de, *Les Theoremes… sur le sacré mistere de nostre Redemption, Divisez en trois Livres ; Avec quelques pseaumes, et quelques meslanges spirituels*, Toulouse, De l'Imprimerie des Colomiez, 1613.

MARGUERITE DE NAVARRE, *Les Prisons*, éd. Simone Glasson, Genève, Droz, 1978.

MOLIÈRE, François II de, *Lettres*, Paris, C. Preud'homme, 1639.

Molière, François II de, *Mespris de la Cour* (trad. en français du *Menosprecio de corte y alabanza de aldea* d'Antonio de Guevara, Valladolid, 1539), Paris, chez Toussaict Du Bray, 1621.

Molière, François II de, *La Polyxène,* Paris, chez Toussainct Du Bray, 1624.

Molière, François II de, *La Polyxène de Molière. Troisieme edition reveüe, corrigée et augmentée par l'autheur avant sa mort,* Paris, chez Toussaict Du Bray, 1632.

Molière, François II de, *La Polyxène,* Paris, chez Antoine de Sommaville, 1635.

Molièrè, François II de, *La Polyxène,* Paris, chez Antoine de Sommaville et Augustin Courbé, 1644.

Molière, François II de. *La Semaine amoureuse de François de Moliere Sr d'Essertines, ou par les amours d'Alcide, et d'Hermize, sont représentez les divers changements de la fortune. Journée première,* Paris, chez Toussainct Du Bray, 1620.

Molière, François II de, *La Suite et conclusion de la Polyxene, du Sr de Moliere, derniere partie* [avec une épître de F. Pomeray], Paris, chez Toussainct Du Bray, 1632.

Molière, François II de. *La vraye suite des advantures de la Polyxène, du feu sieur de Molière, suivie et concluë sur ses mémoires* [par C. Sorel, sieur de Souvigny], Paris, chez Antoine de Sommaville, 1634.

*Nouveau Testament,* éd. Jean Grosjean et Michel Léturmy, Coll. La Pléiade, Paris, Gallimard, 1971.

Ovide, *Les métamorphoses,* 3 t., texte établi et traduit par Georges Lafaye, Paris, Les Belles Lettres, 1928-1930.

Paré, Ambroise, *Œuvres complètes,* éd. J.-F. Malgaigne, 3 t., Paris, chez J.-B. Baillère, 1841.

Pasquier, Étienne, *Les recherches de la France,* éd. Marie-Luce Demonet *et al.*, sous la dir. de Marie-Madeleine Fragonard et François Roudaut, 3 vol., Paris, Honoré Champion, 1996.

Peletier du Mans, Jacques, *Art poétique* (1555), in *Traités de poétique et de rhétorique de la Renaissance,* intr. et notes par Francis Goyet, Le Livre de Poche classique, Paris, Librairie Générale Française, 1990, p. 235-344.

Pierre de Beauvais, Guillaume le Clerc, Richard de Fournival, Brunetto Latini, Corbechon, *Bestiaires du Moyen Âge,* mis en français moderne et présentés par Gabriel Bianciotto, Paris, Éditions Stock, 1980.

Platon, *La République,* in *Œuvres complètes,* t. 6 et 7, texte établi et traduit par Émile Chambry, Paris, Les Belles Lettres, 1996.

Pline l'ancien, *Histoire naturelle,* Paris, Les Belles Lettres, 1949.

Postel, Guillaume, *Protoevangelion sive de natalibus Jesus Christi… semo historicus divi Jacobi minoris…*, Bâle, Johann Oporinus, 1552.

Puget de La Serre, *Le Secrétaire à la mode, par le sieur de La Serre, augmenté d'une instruction d'escrire des lettres, cy-devant non imprimée, plus d'un recueil de lettres morales des plus beaux esprits de ce temps, et des compliments de la langue françoise,* Amsterdam, J. Janssen, 1655.

Ribera, François de, *La Vie de la Mere Terese de Iesus…*, composee par le R. P. François de Ribera… et divisée en cinq livres. Nouvellement traduict d'espagnol en François. Par I. D. B. P. et le P.G. D. C. C. [Jean de Bretigny et G. de Chevre], Paris, chez la veufve Guillaume de la Nouë, 1602.

Tabourot, Étienne, *Les bigarrures du seigneur Des Accords,* Paris, J. Richer, 1584.

Thérèse de Jésus, sainte, *Œuvres complètes,* trad. du R.P. Grégoire de saint Joseph, Paris, Éditions du Seuil, 1949.

Thomas d'Aquin, *Summa Theologiae / Somme théologique,* texte établi par le P. Théry, avec la traduction intégrale du corps des articles, 3 vol. Paris, Éditions du Cerf, 1925-1967.

Virgile, *Énéide,* texte établi et traduit par Jacques Perret, 3 t., Paris, Les Belles Lettres, 1978-1981.

Voiture, Vincent, *Poésies,* éd. Henri Lafay, 2 vol., Paris, Librairie Marcel Didier, 1971.

Voragine, Jacques de, *La Légende dorée,* trad. de J.-B. M. Roze, chronologie et introduction par le R. P. Hervé Savon, 2 vol., Paris, Garnier Flammarion, 1967.

## SOURCES SECONDAIRES

Alter, Robert, *L'art de la poésie biblique,* trad. de l'anglais *The Art of Biblical Poetry* (1965) par Christine Leroy et Jean-Pierre Sonnet, Coll. Le livre et le rouleau, Bruxelles, Éditions Lessius, 2003.

Annaert, Philippe, *Les collèges au féminin. Les Ursulines : enseignement et vie consacrée aux XVII^e^ et XVIII^e^ siècles,* Namur, Vie consacrée, 1992.

Audisio, Gabriel, *Les Français d'hier,* 2 t., Paris, Armand Colin, 1996, t. 2, *Des croyants, XV^e^-XIX^e^ siècle,* Paris, Armand Colin, 1996.

Bainvel, J., « La dévotion au Sacré-Cœur », in *Dictionnaire de théologie catholique,* sous la dir. de A. Vacant et E. Mangenot, t. 3, n° 1, Paris, Letouzey et Ané Éditeurs, 1911, p. 271-351.

Beaune, Henri et d'Arbaumont, Jules, *La noblesse aux États de Bourgogne, de 1350 à 1789,* Dijon, La Marche, 1864.

Beauvalet-Boutouyrie, Scarlett, *Être veuve sous l'Ancien Régime,* Paris, Belin, 2001.

Bec, Pierre, « Lyrique profane et paraphrase pieuse dans la poésie médiévale (XII^e^-XIII^e^ s.) », in *Jean Misrahi Memorial Volume. Studies in Medieval Literature,* éd. Hans R. Runte, Henri Niedzielski, William L. Hendrickson, Columbia, SC, French Literature Publications Company, 1977, p. 229-246.

Bedouelle, Guy, *La réforme du catholicisme (1480-1620),* Paris, Éditions du Cerf, 2002.

Bernard, Charles André, *Le Cœur du Christ et ses symboles,* Paris, Téqui, 1981.

Beugnot, Bernard, *Le discours de la retraite au XVII^e^ siècle,* Paris, PUF, 1996.

Block, Adrienne F. *The Early French Parody Noël,* 2 vol., Ann Arbor, Michigan, UMI Research Press, 1983.

Brancourt, J. P. « Les procès de Jean Chastel et de Ravaillac », in J. Imbert, *Quelques procès criminels des XVII^e^ et XVIII^e^ siècles,* Paris, PUF, 1964, p. 13-20.

Bréhier, Louis, *L'art chrétien. Son développement iconographique des origines à nos jours,* Paris, H. Laurens Éditeur, 1918.

Brémond, Henri, *Histoire littéraire du sentiment religieux en France depuis la fin des guerres de religion jusqu'à nos jours*, 7 t., Paris, Librairie Bloud et Gay, 1920-1936.

Broutin, Paul S. J., *La réforme pastorale en France au XVIIe siècle*, t. 1, Paris, Desclée & Cie, 1956.

Buffum, Imbrie, *Agrippa d'Aubigné's* Les Tragiques : *A Study of the Baroque Style in Poetry*, New Haven, Yale University Press, 1951.

Cave, Terence, *Devotional Poetry in France c. 1570-1613*, Cambridge, Cambridge University Press, 1969.

Cave, Terence et Jeanneret, Michel, *Métamorphoses spirituelles. Anthologie de la poésie religieuse française 1570-1630*, Paris, Librairie José Corti, 1972.

Chardonneau-Lassay, Louis, *Le Bestiaire du Christ*, Paris, Desclée de Brouwer, 1940.

Chatellier, Louis, *Le catholicisme en France (limites actuelles) 1500-1650*, Paris, SEDES, 1995, t. 1, *Le XVIe siècle*.

Cognet, Louis, *De la dévotion moderne à la spiritualité française*, Paris, Librairie Arthème Fayard, 1958.

Croix, Alain et Quéniart, Jean, *Histoire culturelle de la France*, sous la dir. de Jean-Pierre Rioux et Jean-François Sirinelli, t. 2, *De la Renaissance à l'aube des Lumières*, Paris, Éditions du Seuil, 1997.

Dainville, François de, *La naissance de l'humanisme moderne*, t. 1, Paris, Éditions Beauchesne et Fils, 1940.

Dainville, François de, *L'éducation des Jésuites (XVIe-XVIIIe siècle)*, Paris, Minuit, 1978.

De Certeau, Michel, *La fable mystique XVIe-XVIIIe siècle*, Paris, Gallimard, 1982.

Dedieu, Joseph, « Henri de Rohan et les guerres de religion », *Revue d'histoire de l'Église de France*, 22, n° 95, 1936, p. 145-168.

Delumeau, Jean, *Le péché et la peur*, Paris, Fayard, 1983.

Delumeau, Jean, *L'aveu et le pardon*, Paris, Fayard, 1990.

Denis, Philippe, « La Bible et l'action pastorale », in *Le temps des Réformes et la Bible*, sous la dir. de Guy Bedouelle et Bernard Roussel, Paris, Éditions Beauchesne, 1989, p. 515-544.

Doncœur, Paul P., *Le Christ dans l'art français*, Paris, Librairie Plon, 1939.

Droin, A., « L'expulsion des Jésuites sous Henri IV et leur rappel », *Revue d'histoire moderne et contemporaine*, 3, 1901-1902, p. 5-28 et 593-609.

Dubois, Claude-Gilbert, « L'invention littéraire et les jeux de langage, jeux de nombres, jeux de sons, jeux de sens d'après les "arts de seconde rhétorique et les recueils métrifiés" de la première moitié du seizième siècle », in *Les jeux à la Renaissance*. Actes du XXIIIe colloque international d'études humanistes, Tours, juillet 1980, éd. et préf. Philippe Ariès et Jean-Claude Margolin, Paris, Vrin, 1982, p. 245-269.

Dubu, Jean, « L'Église catholique et la condamnation du théâtre en France au XVIIe siècle », *Quaderni Francesi*, n° 1, Naples, 1970, p. 319-349.

Dumesnil, Révérend E., *François de Molière seigneur d'Essertines, Anne Picardet sa femme et leur famille d'après les documents authentiques*, Charolles, Imp. et Lith. de Veuve Lamborot, 1888.

Engammare, Max, « *Qu'il me baise des baisiers de sa bouche* ». *Le Cantique des Cantiques à la Renaissance. Étude et bibliographie*, Genève, Droz, 1993.

Erdei, Klará, « Méditation et culpabilisation : une spiritualité du péché, in *La méditation en prose à la Renaissance*, Cahiers V.-L. Saulnier 7, Paris, Presses de l'École Normale Supérieure, 1990, p. 17-27.

Fabre, Pierre-Antoine, *Le lieu de l'image*, Paris, Vrin, 1991.

Falck, Robert, « Parody and Contrafactum : A Terminological Clarification », *Musical Quarterly*, 65, n° 1, 1979, p. 1-21.

Flachaire, Charles, *La dévotion à la Vierge dans la littérature catholique du commencement du XVII^e siècle*, Paris, Ernest Leroux Éditeur, 1916.

Fouqueray, H., *Histoire de la Compagnie de Jésus en France des origines à la suppression (1528-1762)*, Paris, 1922, t. 3, *Époque du progrès (1604-1623)*.

Franciosi, le Père X. de, *L'esprit de Saint Ignace*, Paris, Éditions Spes, 1948.

Fulton, Rachel Lee, *The Virgin Mary and the Song of Songs in the High Middle Ages*, thèse de doctorat non publiée, Columbia University, 1994.

Gastoué, Amédée, *Le cantique populaire en France*, Lyon, Janin, 1924.

Ghisi, Federico, « L'"aria di maggio" et le travestissement spirituel de la poésie musicale profane en Italie », in *Musique et poésie au XVI^e siècle*, Paris, Éditions du CNRS, 1954, p. 265-273.

Giorgi, Rosa, *Saints in Art*, Los Angeles, The J. Paul Getty Museum, 2003.

Godineau, Dominique. *Les femmes dans la société française, 16^e-18^e siècle*, Paris, Librairie Armand Colin, 2003.

Gueudré, Mère Marie de Chantal, *Histoire de l'Ordre des Ursulines en France*, 2 t., Paris, Éditions Saint-Paul, 1960.

Guillermou, Alain, *Saint Ignace de Loyola et la Compagnie de Jésus*, Paris, Éditions du Seuil, 1960.

Guillermou, Alain, *Les Jésuites*, « Que sais-je n° 936 », Paris, PUF, 1961.

Hamon, Auguste, *Histoire de la dévotion au Sacré-Cœur de Jésus*, 5 t., Paris, Éditions Beauchesne, 1923-1939.

*Histoire de l'édition française. Le livre conquérant du Moyen Âge au milieu du XVII^e siècle*, sous la dir. de Roger Chartier et Henri-Jean Martin, Paris, Fayard, 1989.

Iogna-Prat, Dominique, « Le culte de la Vierge sous le règne de Charles le Chauve », in *Marie. Le culte de la Vierge dans la société médiévale*, études réunies par D. Iogna-Prat *et al.*, Paris, Éditions Beauchesne, 1996, p. 65-98.

Jeanneret, Michel, *Poésie et tradition biblique au XVI^e siècle*, Paris, Librairie José Corti, 1969.

Jeanroy, Alfred, « Imitations pieuses de chansons profanes », *Romania*, 18, 1889, p. 477-486.

Jolibert, Bernard, *L'enfance au XVII^e siècle*, Paris, Vrin, 1981.

Julia, Dominique, « L'expansion de l'ordre de la Visitation aux XVII^e et XVIII^e siècles », in *Visitation et Visitandines aux XVII^e et XVIII^e siècles*, Actes du colloque d'Annecy, 3-5 juin 1999, études réunies et présentées par Bernard Dompnier et Dominique Julia, CERCOR, n° 14, Saint-Étienne, Publications de Saint-Étienne, 2001, p. 112-176.

Labrousse, Élisabeth et Sauzet, Robert, « La lente mise en place de la réforme tridentine », in *Histoire de la France religieuse*, sous la dir. de Jacques Le Goff et René Rémond, Paris, Éditions du Seuil, 1998, t. 2, *Du christianisme flamboyant à l'aube des Lumières (XIV^e-XVIII^e siècle)*, p. 321-473.

La Maynardière, Henry, *Poètes chrétiens du* xvi*e* *siècle*, Paris, Bloud et Co., 1908.

Larsen, Anne R., « "Un honneste passetems" : Strategies of Legitimation in French Renaissance Women's Prefaces », *Esprit Créateur*, 30, n°4, 1990, p. 11-22.

Latreille, A., Delaruelle, E. et Palanque, J.-R., *Histoire du catholicisme en France*, vol. 1 et 2, Paris, Éditions Spes, 1957.

Lebrun, François, *Être chrétien en France sous l'Ancien Régime 1516-1790*, Paris, Éditions du Seuil, 1996.

Levy, Kenneth Jay, « Vaudeville, vers mesurés et airs de cour », in *Musique et poésie au* xvi*e* *siècle*, Paris, Éditions du CNRS, 1954, p. 185-199.

Lombart, Nicolas, « "L'invention de l'ode chrétienne en marge de la Brigade" : *Les odes penitentes du moins que rien* de Nicole Bargedé (1550) », in *Renaissance de l'ode. L'ode française au tournant des années 1550*, études réunies et présentées par Nathalie Dauvois, Paris, Honoré Champion, 2007, p. 153-181.

Maisch, Ingrid, *Mary Magdalene. The Image of a Woman through the Centuries*, Collegeville, MN, The Liturgucal Press, 1998.

Mâle, Émile, *L'art religieux après le Concile de Trente*, Paris, Librairie Armand Colin, 1932.

Maréchal, Joseph, « Application des sens (méthode d'oraison) », in *Dictionnaire de spiritualité*, Paris, Éditions Beauchesne, 1937, t. 1, col. 810-828.

McClure, George W., *Sorrow and Literature in Italian Humanism*, Princeton, Princeton University Press, 1991.

McNeil, Brian, *De l'Imitation de Jésus-Christ*, trad. de l'anglais par Éliane Utudjian Saint-André, Paris, Éditions du Cerf, 2002.

Mourgues, Odette de, *Metaphysical, Baroque and Précieux Poetry*, Oxford, Clarendon Press, 1953.

Müller, Armand, *La poésie religieuse catholique de Marot à Malherbe*, Paris, Imprimerie Foulon, 1950.

Packer, Dorothy S., « Collections of Chaste Chansons for the Devout Home (1613-1633) », *Acta Musicologica*, vol. 61, fasc. 2, May-August 1989, p. 175-216.

Pallier, Denis, *Recherches sur l'imprimerie à Paris pendant la Ligue (1585-1594)*, Genève, Droz, 1976.

Pau, Gérald, « De l'usage de la chanson spirituelle par les Jésuites au temps de la Contre-Réforme », in *La chanson à la Renaissance. Actes du XX*e *Colloque d'études humanistes du Centre d'Études supérieures de la Renaissance de l'Université de Tours*, juillet 1977, études réunies et présentées par Jean-Michel Vaccaro, Tours, Éditions Van de Velde, 1981, p. 15-35.

Racaut, Luc, *Hatred in Print. Catholic Propaganda and Protestant Identity during the French Wars of Religion*, Aldershot, Ashgate, 2002.

Rapley, Elizabeth, *The Dévotes. Women and Chirch in Seventeenth-Century France*, Montréal, M Gill University Press, 1990.

Riché, Pierre, « L'éducation religieuse par les femmes dans le haut Moyen Âge », in *La religion de ma mère. Le rôle des femmes dans la transmission de la foi*, éd. Jean Delumeau, Paris, Éditions du Cerf, 1992, p. 37-50.

Rigolot, François, « La préface à la Renaissance : un discours asexué », *CAIEF*, 42, 1990, p. 121-135.

Rousset, Jean, « Les images de la nuit et de la lumière chez quelques poètes religieux », *CAIEF*, 10, 1958, p. 58-68.

ROUSSET, Jean, *La littérature de l'âge baroque en France. Circé et le paon,* Paris, Librairie José Corti, 1963.

RUIZ-CALVEZ, Estrella, «Religion de la Mère, religion des mères. Sainte Anne éducatrice : les images de la mère selon l'iconographie de S. Anne. XVe-XVIIe siècle», in *La religion de ma mère. Le rôle des femmes dans la transmission de la foi,* sous la dir. de Jean Delumeau, Paris, Éditions du Cerf, 1992, p. 123-155.

SAUZET, Robert, «Présence renovée du catholicisme (1520-1670)», in *Histoire des catholiques en France,* sous la dir. de François Lebrun, Toulouse, Privat, 1980, p. 75-145.

SAXER, Victor, *Le culte de Marie Madeleine en Occident,* 2 vol. Paris, Librairie Clavreuil, 1959.

SCODEL, Joshua, *The English Poetic Epitaph. Commemoration and Conflict,* Ithaca et Londres, Cornell University Press, 1984.

SESBOÜÉ, P. Bernard, «Saint Paul au Concile de Trente», *Recherches de science religieuse,* 94, n° 3, 2006, p. 395-412.

SHEINGORN, Pamela, «The Wise Mother : The Image of St. Anne Teaching the Virgin Mary», *Gesta,* 32, n° 1, 1993, p. 69-80.

SPICA, Anne-Élisabeth, «Portrait du lecteur en spectateur dévot : pour une lecture picturale de la poésie religieuse en langue française (XVIe-XVIIe siècles)», in *La poésie religieuse et ses lecteurs aux XVIe et XVIIe siècles,* textes réunis par Alain Cullière et Anne Mantero, Dijon, Éditions universitaires de Dijon, 2005, p. 209-228.

STIER, Sister Jane, *The Role of Women Religious Active in Education and Other Apostolates During the Renaissance : An Historical Study,* Thèse de doctorat non publiée, Washington, DC, The Catholic University of America, 1966.

STUBBE, Achilles, *La Madone dans l'art,* Bruxelles, Eisevier, 1958.

TAVENEAUX, René, *Le catholicisme dans la France classique, 1610-1715,* Paris, SEDES, 1994.

THOBY, Paul, *Le Crucifix des origines au Concile de Trente,* Nantes, Bellanger, 1959.

TIMMERMANS, Linda, *L'accès des femmes à la culture (1598-1715),* Paris, Honoré Champion, 1993.

VERCHALY, André, «Poésie et air de cour en France jusqu'en 1620», in *Musique et poésie au XVIe siècle,* Paris, Éditions du CNRS, 1954, p. 211-223.

VIGUERIE, Jean de, «La femme et la religion en France, en milieu catholique, au XVIIe siècle», in *La femme à l'époque moderne (XVIe-XVIIIe siècle),* colloque de l'Association des Historiens Modernistes des Universités, Paris, 11-12 mai 1984, Bulletin de l'Association n° 9, Paris, Presses universitaires Paris-Sorbonne, 1985, p. 29-44.

VLOBERG, Maurice, *La Vierge et l'Enfant dans l'art français,* Paris, Arthaud, 1954.

WARDROPPER, Bruce W., «The Religious Conversion of Profane Poetry», in *Studies in the Continental Background of Renaissance English Literature : Essays Presented to John L. Lievsay,* éd. Dale B. J. Randall et G. Walton Williams, Durham, NC, 1977, p. 203-221.

WARNER, Marina, *Alone of All Her Sex,* New York, Vintage Books, 1946.

WILKINSON, Maurice, «A Provincial Assembly during the League», *Transactions of the Royal Historical Society,* 3e série, vol. 9, 1915, p. 65-76.

ZUFFI, Stefano, *Gospel Figures in Art,* Los Angeles, The J. Paul Getty Museum, 2003.

# INDEX DES NOMS

# TABLE CHRONOLOGIQUE DES TITRES DES POÈMES

L'astérique indique les poèmes rajoutés dans l'édition de 1623.

## POÈMES PARUS UNIQUEMENT DANS L'ÉDITION DE 1619



## POÈMES REGROUPÉS À LA FIN DU RECUEIL DANS L'ÉDITION DE 1619

# TABLE DES INCIPIT

# TABLE CHRONOLOGIQUE DES TIMBRES PROFANES

Odes Spirituelles
1623 n° :

# TABLE ALPHABÉTIQUE DES TIMBRES PROFANES

# TABLE DES MATIÈRES

Achevé d'imprimer par Corlet Numérique - 14110 Condé-sur-Noireau
N° d'Imprimeur : 69816 - Dépôt légal : mai 2010 - *Imprimé en France*